中國中樂協會
China Association of Traditional Chinese Medicine

中国石斛产业发展报告
ZHONGGUO SHIHU CHANYE FAZHAN BAOGAO

中国中药协会石斛专业委员会　组织编写

主　编　杨明志　赵菊润　李振坚
副主编　于白音　姚国祥　刘志霞　陈兆东

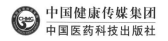

中国健康传媒集团
中国医药科技出版社

图书在版编目（CIP）数据

中国石斛产业发展报告 / 杨明志，赵菊润，李振坚主编 . —北京：中国医药科技出版社，2022.11

ISBN 978-7-5214-3459-0

Ⅰ . ①中…　Ⅱ . ①杨…②赵…③李…　Ⅲ . ①石斛—产业发展—研究报告—中国　Ⅳ . ① F326.12

中国版本图书馆 CIP 数据核字（2022）第 194629 号

策划编辑　于海平
责任编辑　高雨濛
美术编辑　陈君杞
版式设计　友全图文

出版　**中国健康传媒集团** | 中国医药科技出版社
地址　北京市海淀区文慧园北路甲 22 号
邮编　100082
电话　发行：010-62227427　邮购：010-62236938
网址　www.cmstp.com
规格　889 × 1194 mm $^{1}/_{16}$
印张　14
字数　366 千字
版次　2022 年 11 月第 1 版
印次　2022 年 12 月第 2 次印刷
印刷　三河市万龙印装有限公司
经销　全国各地新华书店
书号　ISBN 978-7-5214-3459-0
定价　**128.00 元**

获取新书信息、投稿、为图书纠错，请扫码联系我们。

编写委员会

前　言

石斛，被唐代《道藏》誉为"九大仙草"之首，2000多年来仅被皇室贵胄、达官显贵所享用，从野生资源濒临灭绝贵过黄金，到实现19省市人工种植产业化迅猛发展，产业化种植总面积达45.4万亩，综合产值逾500亿元，现种植面积居草本中药材第21名，已成为我国大系药材。石斛能走进千家万户，成为大众养生食材，仅仅用了20余年，这得益于大力发展中医药产业的政策支持，地方政府的参与，石斛从业人员、科研人员的不懈努力。石斛野生变家种，实现规模化种植，产品深受大众喜爱，是我国经济社会快速发展，人民生活水平大幅提高，人们对健康更加重视，对养生药材的需求增大的体现。石斛产业的兴起和发展壮大，是中药品种的一个典型代表，也是中药材产业发展的一个缩影。特别是石斛不仅用于中医临床，更是成为家喻户晓的养生产品。

石斛的应用历史悠久，《神农本草经》记载石斛为中药上品：味甘，平。主伤中，除痹，下气，补五脏虚劳，羸瘦，强阴，久服厚肠胃，轻身延年。2000多年来历代本草都对石斛的应用功效进行补充和完善，近代名医还留下大量临床应用石斛的医案，并根据临床经验进行分析。石斛产业化以来，年产鲜石斛近8万吨，大部分被作为养生食材，人们总结了大量的食疗案例。许多人通过长期食用石斛，让身体恢复健康，以民间自发应用不断验证中医文献记载。

石斛是"闽西八大珍""赣食十味"之一，在我国云南、上海、浙江被纳入医保范畴，是贵州"十二大重点发展产业"。石斛是云南"十大云药"之一，是浙江"新浙八味"之一，江西中医药强省战略的首选大品种。与我国三七、人参、当归等补气、益血的中药材相比，石斛产业呈现出发展时间短、兴起势头猛、市场接受度高等特点。石斛产业的发展，离不开科技支撑，组培育苗技术的突破，为石斛产业化、规模化快速发展创造了条件。石斛产业各个环节都离不开科研人员的参与，科研成果频出，对石斛进行现代科学分析验证，找到其治病的机理，有利于其可持续发展。

石斛附生于野外云雾缭绕的悬崖峭壁或深山密林中。对生长环境要求高，自身繁衍力极低，故野生石斛稀少。药农一旦发现即连根拔起，过度采挖导致野生种群濒临灭绝，被列入《濒危野生动植物种国际贸易公约（CITES）》，1998年8月颁布的《中国植物红皮书》将70余种石斛列入《中华人民共和国野生植物保护条例》。与其他中药材产业相比，石斛产业起步相对较晚，大众认知度不够，中医应用少，以石斛为原料的中成药较少。在中国中药协会大力支持下，石斛专业委员会带领产业快速发展，产业涉及19个省市区，从业人员近百万，现已成为南方最具代表性的特色中药产业。

国内人工种植的石斛大多是在自然环境好、远离城市的偏远地区，这些地区经济发展相对滞后，农民收入偏低。石斛产业的兴起让农村群众参与石斛种植、加工、销售、服务，解决了农民就近就业问题，增加了农民收入。各地石斛企业不断投入基础设施建设，改善了当地环境，企业的新思路和新理念，以及形式多样的管理培训和健康文化传播，提升了村民的文化素养，引导村民创业，为乡村振兴、农业发展发挥了积极作用。石斛产业的带动，"政府＋企业＋农户＋行业组织"的共同努力，改善了当地的基础设施，使村容村貌发生了巨大变化，村民幸福感、获得感得到大幅提升，走出了一条产业促乡村振兴之路。石斛专业委员会倡导的优质石斛回归行动、仿野生栽培，充分利用荒山荒坡和林下资源，很好地恢复了当地的生物多样性，盘活了山林资源，将荒山、杂林变成了金山银山。

石斛专业委员会组织编写的《中国石斛产业发展报告》，全面系统地介绍了石斛的历史、产业发展现状，总结石斛产业发展的经验，研究产业发展遇到的问题，并提出解决问题的建议。希望报告可以为国家制定相关政策提供参考，为科研人员研究产业问题指明方向，为企业发展起到指引作用，为产地政府发展石斛产业提供借鉴。向全世界展示中国中药材产业科学发展历程和全景模式，宣传以发展促保护，让珍稀濒危植物焕发新活力，为石斛走出去，服务世界人民创造条件。

该书的完成是产地政府、各地石斛协会和石斛界同仁智慧的结晶。第二章、第五章、第六章、第八章由石斛专业委员会杨明志主任委员撰写，第三章、第九章由龙陵县石斛研究所正高级工程师赵菊润副所长撰写，第一章、第七章由中国林业科学研究院李振坚副研究员（石斛专业委员会秘书长）撰写。

第四章阐述全国各地石斛产业发展情况，由石斛行业优秀企业代表和专家、学者共同完成。云南省石斛产业报告由云南天泉生物科技股份有限公司张国武董事长撰写；德宏州石斛产业报告由德宏傣族景颇族自治州林业和草原局杨正华局长、云南省德宏热带农业科学研究所原所长白燕冰共同撰写；龙陵县石斛产业报告由龙陵县石斛协会李祖宏秘书长、赵菊润高工共同撰写；广南县铁皮石斛产业报告部分由广南县科协顾明东主席、周艺畅董事长撰写。浙江省石斛产业报告由余姚市石斛文化产业促进会姚国祥名誉会长（浙江韵芝堂生物科技有限公司董事长）撰写，雁荡山石斛产业报告由乐清市铁皮石斛产业协会宋仙水会长（浙江铁枫堂生物科技股份有限公司董事长）撰写。四川省石斛产业报告由成都师范学院蒋伟教授负责撰写。贵州省石斛产业报告、赤水市石斛产业报告由赤水石斛专班胡生朝主任、赤水芝绿金钗石斛生态园有限公司刘志霞董事长、贵州省林业科学研究院罗在柒研究员共同撰写；锦屏石斛产业报告由锦屏县人大常委会杨从清副主任撰写。安徽省霍山县石斛产业报告由霍山县中药产业发展中心王业才副主任、安徽大别山霍斛科技有限公司陈兆东董事长共同撰写。福建省石斛产业报告由厦门塔斯曼生物工程有限公司卢绍基董事长、福建连天福生物科技有限公司何伟董事长、福建省连城冠江铁皮石斛有限公司江仁辉董事长共同撰写。江西省石斛产业报告由江西省林业科学研究院朱培林所长撰写。广东省石斛产业报告由韶关学院于白音教授撰写。山东省石斛数据由山东北斛生物科技有限公司刘中华董事长负责统计和提供。各地的石斛产业数据也皆由各石斛产地政府、各地石斛产业协会、石斛龙头企业和行业专家、学者提供。

浙江省温州市，云南省德宏州、广南县、龙陵县，安徽省霍山县，贵州省赤水市、锦屏县，广东省韶关市，福建省厦门市、连城县都是石斛产业示范地区，是石斛产业成功的典范。行业的兴起、产业的发展离不开社会的关注和媒体的宣传推广，在此，一并表示感谢！

该书的出版得到中国中药协会刘张林副会长策划和指导。王桂华秘书长、赵润怀副秘书长给予了大力支持和指导。中国医学科学院药用植物研究所的郭顺星教授、中国药科大学张朝凤教授、广州中医药大学魏刚教授等均对本书的出版贡献了自己的智慧。

《中国石斛产业发展报告》的策划、编写得到了国家中医药管理局黄璐琦副局长的关心指导，让这份报告有了明确方向，给编写人员更大的信心；报告编写得到了石斛专业委员会企业委员和专家委员、各地石斛协会、产地政府的大力支持，大家积极建言献策、参与报告的编写和收集资料，提供图片。在此对所有参与和支持编写报告的人员表示最诚挚的谢意！报告编写内容较多，涉及范围广，在编写过程中存在不足之处，请批评指正。

编者

2022 年 10 月

论坛合影

CITES 多年生非致危性植物判定指南中德研讨会（2015 年深圳，杨明志）

首届石斛产业发展论坛（德宏）

第七届中国石斛产业发展论坛（霍山）

第九届中国（厦门）石斛产业发展论坛合影

中国中药协会石斛专委会班子成员 2021 年应邀到贵州锦屏县考察

乡村振兴

安徽九仙尊基地（戴亚峰）

安徽九仙尊石斛产业园成为中医药专业人才培训基地（戴亚峰）

成都金堂甘御兰石斛旅游养生基地（王太凤）

赤水丹霞石斛上金钗兰

福建连城冠江公司充分利用林下资源种植石斛（江仁辉）

贵州赤水金钗石斛基地（廖晓康）

贵州赤水金钗石斛基地（张鹏）

贵州赤水金钗石斛交易市场

贵州赤水药农排队售卖金钗石斛

韶关石斛文化基地（杜书秀）　　　　　　　　韶关市润斛生态农业园（杜书秀）

四川壹原草石斛产业带动闲散劳动力就业（杨明志）　武夷山兰谷铁皮石斛种植基地，带动了当地畲族村群众就业（虞伟康）

云南德宏州芒市珠宝街道　　　　云南德宏州芒市珠宝街道　　　　云南广南县六郎城．仙草秘境，丛林
石斛美景（董有相）　　　　　　石斛美景（董有相）　　　　　　万米石斛观光长廊（黄梦婷）

云南文山州麻栗坡县的农村老人采摘石斛花（杨明志）　　浙江余姚铁皮石斛种植基地，当地最大的农业产业化企业（姚国祥）

云南广南县六郎城．仙草秘境，丛林万米石斛观光长廊（卢崇礼）

石斛种植

赤水种植在丹霞石上金钗石斛（杨明志）

赤水种植在丹霞石上金钗石斛（杨明志）

赤水种植在丹霞石上金钗石斛（杨明志）

大棚种植的铁皮石斛（杨明志）　　　福建省连城县 2018 年回归种植（江仁辉）

贵州赤水市金钗石斛丹霞石头上种植（杨明志）　　　金钗石斛野外驯化种植（杨明志）

金钗石斛野外驯化种植（杨明志）

霍山石斛林下种植石斛基地（姜安云）

石斛组培育苗（杨明志）

林下种植的霍山石斛（姜安云）

四川江油铁皮石斛大棚种植（杨明志）

四川江油铁皮石斛树桩种植（杨明志）

四川壹原草仿野生铁皮石斛（陈树蓉）

四川壹原草铁皮石斛仿野生种植（杨明志）

四川壹原草铁皮石斛仿野生种植（杨明志）

四川壹原草铁皮石斛集约化仿
野生种植（杨明志）

贴树桩种植铁皮石斛（杨明志）

四川壹原草铁皮石斛苗床种植（杨明志）

项目试验基地紫皮石斛长势

铁皮石斛大棚种植

药农将优质铁皮石斛种源回归到原生石壁上（何伟）

野外活树附生的紫皮石斛

野外种植的霍山米斛（戴亚峰）

云南文山州广南县六郎城野外种植的铁皮石斛

野外种植的霍山石斛（杜小梦）

紫皮石斛仿野生种植成熟状态（杨明志）

紫皮石斛集约种植（侯云鹏）

紫皮石斛花开（尹磊）

紫皮石斛（匡鹏）

荣誉

2020 年中国中药协会石斛专业委员会组织企业向武汉多家医院捐赠物资，被武汉市汉阳区晴川街工委、街办事处颁发荣誉证书

荣誉证书
HONORARY CREDENTIAL

中国中药协会石斛专业委员会：

在 2020 年新型冠状病毒感染的肺炎疫情防控中，贵单位全力支持汉阳区晴川街辖区防疫工作，为街道一线人员和群众组织捐赠石斛系列产品，保障了辖区人民群众的健康，守望相助，共克时艰，共同打赢疫情防控阻击战做出了积极贡献。

向贵单位致敬、特此纪念。

中共武汉市汉阳区人民政府晴川街办事处
2020 年 5 月

2020 年中国中药协会石斛专业委员会组织企业向武汉多家医院捐赠物资，被武汉市汉阳区晴川街工委、街办事处授予锦旗

2020 年中国中药协会石斛专业委员会组织企业向武汉及各地抗疫一线捐款捐物达 2300 余万元，被中国中药协会通报表扬

其他石斛

鼓槌石斛（匡鹏）

龙陵紫皮石斛（匡鹏）

紫皮石斛（候云鹏）

紫皮石斛（匡鹏）

龙陵紫皮石斛（匡鹏）

龙陵紫皮石斛花（郁云江）

人工种植的曲茎石斛（杨明志）2021 年新调整的《国家重点野生药材保护目录》将野生曲茎石斛、霍山石斛列入一类保护

四川丹棱县药农正在采收叠鞘石斛花（黄相利）

杨明志考察眉山丹棱叠鞘石斛

枫斗加工

龙陵石斛枫斗加工（郁云江）

龙陵县千人枫斗加工比赛（郁云江）

铁皮枫斗（杨明志）

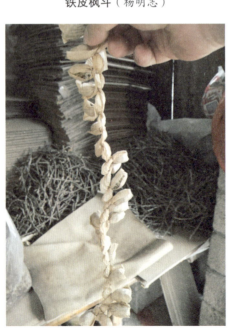

枫斗加工半成品（杨明志）

目　录

第一章　石斛种质资源概况

石斛是一个庞大的家族，全球的石斛属植物种类有 1000 种以上，主要分布于东南亚和大洋洲各国。在大洋洲的新几内亚岛 78.6 万平方公里的土地上分布有超过 450 种石斛种类。据报道，自 2006 年以来，新发现石斛属植物 15 种，加原有报道种类，目前我国石斛属植物约 92 种。目前中国 19 个省份有石斛分布，云南分布有 60 种以上。

石斛属（Dendrobium）为兰科（Orchidaceae）的大属之一，属名 Dendrobium 是由希腊文 dendro（树）及 bios（生命）组合而来，有"附生于树上"之意。石斛兰中"石"字除附生石上生长之意外，还是一种尊称，"石""斛"皆是古代的计量器，古代计量单位依次为石、斛、斗、升，十斗为一斛，以"石斛"为名，取其贵重之意。

园艺上，通常依据石斛的生态习性、开花季节、栽培方式等不同，将石斛兰区分为春石斛、秋石斛、原生种石斛兰三大类。春石斛品种主要用作盆花栽培，春石斛盆花为洋兰中的高档年宵花产品，十分畅销。日本是世界春石斛盆花的主产国。秋石斛品种主要做切花栽培，部分品种用作盆花。泰国是秋石斛切花的主产国。

第一节　各国石斛兰分布

美国石斛兰育种专家 Haruyuki Kamemoto 在其 1999 年出版的《Breeding Dendrobium Orchids in Hawaii》著作中，认为全球石斛兰的种类超过 1000 种。澳大利亚植物学家 Bill Lavarack 在其 2002 年出版的《Dendrobium and its Relatives》著作中，认为全球石斛兰总数约 1000 种，该书序言中，英国皇家植物园邱园的菲利普·克里珀（Phillip Cribb）博士认为石斛兰的种类在千种以上，且有 40 个以上的石斛组。2006 年出版的《The Dendrobiums》，近千页的著作中有 450 种石斛兰，书中 Howard Page Wood 认为石斛属有 1100 种。

表 1-1 为东南亚、南亚和大洋洲的 16 个国家和地区的石斛属植物种类数量。印度尼西亚和巴布亚新几内亚是目前石斛兰分布最为集中的区域，在大洋洲的新几内亚岛 78.6 万平方公里的土地上分布有超过 450 种石斛兰。东南亚的几个国家的石斛属植物种类非常丰富。东南亚越南、老挝、柬埔寨三国120 种，泰国 150 种。

表1-1 全球石斛兰组群、种类分布表

地区	组群数量	分布地区	种数量
泰国	18	东南亚	150
马来西亚	19	东南亚	100
印度	9	南亚	80
老挝、柬埔寨、越南	17	东南亚	120
中国（含台湾地区）	14	东亚	92
菲律宾	18	东南亚	100
巴布亚新几内亚	32	大洋洲	450+
印度尼西亚	19	东南亚	170+
澳大利亚	16	大洋洲	60
日本	1	东亚	3
斯里兰卡	5	南亚	9
新西兰	1	南太平洋	1
斐济	16	西南太平洋	25

第二节 中国石斛兰种质资源

1999年出版的《中国植物志》（第19卷），书中记载石斛74种、2个变种。2007年出版的《石斛兰资源生产应用》，记录石斛81种。中科院植物所兰科植物专家2013年出版的《Flora of China》，记载石斛兰78种。根据我国目前发表的著作和文献中记载（表1-2），中国石斛又出现了15个以上的种（或变种），仅2006年以来，中国石斛新发现的种就有10个以上。到目前为止，中国石斛种类已达92种（表1-3）。

在新发现的石斛属植物中，喉红石斛茎短小，花白色，唇盘橘黄色，株型和花类似矮石斛（D. bellatulum）。勐腊石斛，原产云南西双版纳，俗称杓唇扁石斛，茎10~20厘米，花黄色，花型奇特、优美，观赏性极佳，目前售价较高。河南石斛近似细茎石斛（D. moniliforme）。王氏石斛植株更为矮小，可自花结实。吕宋石斛发现于中国台湾，株高75厘米，花黄色，唇瓣带褐色斑块。

表1-2 中国石斛兰15个新发现种

序号	新种	学名	年代	原生地	文献来源
1	喉红石斛	D. christyanum	1984	云南	云南植物研究
2	梵净山石斛	D. fanjingshanense	2001	贵州	植物分类学报
3	河南石斛	D. henanens	1990	河南	植物研究
4	勐腊石斛	D. menglaensis	2006	云南	Annales Botanici Fennici
5	吕宋石斛	D. luzonense	2007	台湾	Taiwania
6	王氏石斛	D. wangliangii	2008	云南	Botanical Journal of the Linnean Society
7	紫婉石斛	D. transparens	2010	云南	《云南野生兰花》
8	卓花石斛	D. anosmum	2010	云南、广西	《云南野生兰花》
9	夹江石斛	D. jiajiangense	2008	四川	植物研究

续表

序号	新种	学名	年代	原生地	文献来源
10	罗氏石斛	*D. luoi*	2016	湖南	植物科学学报
11	广坝石斛	*D. lagarum*	2011	海南	热带亚热带植物学报
12	始兴石斛	*D. shixingense*	2010	广东、广西、浙江	*Nordic Journal of Botany*
13	镇沅石斛	*D. zhenyuanense*	2010	云南	*Phytotaxa*、云南野生兰花
14	麻栗坡石斛	*D. moniliforme* var. *malipoense*	2008	云南	武汉植物学研究

表 1-3　中国石斛属 92 个种

序号	种名	学名	组
1	剑叶石斛	*D. acinaciforme* Roxb.	剑叶组
2	钩状石斛	*D. aduncum* Lindl.	瘦轴组
3	卓花石斛	*D. anosmum* Lindl.	石斛组
4	兜唇石斛	*D. aphyllum*（Roxb.）C. E. Fisher	石斛组
5	线叶石斛	*D. aurantiacum* Rchb. f.	寡花组
6	矮石斛	*D. bellatulum* Rolfe	黑毛组
7	长苏石斛	*D. brymerianum* Rchb. f.	瘦轴组
8	短棒石斛	*D. capillipes* Rchb. f.	顶叶组
9	翅萼石斛	*D. cariniferum* Rchb. f.	寡花组
10	长爪石斛	*D. chameleon* Ames	黑毛组
11	昌江石斛	*D. changjiangense* S. J. Cheng et C. Z. Tang	长爪组
12	喉红石斛	*D. christyanum* Rchb. f.	黑毛组
13	束花石斛	*D. chrysanthum* Lindl.	石斛组
14	鼓槌石斛	*D. chrysotoxum* Lindl.	顶叶组
15	草石斛	*D. compactum* Rolfe ex W. Hackett	草叶组
16	玫瑰石斛	*D. crepidatum* Lindl. ex Paxt.	石斛组
17	木石斛	*D. crumenatum* Sw.	基肿组
18	晶帽石斛	*D. crystallinum* Rchb. f.	石斛组
19	叠鞘石斛	*D. denneanum* Kerr.	寡花组
20	密花石斛	*D. densiflorum* Lindl.	顶叶组
21	齿瓣石斛	*D. devonianum* Paxt.	石斛组
22	黄花石斛	*D. dixanthum* Rchb. f.	寡花组
23	反瓣石斛	*D. ellipsophyllum* T. Tang et E. T. Wang	心叶组
24	燕石斛	*D. equitans* Kraenzl.	基肿组
25	卵唇石斛	*D. eriaeflorum* Griff.	禾叶组
26	景洪石斛	*D. exile* Schltr.	基肿组
27	串珠石斛	*D. falconeri* Hook.	石斛组
28	梵净山石斛	*D. fanjingshanense* Tsi ex X. H. Jin et Y. W. Zhang	石斛组
29	流苏石斛	*D. fimbriatum* Hook.	寡花组
30	棒节石斛	*D. findleyanum* Par. et Rchb. f.	石斛组
31	曲茎石斛	*D. flexicaule* Z. H. Tsi，S. C. Sum. et L. G. Xu	石斛组

续表

序号	种名	学名	组
32	双花石斛	*D. furcatopedicellatum* Hayata	禾叶组
33	曲轴石斛	*D. gibsonii* Lindl.	寡花组
34	杯鞘石斛	*D. gratiosissimum* Rchb. f.	石斛组
35	滇桂石斛	*D. guangxiense* S. J. Cheng et C. Z. Tang	石斛组
36	海南石斛	*D. hainanense* Rolfe	圆柱叶组
37	细叶石斛	*D. hancockii* Rolfe	寡花组
38	苏瓣石斛	*D. harveyanum* Rchb. f.	顶叶组
39	河口石斛	*D. hekouense* Z. J. Liu & L. J. Chen	石斛组
40	河南石斛	*D. henanense* J. L. Lu et L. X. Gao	石斛组
41	疏花石斛	*D. henryi* Schltr.	寡花组
42	重唇石斛	*D. hercoglossum* Rchb. f.	瘦轴组
43	尖刀唇石斛	*D. heterocarpum* Lindl.	石斛组
44	金耳石斛	*D. hookerianum* Lindl.	寡花组
45	霍山石斛	*D. huoshanense* C. Z. Tang et S. J. Cheng	石斛组
46	高山石斛	*D. infundibulum* Lindl.	黑毛组
47	夹江石斛	*D. jiajiangense* Z. Y. Zhu，S. J. Zhu et H. B. Wang	寡花组
48	小黄花石斛	*D. jenkinsii* Lindl.	顶叶组
49	菱唇石斛	*D. leptocladum* Hayata	禾叶组
50	广坝石斛	*D. lagarum* Seidenf.	黑毛组
51	矩唇石斛	*D. linawianum* Rchb. f.	石斛组
52	聚石斛	*D. lindleyi* Stendel	顶叶组
53	喇叭唇石斛	*D. lituiflorum* Lindl.	石斛组
54	美花石斛	*D. loddigesii* Rolfe	石斛组
55	罗河石斛	*D. lohohense* T. Tang et F. T. Wang	石斛组
56	长距石斛	*D. longicornu* Lindl.	黑毛组
57	罗氏石斛	*D. luoi* L. J. Chen & W. H. Rao	石斛组
58	吕宋石斛	*D. luzonense* Lindl.	禾叶组
59	勐腊石斛	*D. menglaensis* X，H. Jin & H. Li	寡花组
60	勐海石斛	*D. minutiflorum* S. C. Chen et Z. H. Tsi	草叶组
61	红花石斛	*D. miyakei* Schltr.	距囊组
62	细茎石斛	*D. moniliforme*（L.）Sw.	石斛组
63	藏南石斛	*D. monticola* P. F. Hunt et Summerh.	草叶组
64	杓唇石斛	*D. moschatum*（Buch.–Ham.）Sw.	寡花组
65	金钗石斛	*D. nobile* Lindl.	石斛组
66	铁皮石斛	*D. officinale* Kimura et Migo	石斛组
67	琉球石斛	*D. okinawense*	石斛组
68	少花石斛	*D. parciflorum* Rchb. f. ex Lindl.	圆柱叶组
69	紫瓣石斛	*D. parishii* Rchb. f.	石斛组

续表

序号	种名	学名	组
70	独龙石斛	*D. pauciflorum* Lindl.	叉唇组
71	肿节石斛	*D. pendulum* Roxb.	石斛组
72	单葶草石斛	*D. porphyrochilum* Lindl.	草叶组
73	报春石斛	*D. primulinum* Lindl.	石斛组
74	针叶石斛	*D. pseudotenellum* Guillaum	基肿组
75	竹枝石斛	*D. salaccense*（Bl.）Lindl.	禾叶组
76	始兴石斛	*D. shixingense* Z. L. Chen，S. J. Zeng et J. Duan	石斛组
77	华石斛	*D. sinense* T. Tang et F. T. Wang	黑毛组
78	小双花石斛	*D. somai* Hayata	禾叶组
79	梳唇石斛	*D. strongylanthum* Rchb. f.	草叶组
80	叉唇石斛	*D. stuposum* Lindl.	叉叶组
81	具槽石斛	*D. sulcatum* Lindl.	顶叶组
82	刀叶石斛	*D. terminale* Par. et Rchb. f.	剑叶组
83	球花石斛	*D. thyrsiflorum* Rchb. f.	顶叶组
84	黄石斛	*D. tosaense* Makino	石斛组
85	紫婉石斛	*D. transparens* Wall. ex Lindl	石斛组
86	翅梗石斛	*D. trigonopus* Rchb. f.	黑毛组
87	王氏石斛	*D. wangliangii* G. W. Hu，C. L. Long & X. H. Jin	石斛组
88	大苞鞘石斛	*D. wardianum* Warner	石斛组
89	黑毛石斛	*D. williamsonii* Day et Rchb. f.	黑毛组
90	广东石斛	*D. wilsonii* Rolfe	石斛组
91	西畴石斛	*D. xichouense* S. J. Cheng et C. Z. Tang	石斛组
92	镇沅石斛	*D. zhenyuanense* D. P. Ye ex J. W. Li	草叶组

第三节 中国石斛属植物资源的分布特征

中国原产石斛属植物分为14组，共分布于中国19个省份。本属植物中云南省种类居首位，约有62种；其次为贵州、广西，各有27、26种；海南、台湾各有15、13种。贵州省野生石斛主要分布于黔西南部，该地区分布有12种石斛兰，贵州茂兰喀斯特森林分布有4种，为流苏石斛（*D. fimbriatum*）、钩状石斛（*D. aduncum*）、美花石斛（*D. loddigesii*）、矮石斛（*D. bellatulum*）。广西雅长自然保护区内有8种。

大多数的石斛兰植物喜生于温暖、潮湿、通风和散射阳光的森林中，随着20世纪末以来连续多年的石斛生存环境恶化、人为肆意采集等不利因素，目前石斛兰野生分布愈见稀少，急速减少的石斛兰种类包括黄花石斛（*D. dixanthum*）、金耳石斛（*D. hookerianum*）、喇叭唇石斛（*D. lituiflorum*）、霍山石斛（*D. huoshanense*）、刀叶石斛（*D. terminale*）、景洪石斛（*D. exile*）、单葶草石斛（*D. porphyrochilum*），红花石斛（*D. miyakei*）、昭觉石斛（*D. zhaojuense*）、曲茎石斛（*D. flexicaule*）、河南石斛（*D. henanense*）、杓唇石斛（*D. moschatum*）、线叶石斛（*D. aurantiacum*）、曲轴石斛（*D. gibsonii*）、广东石斛（*D. wilsonii*）

等，这些种已不易被发现。

中国石斛属植物主产于秦岭以南诸省区，大多数种类集中于北纬 15°30′ ~ 25°12′，云南、广西、贵州、海南、台湾为国产石斛的分布中心。从纬度而言，石斛种类从南向北逐渐减少，最北不超过北纬 34°24′。亚热带以北的暖温带地区，石斛兰科分布在 4 个省份，安徽、河南、陕西、甘肃。常见分布的种类主要有 7 种，细茎石斛（*D. moniliforme*）、细叶石斛（*D. hancockii*）、铁皮石斛（*D. officinale*）、重唇石斛（*D. hercoglossum*）、曲茎石斛、霍山石斛、金钗石斛（*D. nobile*）等。中国的河南省是石斛属植物分布的东北端，有 6 种石斛兰原种分布。

中国石斛兰种类繁多，分布范围广，达 19 个省份，同时有着多达 35 种的省份特有种。其中台湾和海南特有种分布较多。海南省的特有种有昌江石斛（*D. changjiangense*）、华石斛（*D. sinense*）2 种。台湾有 6 种地区特有种，红花石斛、长爪石斛（*D. chameleon*）、燕石斛（*D. equitans*）、菱唇石斛（*D. leptocladum*）、双花石斛（*D. furcatopedicellatum*）、小双花石斛（*D. somai*）。西藏的特有种为卵唇石斛。贵州、四川、河南的省区特有种分别为梵净山石斛、昭觉石斛、河南石斛。

中国石斛兰特有种有 13 种，包含药用价值较高的铁皮石斛、霍山石斛、细茎石斛等，观赏价值较高的矩唇石斛（*D. linawianum*）、曲茎石斛、华石斛，还有双花石斛、小双花石斛、菱唇石斛、西畴石斛（*D. xichouense*）、昭觉石斛、昌江石斛、广东石斛。

近年来石斛属乃至兰科逐渐受到国家的重视和保护，《中国物种红色名录》发布了中国 73 种石斛兰的濒危等级，其中极危种（CR）有 12 种，包含霍山石斛、铁皮石斛等；易危种（VU）2 种，聚石斛（*D. lindleyi*）、小黄花石斛（*D. jenkinsii*）；其余 59 种石斛兰为濒危种（EN）。1998 年 8 月颁布的《中国植物红皮书》中，将 70 种以上的石斛属植物列入保护范围，后又列入《中华人民共和国野生植物保护条例》范围，受法律保护。

第二章 石斛历史溯源

第一节 石斛的来历

斛（hú），古代最大的容量单位，十升为一斗，十斗为一斛。石斛生长在人迹罕至的高山悬崖峭壁上，十分稀少，采摘它有时还会付出生命的代价。古时人们就用当时最大的容量单位"斛"为其命名，以表示它的珍贵，可见石斛在古人心中的地位。由于稀少，大多数人对石斛知之甚少，或一无所知。从2006年开始大范围推广石斛人工种植至今，经常会遇到有人问"斛"字怎么读，有念成"石斗"，有念"石角"，有念"石古"，在四川一些地区，中医至今仍将石斛叫作"石合"（音），说明人们对石斛比较陌生。一些产地群众将石斛叫作吊兰花、黄草、仙草。一般被称为吊兰花和黄草的石斛，都是石斛家族的普通种，真正的名贵野生铁皮石斛，当地群众也难得一见。

第二节 石斛枫斗的来历

药农采集石斛时发现，有多种外观形态不同的石斛植物，为了便于识别，就常用其外观形态和颜色给予命名，比如"铁皮石斛""铜皮石斛""紫皮石斛"。顺庆生教授所著的《枫斗的商品规格与应用》中，对石斛枫斗进行了详细描述。枫斗又是从何而来呢？"斛"是一个比较大的容量单位，十斗为一斛，类似于近代的一石的容量（注：10 斗 =1 石）。实际上，过去人们在购买粮食时，很少购买如此之多。同时，斛字也比较生僻，应用不便，后将斛改为石。但是，"升"与"斗"更为群众所熟悉，在过去容器中应用也比较广泛，有人就将"斛"字的"角"去掉，改读为"斗"。药农在采集石斛时，正是秋冬交替之时，满山枫叶变红，十分的艳丽。此时，石斛也获得了丰收，人们手工加工的石斛成品可以用斗来盛装，"丰"与"枫"又谐音，于是有人将加工后的石斛叫作"枫斗"，代表一种喜悦美好的意思。于是，用铁皮石斛加工的就称为"铁皮枫斗"，类似还有紫皮枫斗、水草枫斗、铜皮枫斗等品种。

据顺庆生所著的《枫斗的商品规格与应用》中的介绍，"枫斗"最早出现在清代赵学敏所著《本草纲目拾遗》一书中，距今已有近250年历史。石斛是中国中药材行业中最为复杂的一类药材，目前已知的石斛属植物有92种，而可加工成枫斗的就有40余种，其中任何一个种进行深度开发都能带来巨大商机和财富。

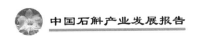

第三节　石斛历史记载

经过对大量古代本草、方志、地理总志的文献考证，分析了唐、宋、明代主要方书，清代名家医案中的功效，以及近年野外实地考察之后尝试对石斛的历史及应用做一个大致的推演。

一、《神农本草经》

石斛一名最早见于《神农本草经》（公元前4世纪至公元前3世纪），至今已有2400年以上的药用历史。如果说《神农本草经》是对本草的第一次系统总结，其记载石斛的相关内容应该是之前药用实践的总结.到了汉朝，石斛开始有了一定的知名度，西汉的《范子计然》一书中有记录：石斛，出六安（今安徽六安市）。

二、《名医别录》

本书收载了汉代至魏晋时期医家在《神农本草经》中增附的资料，从《神农本草经》记载算起，至魏晋（三国到两晋时期），也就是220～420年，约400年的跨度，医家在临床实践中又新发现了石斛的一些性味、功效、别名，并陆续记录下来。

三、《本草经集注》

本书由陶弘景撰于492年，第一次记载了石斛的特征，"生石上、细实、形似蚱蜢髀，色如金"等，产地也扩大到始兴、宣城、六安（属庐江）等地。1500年后人们仍可根据这些非常有价值的信息，在野外找到古人真正药用的石斛。

四、唐朝

1.《新修本草》由唐代苏敬等23人奉敕撰于显庆四年（公元659年），是中国第一部由政府颁布的药典，也是世界上最早的药典。石斛道地产区第一次较为完整记载的著作是药王孙思邈的《千金翼方》（682年）。该著作记载石斛道地产区在淮南道（寿州、光州、舒州等）、江南西道（江州）、岭南道（广州、韶州等），而且这些道地产地在后续朝代的主要文献中，几乎没有发生大的变化。

2.孙思邈《备急千金要方》（652年），第一次系统记载了石斛的主要用法，书中多个处方用法体现了石斛的功效。《外台秘要》（752年）又进一步完整展现了唐代以前各医家对石斛的用法。陶弘景在《本草经集注》中所言"世方最以补虚，疗脚膝"是对石斛功效的最好提炼。

3.《通典》（801年）首次发现了"唐天下诸郡每年常贡"中石斛的进贡数量。

五、宋朝

1.《太平御览》（983年）、《太平寰宇记》（976～983年）等记录了部分石斛分布的具体的地点；《本草图经》（1061年）中首次看到了石斛的两幅素描画像，分别是温州石斛、春州石斛。尤其是在《大观本草》

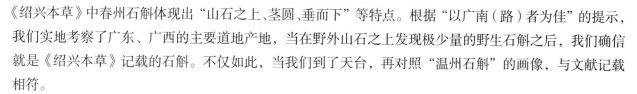

《绍兴本草》中春州石斛体现出"山石之上、茎圆、垂而下"等特点。根据"以广南（路）者为佳"的提示，我们实地考察了广东、广西的主要道地产地，当在野外山石之上发现极少量的野生石斛之后，我们确信就是《绍兴本草》记载的石斛。不仅如此，当我们到了天台，再对照"温州石斛"的画像，与文献记载相符。

2.《元丰九域志》（1080 年）记载了寿州、庐州、光州、江州、广州的石斛土贡（土特产进贡）数量，与《通典》（801 年）比较，土贡的地方由《通典》的 11 处减少到 5 处，且进贡的数量也大幅减少。《本草衍义》（1116 年）提到"今人多以木斛浑行，医工亦不能明辨"。

3. 从《太平惠民和剂局方》（1107 年）、《圣济总录》（1117 年）中可看出，唐宋石斛的用法基本相同，并且对功效记录更详实。

4. 南宋（1127～1279 年）迁都临安（今浙江杭州），石斛的中心也转移到了江南，并影响至今。盛世出石斛，唐、宋石斛的大量应用，造成石斛野生资源的破坏，便有南宋高官"药谱知曾有，诗题得未尝"的感慨。

5. 从南北朝梁代《本草经集注》（492 年），到明朝《本草品汇精要》（1505 年），约 1000 年左右，石斛的主要产地均在淮南、江州、广南等地。因此可以推论石斛的主流品种几乎没有发生变化。

六、明朝

1.《本草纲目》（1578 年），李时珍曰"今蜀人栽之，呼为金钗花""开红花"，无疑正式宣告了另一个石斛品种"金钗花"的来临。为什么会发生这种变迁？第一，是唐宋石斛本身稀少。第二，倪朱谟《本草汇言》（1624 年）所言石斛"气味腐浊"等缺点，加之在稀少的情况下，难以挑选出贡品，令"充贡者"都要"取川地者进之"。从《洪雅县志》（嘉靖四十一年，1562 年）、李元阳（1497—1580）《大理府志》，以及 1548 年嘉靖《普安州志》对石斛的记载看，均早于《本草纲目》的成书时间（1578 年），金钗花在明朝之四川、云南、贵州已开始使用，先以花观赏，后以茎入药，因此才有"金钗花"之名。并推广到其他地区。其因应用实践被收入《本草纲目》等，又因《本草纲目》等的记载引起更大规模的使用。

2. 然而唐、宋所言"金钗石斛"就是明代的"金钗花"么？非也！宋代所言"金钗石斛"药材是指质量较佳的传统唐、宋道地产地的石斛（铁皮石斛或霍山石斛），在宋代众多方书中时有出现。当我们在传统道地产地野外众里寻他千百度，终于有缘拍摄到了这种天然就具有"金钗条"的石斛之后，就更加肯定了这一点。

3. 张景岳（1563—1640）在《景岳全书》中《本草正》言到："此药有二种……惟是扁大而松，形如钗股者，颇有苦味，用除脾胃之火……"在又拜读了景岳先生 1624 年完成的《新方八阵》《古方八阵》后，发现景岳先生早在约 400 年前，就对两种不同石斛的功效有了较好的定位。因此可以说"石斛用法为之一变"！同时在倪朱谟《本草汇言》（1624 年）石斛之"集方"中，7 个集方中有 6 个标明"川石斛"，显示金钗花在当时的民间使用已十分广泛。值得提醒的是，倪朱谟在采访搜求上百位医药家（尤其是浙江一带）药论的基础上才编纂而成《本草汇言》，同时还摘录了大量的明代医方资料，这在古代是十分罕见的。但这恰恰对于揭开石斛的真相价值重大。

4. 是否传统的唐宋石斛在明代就完全退出历史舞台了呢？否也！嘉靖丁酉年（1537 年），《温州府志》记载"北京礼部石斛三十八斤，南京礼部石斛两斤，俱出平阳"，以及《本草汇言》"近以温、台者为贵"，均显示温州、台州等地延续了传统唐宋石斛的血脉。

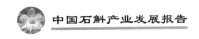

七、清朝

1. 两种石斛的争论与交锋

明末清初，由于两种石斛的并存，以及木斛等"杂产"的混行，众多医家各言所见，各用其好。金钗花以其"其形修洁，气味清疏，黄白而实"得到部分医家的认同，但也有部分医家还是认为传统的唐宋之"金钗者"为好。这时期的本草记载也多言如何辨别。客观地说，两种石斛的不同，只有经过医家的临床实践比较，才能进一步明确各自的功效特点。这个时期的争论和交锋是真实的，也是必需的。然而争论和疑惑一直延续到了中华民国。

2. 霍山石斛的再兴

在众多争论之际，霍山石斛"重新出山"无疑是最大的亮点。赵学敏《本草纲目拾遗》（1765 年）明确提到了霍山石斛的产地、形态、特点、用法等，造福六安后世子孙。其实在赵学敏之前，六安本地人杨友敬在《本草经解》（姚球撰，1724 年刊行）中随考证数条，除了描述石斛植株矮小等特点，更讲到了如何采摘峭壁石斛。名医徐大椿在 1736 年编撰的《神农本草经百种录》中也提到了霍山石斛，其言："石斛其说不一，出庐江六安者色青，长三二寸，如钗股，世谓之金钗石斛，折之有肉而实，咀之有腻涎粘齿，味甘淡，此为最佳。"

3. 两种石斛的用法比较

恰在这一时期，名医叶天士的医案尤其值得一读。叶天士（1666—1745），江苏吴县（今苏州市）人，四大温病学家之一。《未刻本叶氏医案》程门雪先生曾叹其为"未经修饰"之"浑金璞玉"。此医案中川石斛、霍石斛应用非常之多，处方药味简单实用，是难得的研究"川石斛"与传统石斛"霍石斛"功效和用法的医案范例。从处方来看，"川石斛"多与火、热相关，"霍石斛"多与"正气已亏，培元所需"相关，完全符合两者的不同功效特点。诸家可多领悟尔。

4. 江浙人对石斛的影响

随着石斛在江浙的应用，野生资源的日益减少，江浙人或许在明末清初就开始走向了其他省份，并在清朝起已有踏足他省的记载。尤其"铜兰、铁兰"的土名出现在光绪九年癸未（1883 年）的广西《平南县志》中，足以显示江浙人对石斛的影响。而浙江本地人瑞安陈葆善（1861—1916）光绪二十九年（1903 年）所著《本草时义》，书中明确提到："泰顺所产有铜兰、铁兰之别，铜兰色居青黄之间，颇有铜象；铁兰则色青黑，俨如铁形；至肥泽多脂则以铁兰为佳。"关于"风斗"的猜想，"吊兰""挂兰""风兰"，江浙山人在各地山壑中艰难寻找，为了便于保存，或许在烤火取暖之时将鲜条也试着烘烤，便有了"风斗"的雏形。雁荡山民采制风斗的历史是血汗凝成的路，庆元南峰乡的西风斗或许历史更早。采到了广西，便有了"铁皮兰"，采到了云南，黑节草便成了"西风斗"。

5. 石斛伪劣品的影响扩大

石斛的品种不同，功效自然有差异。唐、宋传统石斛甘而补虚，不虚言也；金钗花苦而清，亦不假也。然将不同的功效集"石斛"一名之下，而言石斛之罪？莫须有也！唐、宋石斛因野生资源的减少，世间少见真影，但不能言之无效；金钗花代而替之，功效又有不同，世医尚不明辨，用之效异，非药材之过也，乃人不识也。尚有木斛、黄草等假冒石斛、金钗花，用之更谬，其过加罪于"唐、宋石斛"或"金钗花"，孰能辨乎？仙草无言，庸人自扰。唐、宋石斛之功效是这些传统产地的石斛所承载。

八、溯源结论

1. 石斛为《神农本草经》上品，确为良药，从其为历代皇家宫廷贡品足以体现。"石斛依空无死生""略润烟霞别自芳""扶衰不是人间药"等古代诗词展现了石斛的仙草本色。

2. 从石斛的传统道地产地（唐、宋、明代主要文献基本一致），生态、形态特征，"石斛花色"考证，现代石斛资源的分布，结合道地产地的野外观察，可以得出以下推论：

（1）石斛最主流的品种，应用最广、最久的，应该是铁皮石斛，它的分布、生态、形态特征均符合文献记载。

（2）石斛最著名的品种，应该是霍山石斛，从石斛"出六安"的历史考证，到清代米斛（霍斛）的再现，无疑都指出这是石斛中最具代表性的品种。

（3）在上述主要品种出现资源短缺时，明代金钗石斛的出现填补了石斛应用的空白。前两者补虚为主，金钗石斛清虚热为要，各有功效特点。

（4）当然，不能忽略的是"铜皮"，尤其"黄铜皮"（或称青铜皮），在江浙、安徽等地的细茎石斛，传统也当石斛应用，只是被认为功效次于铁皮、米斛。

（5）部分地区存在其他品种的应用，也是客观的，如广东、广西、贵州的环钗（美花石斛）。江浙人在明清时期走向南中国各地，寻找"铁兰"，期间也发现了一些新的石斛，如紫皮石斛。

3. 从功效来看，铁皮、霍山石斛两者可以从唐、宋的石斛功效中寻找答案，金钗花可以从明、清医家的应用中找寻方向。当然，明、清医家的医案，甚至近代部分医家的医案，三种石斛的应用都有，可以借鉴。

4. 众多的黄草类替代品，传统认为是木斛、杂产，其功效考无依据。但却占据着今天的主流市场，这是破坏资源的必然苦果！

第三章　中国石斛产业兴起

兰科植物石斛属中国有 90 余种，2007 年以前，因组培育苗技术、试管苗驯化技术尚未成熟，野生变家种数量较少，野生资源匮乏，濒临灭绝，被列入《濒危野生动植物种国际贸易公约（CITES）》。

第一节　石斛驯化栽培历程

据《石斛求真》记载，明清时期，四川出现金钗花的种植，药农将野生石斛进行扩繁驯化种植，并达到一定的规模。20 世纪初，云南等地所产石斛仍处于半野生状态，石斛主要依靠采集野生植株，种植于天然林下。种植后，无人工管护也可进行分株扩繁。产量因种植地块及每年气候而变化，很多老的石斛种植区域随着种植年限的增加及气候变化，产量逐渐减少。新中国成立前后，四川合江县有中国唯一的石斛交易市场。后大量植被遭到破坏，石斛失去了赖以生存的环境，野生种群大幅减少，出现了种植、推广、中医应用的断代。

20 世纪 90 年代，浙江陈立钻先生长期研究将野生铁皮石斛驯化家种试验。2000 年浙江省医学科学院张治国教授在实验室首次成功培育铁皮石斛试管苗，并开始尝试工厂化生产，"据新华社讯，国家'十五'科技攻关项目——名贵珍稀药用植物'铁皮石斛'工厂化高产栽培技术近日在杭州获得成功"，表明铁皮石斛试管苗工厂化生产技术得到突破，接着又不断探索铁皮石斛试管苗的驯化技术和大田种植技术。据 2006 年 2 月央视《每周质量报道》，杭州已形成枫斗市场，都是从各地（包括缅甸）收购回来的野生石斛，但几乎没有见到真正的铁皮枫斗，央视记者还走访了浙江几家知名的铁皮石斛种植企业，发现种植技术都不成熟，谈不上种植成功。

2000 年以后，石斛组培育苗技术日渐成熟。2007 年以后经石斛论坛的推动，云南、浙江、安徽、福建、广东等地区开始规模化人工种植，林下种植户也开始注重栽培管理技术，有了基本的施肥、浇水、除草、割除老弱病苗等日常管护。

石斛是一种多年生草本附生植物，野生石斛生长在悬崖峭壁、湿润的石壁或空气湿度大的雨林活树干上，其根系裸露在空气中，依靠根系吸收空气中的水分和营养元素。种植户根据野生石斛生长的这个特性，采用透气性好，保湿的锯末、木渣作为基质，大部分采用离地苗床栽培，后来发展到野外活树附生栽培。

第二节 石斛论坛助推产业发展

2003 年，杨明志作为记者随云南省德宏州芒市林业局工作人员进山区做资源调查，发现被农户称为"吊兰花""黄草"的药材，农户将野生石斛采集回家种植在院内和房前屋后，杨明志查阅了大量资料，对石斛的产地、药用价值和历史做了研究，发现这是一味被称为"仙草"的药材，而且有很多关于历史上作为"贡品"的记载，认为这是一味值得弘扬和推广的名贵珍稀药材。

2004 年杨明志创办《中国乡村经济网》，为了做出网站特色，经反复筛选，确定将石斛作为中国乡村经济网主推的农业特色产品。2006 年杨明志报请云南省德宏州人民政府批准，发起召开以"保护濒危植物，发展名贵中药材"为主题的"首届中国石斛产业发展论坛"，并于 2007 年 9 月在芒市成功召开。引起了长期从事石斛研究的科研人员、从事石斛枫斗（各类野生石斛）经营的浙江商家，以及野生驯化变家种、试管苗种植反复失败的种植户高度关注，也让云南一些县市政府和农户看到了产业商机。首届论坛揭开了濒危珍稀药材——石斛的神秘面纱，许多人第一次知道了石斛。"石斛产业"首次被提到世人面前，掀起了一股发展石斛种植的热潮。

2008 年第二届石斛论坛在云南芒市召开，主题是"探讨石斛产业发展政策及种植技术"；2009 年第三届石斛论坛在云南昆明召开，主题是"石斛新产品开发与市场拓展"，论坛期间成立了"中国乡村经济网石斛联盟"和石斛专家组；2010 年第四届论坛在浙江温州雁荡山召开，主题是"有机栽培·标准"；2011 年第五届论坛在云南龙陵召开，主题为"品种与品牌，产品与营销"；2012 年第六届石斛论坛在云南德宏召开，主题为"品质·市场·规则"。2011 年石斛行情达到最高峰，云南个别农户每亩年收入接近百万元。云南、浙江、广西、福建新建上百家组培工厂，用于培育铁皮石斛种苗。

2013 年第七届石斛论坛在安徽霍山县召开，主题为"资源·应用·规范——石斛产业可持续发展"，受国家宏观调控和政策影响，2013 年底采收季节，石斛价格迅速下滑，市场售价下跌 50%，甚至更多。本届论坛上，杨明志倡议保护优质石斛种源，有条件的地方实行哪里来回哪里去，将优质石斛种苗种植到曾经采收的地方，恢复野生种群。2014 年，福建省连城县率先组织了优质铁皮石斛种源回归活动，逐步恢复了冠豸山的野生石斛种群。

2014 年第八届论坛在浙江奉化召开，主题为"质量·文化·市场——石斛产业服务现代养生"；2015 年第九届论坛在福建厦门召开，主题为"互联网＋石斛＋养生品牌"，开启了石斛的互联网销售时代；2016 年第十届石斛论坛在云南龙陵举行，以"弘扬国医文化·应用现代管理·加快产业升级"为主题，将石斛作为国医文化的一部分进行弘扬，并倡导以文化引领产业，走可持续发展之路。

受新冠肺炎疫情影响，2021 年 1 月 23 日，第十一届中国石斛产业发展论坛暨中国中药协会石斛专业委员会二届四次理事会，以视频方式隆重召开。论坛由中国中药协会主办，石斛专业委员会承办，全国七个地方石斛协会协办，全国设 11 个分会场，共计上千人参会，并通过微信视频号进行了直播，大家通过远程视频济济一堂，共享行业盛宴，彰显疫情期间石斛的魅力。中国中药协会濮传文副会长、中国中药协会王桂华秘书长出席会议，展现了中国中药协会对石斛产业的重视。

石斛论坛的举办，揭开了沉寂 2000 多年的石斛的神秘面纱，并发展成南方特色生物产业，石斛从高不可攀的"贡品"，进入了寻常百姓家庭。全国人民尤其是南方人民开始关注石斛，食用石斛。在石斛论坛及乡村网（原名中国乡村经济网）石斛联盟的推动下，石斛产地政府开始重视石斛产业，云南芒市率先成立全国第一个"石斛产业领导小组办公室"，云南龙陵、普洱、文山，安徽霍山，福建厦门等地区相继成立石斛产业协会。石斛专业委员会制定的《中国药用铁皮石斛标准（试行）》2012 年由中国中药协会发布。标准核心内容是约定了种植环节需要远离高速路、远离城市、远离工业污染，确保石斛重金属不超标，并约定铁皮石斛长度≤ 35 厘米，确保药农不盲目使用化肥、农药和生长激素，科研人员不培育生产杂交种苗，标准的试行让种植户有了方向，石斛质量逐步得到控制。到 2015 年全国铁皮石斛种植面积近 8 万亩，其他石斛共计约 5 万亩，仅铁皮石斛年产鲜品近 3 万吨，基本形成了"北人参南石斛"的两大滋补类药材的产业格局。

石斛论坛的举办，解决了产业面临的技术创新、文化挖掘、市场拓展、品牌建设、功效研究等课题，大力推动了石斛论坛举办地产业发展，推动了科研、市场、人才的同步发展和质量的提高。凡举办过石斛论坛的地区，都形成了地域品牌，带动了投资和采购商的光临，促进产地经济发展、农民致富，产业规模和品质的提升，石斛论坛一度成为中国著名的农业产业化品牌论坛。

每届论坛邀请国内中医药行业知名专家，国家中医药管理局、国家林业和草原局、国家濒科委、农业农村部等相关领导出席，还特邀台湾、香港行业协会会长，全国从事中药的优秀企业代表、石斛行业优秀企业代表出席，获得了很好的宣传、推广效应。

第三节 石斛产业发展趋势与市场需求

近年来，世界范围内"回归自然""天然药物热"正在兴起，以中药材为原料的天然药物、保健品、食品、日化用品、生物农药、饲料添加剂等愈来愈受到欢迎。中药大多数来自天然植物，治疗作用经过 2000 多年的验证，副作用较少，因而越来越受到国际医药界的重视。随着国际社会对天然药物的认同，天然药物的市场迅速扩大。当今国际社会，对天然药物的需求正在日益扩大，对天然药物的开发应用，必将形成一个新的经济增长点。

石斛在中国有 2000 多年药用历史，因野生资源匮乏，数量稀少，长期被作为少数达官显贵专享，极少数名医临床中有所应用。从文献记载，作为"贡品"彰显了石斛的稀缺和尊贵，也印证了石斛的价值。作为药用，历代名医通过临床应用，不断总结完善了石斛功效，应用范围十分广泛，涉及许多疾病，且有大量文献可供参考。最近 10 多年石斛被作为养生品和养生食材，大量的普通家庭也在食用，石斛的功效进一步得到印证，并结合现代科技，对石斛的化学成分进行了分析，对应用功效逐步给出了更为科学合理的解释，让石斛的功效更加可信。每年数万吨石斛鲜品，也让无数的食用者从中感受到石斛对健康的帮助。

由于历史上数量稀少，铁皮石斛、霍山石斛这一类名贵石斛价格昂贵，大量中医无缘应用，对其了解不多，普通民众对此更是所知甚少。石斛实现人工产业化以来，市场供应量得到了充分满足，价格也大幅下降，从消费力上，已能满足多数家庭消费。因石斛功效复杂，历史上的断代影响，石斛在中医的临床应用推广工作进展缓慢。从浙江、上海一些中医应用证明，石斛在中医处方应用中效果明显，得到患者普遍认同，石斛在中医的临床应用方面，还需要国家相关部门、石斛行业、地方政府共同努力来推动，让优质中药材真正掌握在医生手中。另一方面，石斛的药食同源试点工作已全面铺开，未来会出现各种类型的石斛食品，多角度进入人们的生活，服务大众健康。第三，近年来，石斛出口量也逐步增长，新冠肺炎发生以来，中医药的出色表现，在国际上的影响迅速提升，中医药走向世界将是一种大势，石斛也会随着中医药的国际化而服务世界人民。据此分析，石斛产品市场潜力较大，据估算市场总量约有1000亿人民币，而且还有较大的增长空间。

第四节　石斛市场断代的影响

许多人有疑问，被称为"仙草"的石斛，西汉时期《神农本草经》就有其功效应用的记载，2000多年来，历代中医文献都对石斛功效进行了完善和补充。石斛还长期被作为达官显贵、皇室贵胄专用，中医文献也记载了大量名医应用医案。这么好的一味中药，为什么现代中医应用较少，通过最近10多年石斛行业的整体宣传推广，老百姓才有所了解，是什么原因导致了这样的情况呢？

明清时期，名医临床应用石斛较多，尤其是以四川产的川石斛应用最多，文献中大量名医处方中都能看到石斛。如今，许多中医对石斛了解不多，处方应用较少，增加了石斛的推广和普及难度。这主要有两方面原因，其一，历史上铁皮石斛、霍山石斛这类名贵石斛始终处于稀缺状态，大量中医无缘应用；第二，新中国成立后遇到的三年困难时期，中医对石斛的应用出现了几十年的真空期，导致几代中医对石斛缺乏了解。

据中华民国14年版的《合江县志》《合江石斛盛衰录》（颜开明，1986年）记载，四川合江县在新中国成立之前就有专业的石斛交易市场，每因市价涨落及销路畅滞而影响产量的增减，就川南一地而言，峨眉鲜石斛抗战前最高年产量可达八千市担（石，dan，下同），最低亦在二百五十市担以上，正常产量为六百市担左右。1949年，因交通困难，外销阻滞，产量低落，仅及三百五十市担；1950年，因土产公司大量收购，增加到八百市担，此外，叙永每年出产石斛约七十市担，至于泸县、合江一带，在抗战之前，平均每年约产鲜石斛十二万斤、干石斛二万斤。峨眉及川西洪雅等地所产石斛，多运至乐山集中；南六县及滇、黔边境所产，则多运至宜宾集中；叙永、泸县及合江一带所产，多运至泸县集中，药商购进之后，经过加工整理，用木船或轮船装运至重庆，再转运上海散销各地。抗战前四川所产石斛百分之八十销省外，以上海为最大集散地，各货运沪，有20%转销天津、北京、青岛、烟台、营口、大连及沿海一带，其余80%，转销华东各地，但都以鲜石斛为宜。

新中国成立初期，药材由贸易公司经营，石斛生产又有发展，1953年收购石斛四万多斤，加工烤干后，选择长短基本相等的枝条，用红头绳扎成小把，十把一捆，每捆重一斤，五十捆装成一木箱，运销成都、重庆、上海等地（1954年以后，以运销鲜石斛为主）。上海中药材站1952年至1962年间，每年数次专人到合江调运石斛，广州外贸部门也来合江签订合同，调运石斛转销东南亚国家。此时曾产生供不应求现象。

1958年中国的生态环境遭到严重破坏，石斛主要赖以生存的条件被大量毁坏了。同时持续了二十多年的人民公社体制，使石斛产区没有人再去管理和抚育石斛，反而采取的是毁灭性的掠采。云南的连收臣教授提供的历史情况说，20世纪的60～70年代，1公斤铁皮石斛可在欧洲换回12吨小麦。处于困难时期的国人可能谁也不能够使用铁皮石斛来养生了。

20世纪70年代至80年代，石斛成为中国濒于绝灭的药材，石斛产量大幅下降。人们已经基本没有条件应用石斛作为中药了。大有益于人类的石斛遭受了严重的浩劫。1974年四川省中药材公司派专人到合江索取六斤干石斛送北京备用，县药材公司共收购有八斤库存石斛，但亦多不合规格，只择出了四

斤送去应命。县药材公司于1975年着手恢复石斛生产，苦于种苗不多，发展不大。1981~1982年两次提高鲜石斛的收购价格，由原来的每斤贰角提至每斤六角，以刺激石斛产业的发展。

因铁皮石斛、霍山石斛历史上本就比较稀少，新中国成立后出现的"石斛断代"，又让中医应用较多的"川石斛"呈现稀缺状态。

改革开放，迎来了国家发展，迎来了科学的春天。进入21世纪以来，国家生产、经济发展，人民生活渐入小康。经过科学研究人员近20年的努力，经过热爱石斛的企业家和种植者的共同努力，石斛终于枯木逢春，实现了石斛种源繁育及栽培技术突破，石斛产业迎来科学繁衍、逐步发展的好时代。

第五节　石斛国际贸易环境

野生石斛因自身繁殖能力极低，导致资源不断减少，甚至濒临灭绝，中国石斛属1973年被列入《濒危野生植物国际贸易公约（CITES）》，属于世界二类保护植物，被禁止国际贸易。中国从2007年实现石斛人工种植产业化以来，以发展促保护，不仅大幅减少了野生石斛的采集，还通过人工手段，将优质种源回归到原生地，野生石斛种群得到很好保护。更重要的是，石斛实现了人工规模化种植，市场需求得到充分满足，既实现了资源保护，也让这一味优质中药服务中国人民健康。

为实现石斛走向国际，服务世界人民健康，2015年12月9日至11日"CITES多年生植物非致危性判定指南中德研讨会"在深圳举行。由国家林业局濒危动植物管理办公室、中华人民共和国濒危物种科学委员会、中国中药协会石斛专业委员会、深圳市林业局，中国、德国、荷兰等国专家参加，围绕石斛、沉香的致危性标准进行讨论。石斛作为CITES中高致危性植物，在会上进行了激烈讨论，石斛专委会杨明志主任、张明教授多次发言，就中国采取的石斛种源回归措施、石斛产品研发、石斛种植涉及范围、种植规模、鲜品供应量等数据反复说明，并根据CITES规则进行现场验算，证明中国石斛产业发展让野生资源得到很好保护，中国人工种植的石斛，已能够满足市场需求，中国石斛的高致危性状况已不存在。会议根据CITES标准，反复数据对比评价，最终确定，中国石斛为低致危性植物，也就是种群得到很好恢复，不会导致濒危灭绝，只要办理相关手续，就可以在国际上进行贸易。由此，为中国石斛走向国际市场，打开了政策通道。据了解，中国石斛提取物出口稳步增长，2020年出口量超2亿美元。

第六节　打造区域石斛品牌

2012年，中国中药协会授予芒市"中国石斛之乡"的美誉。2013年，原国家质检总局批准对"芒市石斛"实施地理标志产品保护。

2015年，韶关市始兴县"始兴石斛"地理标志产品认证获得国家质检总局的审批。2016年，始兴县人民政府被中国中药协会授予"中国始兴石斛之乡"。龙陵县、芒市、广南县先后获得"中国紫皮石斛之乡""中国石斛之乡"和"中国广南铁皮石斛之乡"称号。

龙陵县被中国中药协会授予"中国紫皮石斛之乡""云药之乡""中国滋养文化示范基地"等荣誉称号。龙陵紫皮石斛获得国家地理标志证明商标、农产品地理标志登记、国家地理标志保护产品3项国家级认证。

金钗石斛是国家地理标志保护产品，赤水市是中国绿色生态金钗石斛之乡，2020年被中国林学会、中国医药物质协会向贵州锦屏县分别授予中国近野生铁皮石斛之乡、中国近野生铁皮石斛产业示范县。

浙江天皇药业有限公司、金华寿仙谷药业有限公司、浙江健九鹤药业集团有限公司铁皮石斛种植基地通过了GAP和有机基地认证。其中天皇药业位于天台的2507亩铁皮石斛种植基地，2005年通过国家医药管理局组织的OTC认证。浙江健九鹤药业集团有限公司已申请欧盟有机产品认证，也是全省唯一一家按照欧盟有机标准执行的企业。目前全省共认定为浙江省优质道地药材示范基地3家。温州乐清市被评定为"浙江铁皮石斛产业基地""中国铁皮枫斗加工之乡"。其中"天目山铁皮石斛"获国家质监总局地理标志保护产品，"武义铁皮石斛"获国家农业部农产品地理标志保护产品，"余姚铁皮石斛"获得国家质监总局地理标志保护产品（已公示），金华寿仙谷药业有限公司铁皮石斛基地和浙江健九鹤药业集团有限公司被认定为中医药文化养生旅游示范基地。其中浙江健九鹤药业集团有限公司获得中国首个"中华野生铁皮石斛保护地"认证。

霍山石斛先后获得国家地理标志保护产品保护和地理标志证明商标，品牌荣获"中国百强农产区域公用品牌"、5次荣登"中国品牌价值评价"榜单（2016年度、2018年度、2019年度、2020年度、2021年度），2021年度品牌价值达63.75亿元。霍山石斛炮制技艺被列入省级非物质文化遗产名录。霍山石斛产业现拥有中国驰名商标1个（"何云峙"牌）、省著名商标10个。2020年，霍山石斛成功入列《中欧地理标志协定》第二批清单产品，2021年成功注册全国名特优新农产品。

福建连城冠豸山铁皮石斛被业内公认为铁皮石斛中的珍品，2013年10月，荣获农业部国家"地理标志产品"认定。

第七节　发展前景

1. 野生资源的保护非常迫切，野外的寻找已十分不易。返种归真，有条件的道地产地应该将部分原产地种源反哺大自然，争取野生资源的早日恢复；鼓励并期待仿野生栽培模式的不断完善。

2. 功效的规范与提炼，铁皮、霍斛、金钗花三种石斛的功效，尤其铁皮、米斛与金钗花比，古人已认为不同，应加以规范，以利于养生文化的推广。

3. 品种的真伪鉴别，采用现代的科学技术，如指纹图谱等，让市场得以规范。进一步将古代经典名方采用现代研究技术开发以适应当代的健康产品，充分发挥中医药养生文化的优势。

4. 药效研究，古人的用法、经验值得借鉴，但科学规范的药效、作用机制等研究才能进一步取信市场，扩大应用。尤其是野外实地的观察与跟踪，再对比今日主流之栽培模式，发现与野生石斛似存在较大的差距。

5. 替代品众多的黄草类，传统也认为质次，如果没有规范的研究表明确有疗效，随着铁皮、米斛、金钗花等主流品种的回归，识真用真必将成为趋势。黄铜皮、紫皮、环钗等更加迫切需要加大基础研究。

6. 重要疑问的继续解答，如霍山石斛与铁皮石斛有何不同？温州石斛与春州石斛（不同地方的铁皮石斛）的区别？"川产体长味淡者""川者味甘淡、无歧"，说明川产既有金钗石斛也有味甘淡的铁皮石斛，这与四川多地发现野生铁皮石斛相符。据顺庆生教授考证，1932年上海《申报》刊登的名贵药材拍卖中有白毛枫斗及川产铁皮枫斗。

第四章　石斛各省区石斛产业发展

第一节　云南省石斛产业报告

石斛产业是云南省近十年来发展最为迅速、最具规模和最富市场潜力的优势中药材产业之一，具有继三七、天麻、重楼之后培育成为百亿元大宗中药材产业的良好基础和前景。"十四五"时期，中国和世界经济进入常态化疫情防控时期，中国大健康产业和云南省高原特色农业及世界一流绿色食品产业建设将持续推进，为云南石斛产业发展带来了新的机遇。

一、优势与基础

（一）发展优势

1. 种质资源与气候优势

石斛（Dendrobium）是具有较高医疗价值的兰科石斛属草本药用植物，因其在增强人体免疫力方面的显著功效和食药同源特质被誉为"中华仙草之首"，历来受到广大消费者喜爱。全球石斛种质资源1100 余种，中国共有 92 种，云南拥有 58 种（其中 25 种为云南省特有），是全国石斛资源最为丰富的省份。

石斛喜欢温暖潮湿且具有一定阴蔽条件和空气质量较佳的生长环境，多附生于林间树木茎杆或长于石山缝隙中。云南地处低纬高海拔地区，年平均气温 14.9 ~ 22.4℃、相对湿度 73% ~ 87%，尤其是西南、东南及广大低热湿润地区，石斛年生长期长达 280 ~ 300 天，大棚种植每亩平均产量 350 公斤以上，最高亩产可达 1000 公斤，是全国石斛生长最适宜区域。

2. 林地及石漠化山地资源优势

2020 年底，云南省森林覆盖率已达 62.7%，是同年全国平均水平（21.63%）的 2.90 倍，拥有林地面积2.6 万公顷，具有发展石斛仿野生种植、生态种植和有机种植的良好条件。

云南省石漠化山地分布十分广泛，全省石漠化山地面积约为 350 平方公里，其中尤以文山、红河等滇东南地区较为集中。这些地区缺乏传统农作物的土壤和储水条件，却具有发展石斛的优势条件和优异自然生态环境。文山州麻栗坡县的中越边境石漠化山地有 8000 余亩石斛种植基地，漫山遍野石头缝中生长的金钗石斛、鼓槌石斛、叠鞘石斛等各类石斛长势喜人。

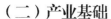

（二）产业基础

1. 科技研发基础

长期以来，在省、州（市）科技部门支持下，中科院昆明植物所、省农科院、省药物所、云南农大多家科研院所及高校多年来围绕云南石斛产业发展需要，开展了多项石斛种质资源保护、野生资源驯化繁育、大棚规范化栽培、仿野生栽培、有效成分分析利用、石斛深加工等科技研发活动，取得了一批科技研发成果。为促进全省石斛产业依靠科技创新实现较快发展，云南省还组建了石斛产业科技创新战略联盟与石斛产业科技协会，初步形成了"产学研"结合的石斛产业科技创新服务体系。但总体而言，科技投入及人才团队建设均远未能满足全省石斛产业高质量可持续发展的需求。

2. 种植业基础

石斛是云南省"十大云药"之一。在各级政府、企业和广大农户的共同努力下，经过10多年拼搏，云南省石斛规模化种植已经扩展到滇西南、滇南、滇东南的13个州（市）的60余个县（市、区），建成龙陵、芒市、勐海、屏边、景谷、广南等10余个重点县（市、区），带动50万以上农村居民实现创业增收。龙陵县、芒市、广南县先后获得"中国紫皮石斛之乡""中国石斛之乡"和"中国广南铁皮石斛之乡"称号。其中，保山市龙陵县以紫皮石斛为主的石斛产业发展成就尤为突出，种植面积、产量、产值等主要指标在全省名列前茅，还成立了专业研究机构，形成"产学研"结合、一二三产融合发展的合理格局，"一县一业"建设正在稳步推进中。目前，云南省石斛种植基地大多采用"公司＋农民合作社＋农户"生产经营方式进行，即种苗及成品生产由专业公司承担，石斛栽培与日常管理以农户为主，石斛种植每亩平均收入近5万元。

截至2020年底，云南全省石斛种植面积已近14.2万亩（铁皮石斛3.6万亩，紫皮石3.6万亩，其他石斛7万亩）、鲜条产量1.6万吨、农业产值约34亿元（表4-1）。

表4-1 云南省石斛产业重点地区及品种分布表

滇南	普洱市	铁皮石斛：思茅、江城、宁洱、景谷、景东、镇沅 叠鞘石斛、鼓槌石斛：思茅、孟连
	西双版纳州	铁皮石斛：勐海、景洪 兜唇石斛：勐腊
滇西南	德宏州	铁皮石斛：瑞丽、芒市、陇川、盈江
	保山市	紫皮石斛：龙陵、腾冲 铁皮石斛：腾冲
	临沧市	铁皮石斛、兜唇石斛：沧源、双江、耿马
滇东南	红河州	铁皮石斛：绿春、金平、屏边
	文山州	铁皮石斛：广南、麻栗坡、马关

3. 加工业和市场基础

近年来，在云南品斛堂生物科技有限公司、云南久丽康源石斛开发有限公司、云南斛健庄园生物科技有限公司、龙陵县林源石斛开发有限公司、怒江州瑞佳农林科技发展有限公司和云南高山生物农业股份有限公司等一批龙头企业引领下，云南省石斛加工业规模不断壮大、石斛产品不断增加、产业链不断延伸，创立了龙陵紫皮石斛、云南铁皮石斛等一批知名品牌，石斛加工整体呈现从石斛枫斗、石斛干条等初级产品加工向以石斛原液、石斛冻干粉、石斛精片、石斛胶囊、石斛含片、石斛纯粉、石斛浸膏、石斛茶、石斛冲剂、石斛酒和石斛保健品、石斛干花等精深加工转型升级发展态势，紫皮石斛原浆等优质深加工产品荣获 2020 年云南省绿色食品十大名药称号。其中，云南品斛堂生物科技有限公司按国家 GMP 技术标准建立了石斛现代化精深加工生产线，生产出石斛原浆、石斛精片等系列市场欢迎的石斛精深加工产品，带动了龙陵县石斛全产业链的可持续快速发展。2020 年，该县石斛产业产值构成中，加工业产值已超过 60%（17 亿元），超过种植业产值占比（40%），成为龙陵县域经济的支柱性产业。

截至 2020 年底，保守估算全省石斛加工业产值已达 20 亿元以上，其中，仅全省 11 家国家级及省级石斛产业龙头企业加工业产值就达 8 亿元左右（表 4-2）。

表 4-2　云南省主要石斛加工龙头企业基本情况表

序号	州市	县区	企业名称	主营产品	2019 年销售收入（万元）	龙头企业级别
1	保山市	龙陵县	云南品斛堂生物科技有限公司	石斛系列产品	38545	国家级
2	德宏州	瑞丽市	云南久丽康源石斛开发有限公司	铁皮石斛	8225	省级
3	保山市	腾冲市	云南斛健庄园生物科技有限公司	石斛干条，石斛茶	5992	省级
4	曲靖市	宣威市	宣威市农硕农特产品开发有限公司	石斛、白及	3400	省级
5	保山市	龙陵县	龙陵县林源石斛开发有限公司	石斛	3048	省级
6	怒江州	泸水市	怒江州瑞佳农林科技发展有限公司	石斛、火龙果	2980	省级
7	普洱市	思茅区	云南高山生物农业股份有限公司	鲜铁皮石斛	2306	省级
8	德宏州	盈江县	盈江儒林现代农业发展有限公司	石斛	2012	省级
9	昆明市	禄劝县	禄劝立云农业科技开发有限公司	石斛、白及	2002	省级
10	昆明市	富民县	云南丰春坊生物科技有限公司	石斛、兰花	1217	省级
11	临沧市	耿马县	耿马四方生物科技开发有限责任公司	石斛	3100	省级
合计					72827	

目前，云南省以石斛为原料的中药产品主要为三大类：一是以石斛鲜条形态不经加工直接食用的产品；二是以枫斗、环草等为主的初加工制品；三是以石斛有效成分提取物制作的中成药、制剂及保健食品。产品主要销往云南省内部分州（市）、苏浙沪及广东等中国沿海地区。随着人们健康意识加强和云南石斛产品知名度不断提高，云南省石斛产品已经呈现出向北京、东北和川渝地区市场扩张发展的趋势；海外市场则主要销往日本、韩国、美国和东南亚等国家和地区。

二、机遇与挑战

（一）发展机遇

1. 常态化疫情防控形势带来的发展机遇

2020 年，新冠肺炎疫情暴发，今后较长时期中国和世界经济社会将进入常态化疫情防控时期，人们对健康生活将更加向往、对天然生物医药产品和健康保健食品的需求将更加强烈，国内外市场对石斛鲜品与干品药材、中成药品和各类保健食品的需求将更加旺盛。权威部门分析表明，目前，中国 160 余家以石斛为原料的制药企业年石斛原料需求量保持在 1.5 万吨以上，"十四五"及今后较长时期，每年

还将以 20% 的幅度逐年增长。

2. 国家政策调整的重大机遇

2019 年，国家卫健委根据《食品安全法》规定，经安全性评估并广泛公开征求意见，对党参、肉苁蓉、铁皮石斛、西洋参、黄芪、灵芝、山茱萸、天麻、杜仲叶等 9 种物质开展按照传统既是食品又是中药材的物质生产经营开展试点工作（国卫食品函〔2019〕311 号），这标志着中国石斛产品的使用范围正式由药材领域扩展到食品领域，石斛产品的应用领域更为广阔，石斛干鲜材料及其制品将会更多地出现在中国广大城乡居民的餐桌和日常生活中。同年，国家已在云南、贵州、四川、广西、湖北、江西、广东七省开展铁皮石斛药食同源试点，云南省石斛产业正在迎来前所未有的巨大发展空间。

（二）面临挑战

1. 产业发展存在的问题

云南省还存在对石斛产业的重要性及发展水平认识不到位、顶层设计与高位推动乏力、管理服务条块分割、深加工和科技领域支撑能力不足等突出问题，严重制约了全省石斛产业的高质量可持续发展。以全新视野重新审视云南石斛产业发展的作用和地位、面临机遇与挑战、优势与不足，并在此基础上提出切实可行的对策措施，对稳定保持云南省石斛产业在全国石斛产业中的龙头地位和助推全省生物医药和大健康产业发展具有重要意义。

（1）产业发展缺乏深入调查研究

目前，云南省石斛产业发展缺乏自上而下的整体性调查研究，各个渠道得到的各类石斛种的种植面积、产量，主要石斛药材加工品种与加工量、目标市场及其发展变化情况等方面的信息缺乏准确性、系统性与权威性，相关部门和生产经营实体对石斛产业整体发展及自我发展缺乏精准判断，导致一些部门和地区对云南省石斛产业发展的重要性和地位认识不足，产业发展存在一定的盲目性。

（2）顶层设计和高位推动力度不够

目前，相关州（市）、县（市区）政府和企业、农民专业合作组织对发展石斛产业均具有较高积极性，但由于缺乏全省性产业发展总体规划（仅有云南省科技厅 2014 年编制过部门规划《云南石斛科技产业发展规划（2012—2020）》），致使全省石斛产业发展缺乏整体性指导和出现各主要产地分散发展情况，难以形成全省性产业优势和合力，石斛产业发展带有一定程度的盲目性。

同时，由于云南省石斛产业由相关部门按职能分工由农业农村、林业和草原、科技等部门分头管理，部门之间尚未建立常态化联动推进机制，与一些省份明确由省级领导进行常态化统筹协调高位推动的做法相较，云南省的石斛产业发展尚缺乏常态化和制度化高位推动机制。

（3）科技创新和深加工引领支撑作用较弱

云南省石斛种源复杂，全省石斛种质资源调查、不同地区石斛主要化学成分及主要功效、石斛保健食品作用机理、优质良种驯化选育与繁育等基础及应用研发开展有限，应用成果取得较少。2020 年颁发的《中国药典》仅有铁皮石斛和石斛两个石斛类中药标准，其他石斛类中药加工产品缺乏技术标准支持，创新能力和成果转化水平均难以满足石斛产业高质量发展的科技引领与支撑需求。

云南石斛产业发展的另一软肋是加工业发展较慢，加工企业数量偏少、规模偏小、精深加工水平偏低已经成为制约全省石斛产业发展的又一瓶颈。2020 年云南省近 1.7 万吨各类石斛产品中，80% 以上以鲜条原料及枫斗初级产品形式销往江浙等沿海地区制药企业，石斛冲剂、石斛胶囊、石斛浸膏等精深加

工产品占比仍然较小，加工业产值不到全省石斛产业综合产值40%，尚未成为引领全省石斛产业高质量发展的引擎。

2. 石斛产业竞争加剧形势严峻

随着国家"健康中国"战略实施步伐加快和区域经济创新驱动发展的需要，近年来，中国一些省份纷纷加大石斛产业建设力度，成效斐然，全国石斛产业发展已由云南、贵州、浙江、安徽等重点省份扩展到广西、四川、重庆等省（市、自治区），呈现出明显的相互追赶、抢占产业与市场先机的竞争格局。近年来，贵州省委、省人民政府将石斛产业列为该省培育发展的12个重点特色产业之一，制定了《贵州省发展石斛产业助推脱贫攻坚三年行动方案（2019—2021年）》，明确提出将"贵州石斛"打造成为继"贵州茅台"后的第二张名片的品牌发展战略，努力推进实施"三百"工程（兴建"百万亩"石斛基地、打造"百亿级"石斛产业、促进"百万户"林农增收），全省石斛产业发展业绩骄人、产业规模和地位直追云南。2020年6月召开的贵州省石斛产业推进大会发布数据显示，截至2020年5月底，该省石斛种植面积已达15.95万亩，石斛干花产量123.55吨，鲜条产量8097.73吨，实现农业产值21.61亿元；浙江省实施差异化发展战略，在抓紧开展铁皮石斛一产建设的同时（全省建有铁皮石斛种植基地100余个，面积3万余亩，多家企业在云南、贵州等地建有4万多亩石斛种植基地），主要发展以石斛为原料的各类药品和保健食品精深加工业。目前，贵州省共有从事石斛药品与保健食品的加工企业549家，占全国石斛药品与保健食品加工企业总数（1377家）的39.87%，拥有国家批准的保健食品文号48个，成为全国石斛加工中心。2020年，以石斛加工业为主体的浙江石斛产业综合产值已经超过50亿。

三、对策建议

（一）抓紧开展全省石斛产业发展专项规划及食药两用材料省级试点实施方案编制工作

在开展深入调研、进一步摸清家底的基础上，以稳定保持云南在全国石斛产业发展中的龙头地位和将石斛产业打造成云南最具优势的百亿元中药材产业的建设目标为导向，由省综合管理部门牵头，集合相关部门和州（市）、县（市、区）力量，抓紧开展云南省石斛产业发展专项规划制定工作，成为指导云南省"十四五"及今后较长时期石斛产业高质量可持续发展的纲领性文件。

按照国家卫健委关于对党参、铁皮石斛等9种物质开展按照传统既是食品又是中药材的物质管理试点工作的通知（国卫食品函〔2019〕311号）要求，抓紧开展云南省石斛食药物质种类、风险监测和监管措施等主要内容实施方案编制工作，尽早报国家相关管理部门核准颁布实施，推动云南省石斛产业在食品及保健品领域实现跨越式发展。

（二）建立高位推动与统筹协调机制

建立由省分管领导主抓、相关部门和州（市）共同参与的云南省中药材及石斛产业发展高位推动运行机制，并使之制度化和常态化；建立由发展和改革、农业农村、林业和草原、科技、工信等部门组成的全省中药材及石斛产业发展联席会议机制，并使之制度化与常态化；加强和完善云南石斛产业协会、云南石斛产业技术创新联盟等社团组织建设，使其真正成为推动云南省石斛产业高质量可持续发展的中坚力量。

（三）全力推进科技创新支撑体系建设

深入开展云南省野生石斛种质资源调查、保护和驯化利用等前期研究和良种繁育技术研究；持续开展云南省主要产区石斛规范化栽培、仿野生种植、有机种植模式与技术规范研究；开展云南省主要石斛种质资源的成分分析及免疫调节等功能评价研究；积极推动开展云南省石斛产品及其食药制品的企业标准、地方标准的制定工作，在 2018 年云南省建立紫皮石斛地方标准的基础上，争取将其上升为国家标准。

（四）积极推动"三产"融合发展

在继续扎实做好全省石斛种植基地建设的同时，结合国家颁发的推进食药两用物质应用新政，重点培育云南省石斛药品及保健食品精深加工业，争取在"十四五"期间，将其在石斛产业综合产值中的占比由目前的 40% 提高到 60% 以上；结合国家与云南省康养及旅游业发展需要，持续开展石斛保健食品新产品研究与产业化开发工作，健全完善"线上线下"营销平台，不断提高云南石斛产品知名度和全国的市场占有率，推动云南省石斛产业一二三产业融合发展。

四、德宏州石斛产业报告

德宏州的石斛交易和贸易有近 50 年的历史，真正发展是伴随着改革开放、边境开放、农业农村经济发展、林下经济发展、脱贫攻坚和乡村振兴的推进而迅速发展起来的。经历了 20 世纪 80～90 年代的野生资源消耗、边境交易，21 世纪 00 年代的商业性产业发展起步，10 年代的大发展，20 年代的巩固提升四大阶段的发展历程，先后经历资源性采集、种源资源保护、仿野生种植、集约化规模化种植几个阶段，种苗繁育从分蘖繁殖、扦插繁殖、有性繁殖、组培苗繁育不断创新发展，种植技术也不断取得创新，技术成果应用和技术推广迅速，种植技术被广大群众熟练掌握后，使德宏州石斛产业不断发展壮大。德宏州石斛在经历了过山车式的几轮价格波动后，越来越回归市场理性价格，逐渐稳定的石斛市场价格形成，进一步推动德宏实施种植规模巩固提升，发展石斛产业取得的良好经济效益，成为林下经济主要产业，成为广大山区不砍树能致富的好产业，成为德宏州农村经济发展、脱贫攻坚与乡村振兴有效衔接的特色林产业，德宏州也随之成为云南中药材生产基地的重要组成部分。德宏州石斛产业的发展，对云南经济发展，特别是对边疆民族地区的繁荣发展起着极其重要的作用。

（一）产业发展现状

1. 种植面积及分布情况

据云南省德宏热带农业科学研究所技术支持的全国第四次中药资源普查（德宏州五个县市）数据显示，截至 2021 年 12 月，德宏州共种植石斛 20000 余亩，主要分布在芒市、瑞丽和盈江，分别占总面积的 53.92%、23.38% 和 18.13%（表 4-3）。据不完全统计，德宏州石斛种植面积占全国石斛种植总面积的 10%，年产鲜条 1000 万公斤，占全国产量的 20%，德宏州石斛原料在江浙石斛市场占比达 50% 左右。按照 2020 年均价 90 元/公斤计算，德宏石斛农业生产总值 9 亿元。按照 3.3 公斤生产 1 公斤干条计算，年生产干条及枫斗 300 余万公斤，以 2020 年均价 700 元/公斤计算，销售产值已达 21 亿元，产值占全国石斛产值的 2%。截至 2020 年底，全州种植加工企业和个体种植户约有 200 多家，带动山区农户约

5000 户,带动就业约 10000 人,支付石斛用工工资约 1 亿元,带动农民增收就业作用明显。根据德宏州林草局、浙江商会、石斛协会统计数据,德宏州主要种植石斛品种有铁皮石斛、齿瓣石斛、兜唇石斛、梳唇石斛、鼓槌石斛等,德宏州已成为全国州市相对单个行政区域石斛种植面积最多的地区,也是最具有石斛发展潜力的地区。

表 4-3 德宏州各县市石斛种植面积 单位:亩

序号	县市名称	集约化种植		小计
		铁皮石斛	其他石斛	
1	芒市	9600	418	10018
2	瑞丽	3200	305	3505
3	盈江	7200	260	7460
4	梁河	1700	12	1712
5	陇川	538	7	545
合计		22238	1002	23240

2. 产量及效益情况

据 2021 年德宏州林草局和德宏石斛协会统计,新增种植面积 2300 亩。以投产面积测算出 2021 年德宏州石斛的产值,如表 4-4、表 4-5 和表 4-6 所示。经测算,德宏州铁皮石斛鲜条产值为 10.9 亿元,铁皮石斛占 9.56 亿元,其他占 0.53 亿元。德宏州石斛种植业的产值占全州农林牧渔业总产值 192.48 亿元的 4.99%。

表 4-4 德宏州主要栽培石斛种类价格表

序号	种类	德宏鲜条询价(元/千克)
1	铁皮石斛	70~130
2	齿瓣石斛	60~70
3	兜唇石斛	30~40
4	梳唇石斛	200~400
5	鼓槌石斛	20~30

表 4-5 德宏州铁皮石斛鲜品产值测算表

序号	县市名称	种植面积	投产面积	单价(元/千克)	亩产(千克)	产量(吨)	产值
1	芒市	9600	9000	80	700	6300000	441000000
2	瑞丽	3200	2800	80	700	1960000	137200000
3	盈江	7200	6100	70	700	4270000	298900000
4	陇川	1700	1400	116	700	980000	68600000
5	梁河	538	200	80	700	140000	9800000
合计		22238	19500	426	3500	13650000	955500000

备注:产量按照亩均 700 千克,价格按照平均 70 元/千克测算。

表 4-6 德宏州其他石斛鲜品产值测算

序号	县市名称	种植面积	单价(元/千克)	亩产(千克)	产量(吨)	产值(万元)
1	芒市	418	35	1500	627	2194.5
2	瑞丽	305	35	1500	457.5	1601.25

续表

序号	县市名称	种植面积	单价（元/千克）	亩产（千克）	产量（吨）	产值（万元）
3	盈江	260	35	1500	390	1365
4	陇川	7	35	1500	10.5	36.75
5	梁河	12	35	1500	18	6.3
合计		1002			1503	5260.5

备注：在实际调查中，其他类几个品种，兜唇石斛的种植面积最大，因此以兜唇石斛的产值作为主要测算依据。

3. 品牌及销售情况

目前，德宏州石斛产业的主要品牌有：国家地理标志产品"芒市石斛"和企业品牌"干邦亚庄园石斛""九丽康源石斛""红鑫"等。

2013年12月31日，原国家质检总局批准对"芒市石斛"实施地理标志产品保护，范围为云南省芒市现辖行政区域。红河群鑫石斛种植有限公司法人查应洪先后选育1.红鑫1号，证号：云林园植新登第20110013号，云林园植新登第20150049号；2.红鑫5号，证号：云林园植新登第20150048号；红鑫6号，证号：云林园植新登第20150049号；4.红鑫9号林木良种证，证号（2019）第30号。目前表现较好，但还没有申报新品的有红鑫3号，红鑫8号。主要产品为鲜条、干条、枫斗、超微粉等。德宏石斛产品以鲜条、干条、枫斗销售为主，主要销往浙江、广州、安徽、江苏等地进行深加工。部分口碑较好的精包装产品直接销往东南沿海发达地区。销售方式为线下、线上结合，线下大宗交易居多，部分利用淘宝等电商进行销售，还有的通过抖音等软件进行直播带货。

"干邦亚庄园石斛"被原国家林业局授予中国石斛林木种质资源库，基地坐落在中缅边境的原始森林中，仿野生种植有600多万平方米，建有系列加工厂12000m²，主要产品有石斛花、石斛茶、石斛胶囊、石斛鲜条、石斛枫斗、石斛面膜、石斛花精油皂、石斛洗手液、石斛牙膏等。除此以外，德宏州的石斛行业还拥有众多的小品牌，但多数从事初级产品的加工制作和销售，知名度不高。

（二）发展历程

1. 资源消耗阶段

德宏州位于云南的西部，与缅甸相毗邻。以前由于交通、通讯相对落后，农产品与外界交往、交易受到限制，改革开放以来，农村实行家庭联产承包责任制，集体林权制度改革，大量进口野生石斛和本地资源被采收零星销售至浙江等地。1984年，德宏州瑞丽、盈江等县市的边境口岸开放，各类药材进出口边贸公司和内地药材商在瑞丽口岸进口缅甸石斛资源销往内地，随着资源大量消耗，野生石斛资源日益减少，石斛价格上涨。1995年，海关、林业严格执行兰科植物贸易公约，野生石斛资源采集得到有效控制。

2. 仿生种植起步阶段

1993年瑞丽勐秀个别农户开始仿野生种植石斛，1995年瑞丽山区有一定经济能力的农户自发的在房前屋后种植石斛。1997年德宏州林科所利用海关查货移交的野生石斛在林区进行规模化仿生种植获得成功，石斛仿野生种植在德宏州引起高度关注。1999年初，德宏州林业局开始进行石斛组培育苗试验，并获得成功。1999年10月，瑞丽市科技局和云南省德宏热带农业科学研究所的研究人员在德宏州开展了野生石斛生境和农户仿野生种植调查，针对农户对石斛种苗和种植技术的需求，白燕冰等开始从事石斛种质资源保护研究。2000 年以来，云南省德宏热带农业科学研究所连续承担了云南省重大科技计划项目院所专项、农业部热带作物种质资源保护等科研课题，研究探索总结了石斛组培苗工厂化生产、离地苗床种植、与经济作物附生种植等技术，带动了石斛产业的发展，为石斛产业提供了技术支撑。德宏州政府授予云南省德宏热带农业科研研究所石斛创新团队称号。

3. 大发展阶段

2007 年，"首届石斛产业发展论坛"在芒市顺利召开，石斛产业受到更多关注，随着许多药材商到德宏州租地大规模种植石斛，石斛产业得到政府的关注和支持。2008 年，德宏州林业局编制《德宏州产业发展规划》，德宏州林业局将发展石斛纳入林下经济产业进行扶持，在州市科技局、林业局的政策扶持下，通过示范和培训扶持企业和农户发展石斛，德宏州各县市政府纷纷牵头成立石斛产业发展工作领导小组，2010 年至 2013 年，德宏州财政局持续 4 年拨付专项资金，按面积以奖代补的形式扶持当地农民发展石斛产业。全州各县市严格执行云财农〔2011〕104 号云南省财政厅云南省林业厅关于印发《云南省林业贷款贴息资金管理实施细则》的通知贴息，2011 至 2018 年贴息 5 厘，2019 至 2021 年贴息 3 厘。芒市人民政府在林业局成立石斛办，出台一系列扶持政策，每年拿出 1000 万元扶持石斛产业发展，集约化种植补助 9000 元 / 亩，实际补助只有两年时间，但高额补助一下子将石斛产业发展推向高潮。当时种植面积较大的芒市、瑞丽先后被云南省科技厅、省食品药品监督管理局授予"云药之乡"称号，石斛被纳入重点药材发展。2011 年芒市石斛种植面积已经达到 2108.9 亩，大小种植户及企业达到 823 个，产值超过亿元，2012 年发展势头更加迅猛，面积达到 6000 亩左右。2012 年，中国中药协会授予芒市"中国石斛之乡"的美誉。

2013 年，原国家质检总局批准对"芒市石斛"实施地理标志产品保护。2014 年，位于云南省德宏热带农业科学研究所的"瑞丽石斛种质资源圃"通过农业部的认定。2016 年，国内首家石斛林木种质资源库正式落户瑞丽，石斛产业成为德宏州的特色优势林产业逐渐被各级认可。

4. 巩固提升阶段

2015 年，由于大规模种植的石斛相继投产，石斛价格开始下降，逐步回归市场理性价格，一些零散种植户受市场价格波动丧失信心、抵御风险能力弱、种植技术跟不上等因素影响，有的丢荒、有的弃管、有的转让，"散、小、弱"的石斛基地被市场逐步淘汰，组织管理程度高的种植基地保持强势发展劲头，有的还结合脱贫攻坚政策进一步巩固拓展。2019 年以来，德宏州石斛产业进入巩固提升阶段，市场价格基本稳定，种植面积趋于稳定，并逐年稳步增加，种植企业逐步整合为集约化、规模化的合作制，走创"绿色品牌"、抓质量安全、抓生态管理、一二三产业融合的新路子。2021 年在巩固脱贫攻坚成果与乡村振兴政策的扶持下，德宏州石斛又迸发极大发展潜力，全年新发展种植面积约 92 万平方米，德宏石斛正在进一步稳步扩大规模种植。

（三）德宏州石斛资源概况

德宏州位于东经 97°31′～98°43′、北纬 23°50′～25°20′，与龙陵县、腾冲市毗邻，与缅甸接壤，是云贵高原西部横断山脉的南延部分，高黎贡山的西部山脉延伸入德宏州，因此形成东北高而陡峻、西南低而宽缓的切割平原地貌。全州最高海拔在盈江北部大雪山，为 3404.6 米，海拔最低点在盈江的西部那邦坝的羁羊河谷，海拔 210 米，海拔高差 3194.6 米。受印度洋西南季风的影响形成特殊的南亚热带季风气候。属南亚热带气候，平均海拔 800～1300 米，年均气温 18.4～20.3℃，年降雨量 1436～1709 毫米，年日照时间 2281～2453 小时。具有雨热同期，干冷同季，年温差小，日温差大，立体气候明显，霜期短，霜日少的气候特点。森林覆盖率 71.84%，是中国生物多样性最为丰富的地区之一。独特的自然环境，复杂地形地貌，多样的气候类型，特殊的地理位置和气候条件为植物提供了良好的生存环境，分布着高等植物 333 科 1911 属 6053 种。德宏州生物多样性非常丰富，是生态系统保存完好的地区之一。目前，已知全国兰科植物约有 190 属，1500 种，云南有 1000 种。按照 2010 年修订颁布的《濒危野生动植物种贸易公约》(《CITES 公约》)附录，德宏州以铜壁关自然保护区为主分布有《CITES 公约》收录的兰科植物 249 种。其中密毛兜兰为附录Ⅰ收录，其余的 248 种为附录Ⅱ收录。中国记录有包括霍山石斛、铁皮石斛等石斛属植物 114 种，自北向南分布逐渐增多。德宏州分布有石斛属植物 56 种，均属于国家一级保护植物，占全国 114 种的 49%，石斛种质资源非常丰富，是中国石斛的分布中心或主要分布地之一。德宏州野生分布的石斛属植物名录如表 4-7 所示。

表 4-7 德宏州野生分布的石斛属植物名录

序号	中文名	分布和生境
1	兜唇石斛	瑞丽、盈江
2	叠鞘石斛（变种）	瑞丽（户育围角）、陇川。海拔 1340 米的季风常绿阔叶林中
3	矮石斛	潞西、瑞丽、陇川、盈江。附生于海拔 1250～2100 米的丛林中树上
4	长苏石斛	瑞丽。生于海拔 1100～1900 米的山地栎树树干上
5	翅萼石斛	瑞丽。生于海拔 1100～1700 米的山地林中树干上
6	束花石斛	陇川、盈江。生于海拔 700～1800 米的季风常绿阔叶林中
7	鼓槌石斛	全州各县市。附生于海拔 500～1300 米的树上或岩石上
8	草石斛	瑞丽、陇川、盈江。生于海拔 1400 米以下的季节雨林、山地雨林中
9	玫瑰石斛	潞西、瑞丽、陇川、盈江。附生于海拔 900～1200 米的亚热带雨林阔叶树干上
10	晶帽石斛	瑞丽。生于海拔 1100～1700 米的山地林中树干上
11	密花石斛	潞西、瑞丽、陇川、盈江。生于海拔 750～1800 米的山地林中树干上
12	齿瓣石斛	陇川、盈江。生于海拔 700～2500 米的山地林中树干上
13	黄花石斛	瑞丽。生于海拔 800～1200 米的山地林中树干上
14	串珠石斛	全州各县市。附生于海拔 500～1900 米的树干、石缝中
15	流苏石斛	全州各县市。附生于海拔 1000～1700 米的树上或山谷岩石上
16	细叶石斛	盈江。附生于海拔 700～1000 米的林下石上
17	重唇石斛	潞西、瑞丽、陇川、盈江。附生于海拔 800～1300 米的湿润石上或树干上
18	尖刀唇石斛	潞西、瑞丽（户育曼海寨后山）。附生于海拔 1500～1750 米的树上
19	金耳石斛	盈江（昔马）。附生于海拔 1500～2900 米的疏林、密林中
20	聚石斛	潞西、瑞丽、陇川、盈江。附生于海拔 270～1600 米的疏林、密林中
21	美花石斛	潞西、瑞丽、陇川、盈江。附生于海拔 400～1400 米的疏林、密林中
22	长距石斛	陇川、盈江。附生于海拔 1500～2300 米的中山林中树上或石上
23	细茎石斛	潞西、瑞丽、陇川、盈江（昔马衣裳河）。附生于海拔 860～2300 米的树上和石上
24	杓唇石斛	瑞丽。附生于海拔 1300 米左右的疏林中树干上
25	石斛	全州各县市。附生于海拔 820～1000 米的树干上或岩石上
26	肿节石斛	瑞丽。附生于海拔 1000～1700 米的山地林中树干上
27	报春石斛	盈江。附生于海拔 700～1500 米的常绿阔叶林、次生杂木林中

续表

序号	中文名	分布和生境
28	梳唇石斛	潞西、瑞丽、陇川、盈江。附生于海拔 1120～2300 米的树上
29	球花石斛	盈江。附生于海拔 700～2000 米的常绿阔叶林中树上
30	大苞鞘石斛	盈江（磨刀河、杨梅坡）。附生于海拔 1400～1900 米的季风常绿阔叶林中
31	线叶石斛	盈江。生于海拔 1400～2600 米的高山阔叶林中树干上
32	杯鞘石斛	盈江（勐弄、卡场、盏西）。生于海拔 800～1000 米的山地疏林中树干上
33	细叶石斛	生于海拔 800～1700 米的山地疏林中树干上
34	苏瓣石斛	盈江（勐弄、卡场、苏典）。生于海拔 700～1500 米的山地林中树干上或山谷岩石上
35	疏花石斛	盈江。生于海拔 1100～1700 米的疏林中树干上。云南西南部有分布
36	小黄花石斛	盈江（盏西、铜壁关、昔马）。生于海拔 600～1700 米的山地林中树干上或山谷阴湿岩石上
37	喇叭唇石斛	盈江（盏西）。生于海拔 700～1300 米的疏林中树干上。云南西南部至东南部有分布
38	棒节石斛	盈江（那邦）。生于海拔 210～1600 米的山地阔叶林中树干上
39	美花石斛	生于海拔 800～900 米的山地疏林的树干上
40	藏南石斛	芒市、瑞丽、陇川、盈江（勐弄、苏典）。生于海拔 400～1500 米的山地林中树干上或林下岩石上
41	石斛	盈江。生于海拔 980～1500 米的山谷或林缘的岩石上
42	少花石斛	盈江（支那、苏典、昔马）。生于海拔 1750～2200 米的林中树上
43	肿节石斛	生于海拔 480～1700 米的山地林中树上或山谷岩石上
44	单葶草石斛	生于海拔 1000～1800 米的山地疏林中树干上。云南西南部至东南部有分布
45	竹枝石斛	生于海拔 1000～1600 米的山地疏林中树干上。云南西南部有分布
46	勐海石斛	芒市、陇川、瑞丽、盈江（铜壁关、昔马、勐弄、苏典、卡场）。生于海拔 1600～2000 米的山地林中树干上或林下岩石上
47	剑叶石斛	生于海拔 650～1000 米的林中树干上或疏林下岩石上
58	叉唇石斛	盈江（芒允）。生于海拔 1000～1400 米的山地疏林的树干上。云南南部至西部有分布
59	具槽石斛	盈江（那邦）。生于海拔 200～500 米的山地林缘树干上
50	刀叶石斛	盈江（铜壁关）。生于海拔 1500～1800 米的山地疏林中树干上
51	紫婉石斛	盈江（铜壁关、卡场）。生于海拔 700～800 米的密林中树干上
52	翅梗石斛	盈江（铜壁关）。生于海拔 800～1100 米的山地林中树干上
53	高山石斛	盈江（支那）。生于海拔 1000～1200 米的林中树上。云南南部至西南有分布
54	黑毛石斛	盈江（那邦）。生于海拔 1150～1600 米的山地林中树干上。云南西南部至东南部有分布

（四）存在问题

种质资源保护持续支持力度不够。2008～2019 年，德宏州的"瑞丽石斛种质资源圃"的建设维护一直得到国家财政资金扶持，2020 年以后，国家财政扶持种质资源的资金下放到地方财政后，由于地方财力扶持方向发生改变，导致瑞丽石斛种质资源圃维护没有得到政府财力持续支持，只能靠科研所自筹资金维持。干邦亚石斛主题公园收集了大量品种资源，但由于是私营企业，国家原则上不支持私营企业建设种质资源库建设。

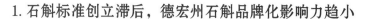

1.石斛标准创立滞后，德宏州石斛品牌化影响力趋小

石斛要作为一个特色生态品牌，形成强大的生产链，最缺乏的是品牌和标准，以及地理保护标志，这方面还是空白点。干邦亚研发的紫斛这个地理性品牌，一度成为德宏石斛最亮丽的名片，这是德宏州做得比较好的一方面。邻近的保山也在发展紫斛，但对外宣称都不能用紫斛的名称，只能冠之以非常复杂的一个名称：紫色石斛，一下子就失去商机。下一步地理性标志保护，还需要政府牵头。支持有能力有资质的企业发力，过去，干邦亚也在国家林草局支持下，起草了仿野生品质石斛的标准草案，但有种种原因，一直不能成为一种标准。国际公认的一流企业做标准，一个产业发展也要站在高位，研发创立标准，要从良种培育、栽培技术、产品加工等等研发创立一系列技术标准来支撑产业发展。

2.粗放经营、加工滞后，产业链还未形成

在调查中发现，德宏州石斛产业基本上是粗放性经营的，在科技上投入特别少。目前德宏州石斛经营方式大体分为四种。一是原材料的售卖，生产鲜品（鲜条）直接销售，也包括茎、叶和花；二是简单的加工，利于保存加工的售卖，本质依旧是原材料的销售，还是初加工的产品，主要为枫斗、干条以及干粉等；三是科技含量不高的精加工，以保健品为主的精加工产品，包括胶囊、颗粒剂、口服液、浸膏等，以及石斛牙膏、面膜、香皂、洗面奶、面霜等日用化妆品；四是衍生产品的加工，以石斛汁兑酒、石斛材料泡酒为主的保健酒系列初级开发。而且通过调查发现，简单加工直接售卖原料的占90%以上。石斛出现丰产不丰收，市场需求波动太大，这对石斛产业的发展十分不利。

3.龙头企业发展不畅，引领带动作用弱，产业集群发力不够

德宏州从事石斛生产加工有200多家。但是上规模有影响力的也仅有两家。即：久丽康源、瑞丽市岭瑞农业开发有限公司两家公司。这两家龙头企业各具特色。久丽康源重在保健品的生产，建立国家GMP中药饮片生产车间，制定了严格的质量监测系统和产品可追溯体系，研发并生成出了多种新型中药饮片产品、日化产品。针对不同的人群设计开发了12个功能性的保健产品并已全部取得国家食品药品监督管理局颁发的保健品批准证书。瑞丽市岭瑞农业开发有限公司重在科研开发，公司为本土企业，成立于2005年6月，是一家集石斛种植、科研、加工、销售为一体的高原特色农业民营企业。大力开展校企合作，与中国科学院、云南省产品质量监督检验研究院合作，经过多年探索和研发，在龙眼等树种树干上进行了石斛仿野生种植获得成功，并取得国家知识产权局两项发明专利。公司主要进行石斛深度研发，开发出石斛胶囊、石斛含片、石斛茶等系列产品。公司先后被认定为国家林业重点龙头企业、国家高新技术企业、云南省农业产业化经营与农产品价格省级重点龙头企业。在调查中发现，由于扶持力度还不够大，两家龙头企业带动作用还不太明显，产业集群布局差。特别是没有借势发力，没有借势而上，存在较大的遗憾。2018年，岭瑞公司.获得国家野生石斛公园称号，没有在这方面大做文章，把德宏州的石斛传响全国。

4.特色不特，产业优势丧失，跟风成习惯，挫伤产业发展势头

德宏州的石斛产业一度呈现辉煌之势，在省外客商的眼中是优质石斛的代表，铁皮石斛一度卖响浙江。但是，没有正确引导，产业发展重利，基础研究跟不上，部分经营者盲目追求产量和效益，大量使用农药和化肥导致石斛品质的严重下降。而且在经营种植中，没有体现出德宏州最优越石斛品种，而是外面流行种什么就种什么，一阵风过后一片狼藉。对产业发展打击重大。瑞岭公司主动承担起社会责任、产业发展大任，利用10多年千辛万苦，收集到了东南亚、非洲石斛1098种，这些石斛种源可以体现出

来德宏州的绝对优势，可以做到高起点发展，做到人无我有，人有我优，对德宏州市政府产业是一个重大的助推。下一步要考虑在这方面大做文章。形成德宏独有的石斛品种。把石斛产业做特。按习近平总书记指出的：发展更多特色产业，靠创新实现更好发展。

德宏州石斛发展潜力大、种植面积大，在全国具有一定影响力，但德宏州没有产品质量检测中心，石斛作为药食两用的产品，对质量要求极其严格，正常市场规范交易要求每批次至少要检测6个指标，送到外地检测耽误时间、增加成本。检测中心的缺失对石斛生产、消费造成严重不良影响。同时。政府没有专门针对石斛产业发展的指导机构，德宏州石斛产业的发展还需要政府的大力扶持，只有基本功做扎实了，才能在市场上与浙江等发达地区拼一拼，形成全国有影响力又最具有特色的德宏州石斛生态产业。

（五）一些建议

全国政协常委、国家林业和草原局副局长刘东生在全国政协会上曾为德宏州石斛及种源保护鼓与呼，他深情地说，石斛就是这样一项特色优势产业，它不仅在扶贫攻坚方面大有可为，而且关系到特色中医药事业的传承与长远发展。德宏州十多年的石斛产业发展，充分证明了这是一个大有潜力、大有可为的富民生态产业，德宏州石斛产业要形成集生物技术和生物保健品研究、开发、生产、经营于一体的生态产业链，形成特色石斛种苗、推广种植、产品研发加工及销售的产业集群。要加快石斛产业的发展，需要在以下几方面着力。

1. 高度重视，高位推进石斛产业发展

建议州委、州政府成立石斛发展领导小组，设立石斛产业发展基金，下设办公室在州林草局。全州一盘棋，统一进行规划，统一进行指导，统一扶持政策，统筹石斛产业发展。

2. 规划建立石斛科技园区

加强与中国科学院、中国中医科学院和国内科研院所合作，规划出300亩左右的石斛科技园区，建设集石斛规范种植、旅游观光、科普宣教、高科技展示为一体的园区，园区从良种选育、优质种苗繁育、种植技术规范、试验示范等方面进行科技创新，制定石斛生产相关的技术标准。同时看见园区作为技术示范区，发挥作用，要学有示范、看有样板、干有目标，通过示范辐射带动发展。

3. 规划建设石斛产品质量检测中心

建议与中国科学院合作，引进社会资本，建设石斛产品质量检测中心，进行市场化运作，把德宏州石斛真正打造为质量石斛，以质量占领市场，走得更远。

4. 规划建设石斛产业园区

石斛产业园区以芒市为中心，瑞丽、盈江为重要产业基地。坚持招商引资和壮大现有企业相结合的原则，支持相关公司提升改造，做强做大。在芒市省级食品加工工业园区规划500亩左右，打造石斛产品加工园区，建设成为集观光体验区、石斛产品精深加工区、石斛交易市场、石斛产品质量检测中心、电子商务中心等产、供、销一条龙服务的石斛产业园。通过招商引资，引进先进企业，引进先进装备设备、工艺和专业技术人员，围绕保健品、酒系列、饮片、化妆品、洗涤品开发及新药研发，并扩大招商引资力度，推进企业转型升级，走精深加工之路，提高石斛资源利用率，提升产品附加值，延长产业链，打造德宏州石斛名、特、优品牌，达到财政增税、企业增效、农民增收的目的。

5. 扩大影响力，形成良好氛围

建议在时机成熟时，由政府牵头在德宏州举办一年一度的"德宏石斛文化节"，诸如云南文山三七文化节、南华野生菌美食文化节、宣威火腿美食文化节、昭通苹果文化节等等，邀请国内石斛界、中药材界、康养界、高校和科研院所等领导、专家学者参加，通过文化节的举办，扩大宣传效应和影响力，展示德宏州石斛产业品牌与文化，营造科学认识、消费、发展石斛的社会良好氛围，促进石斛线上线下产销对接、康养产业发展及石斛产业健康可持续发展。

五、龙陵县石斛产业报告

（一）产业发展基本情况

龙陵县石斛产业起步于 20 世纪 90 年代初，龙陵历届县委、县政府领导高度重视石斛产业发展，成立了石斛产业发展领导小组，制定了产业发展意见。同时，采取各种举措，多管齐下，从小到大，从弱到强，持续不断的投入，扶持石斛经济，把石斛打造成带动一方经济、造福一方百姓的优势产业。

截至 2021 年底，全县石斛种植面积达 3.6 万亩、鲜条产量达 7500 吨，实现产值 47 亿元。全县石斛产业覆盖 10 个乡镇 81 个村 1.2 万户，从业人员达 6.5 万人，占全县总人口的 23.8%。全县注册石斛企业 190 户，培育规上企业 8 户，成立石斛专业合作社 37 个，建成标准化石斛枫斗加工厂 15 个，市级石斛检测中心 1 个，成立县级石斛研究所 1 个，现有石斛初级产品交易市场 2 个。研发石斛原液、石斛酒、石斛含片、石斛精粉、石斛冻干粉等 30 个系列 100 多个产品。目前，石斛产业已成为龙陵县巩固脱贫攻坚成果和助力乡村振兴的支柱产业，是宣传推介龙陵、对外招商引资的一张重要名片。

（二）发展石斛产业主要举措及成效

1. 推行"政府＋协会＋组织"融合机制，破解产业发展"基础薄弱"的难题

龙陵县围绕"绿色、生态、安全、健康"发展理念，坚持"政府主导、农民主体、协会推动、部门联动、共同推进"发展模式，形成成功培育和发展石斛产业的龙陵模式。

（1）成立了石斛产业领导小组，建立联席会议制度，制定发展规划、指导意见和相关扶持政策，引导石斛产业发展。

（2）成立了县石斛产业质量安全领导小组，建成石斛质量安全检测站 3 个，分片负责石斛质量安全检测工作。

（3）成立了龙陵县石斛研究所，成立了龙陵县石斛协会，下设 10 个分会，接收会员 1000 多名。

（4）成立"龙陵县农民合作社综合服务中心"，下设综合、会计、项目、融资等服务部，为石斛专业合作社的发展提供全方位、多功能、多层次的一站式综合服务。

（5）组建石斛专业合作社 37 个。构建了"协会＋合作社＋农户"的发展模式，形成了由县协会抓分会、分会抓合作社、合作社抓农户的四级服务网络，促进了资源的优化和配置，实现了信息资源共享，有力推动了石斛产业的健康可持续发展。

2. 注重"招商引资＋引进和培植龙头企业"融合机制，破解产业发展"自身动力不足"问题

2012 年 5 月龙陵县通过招商引进云南极斛生物科技有限公司，注册资金 1000 万元。同年 8 月注册

成立了云南品斛堂生物科技有限公司，注册资金 6600 万元，是一家集石斛种植、种苗培育和研究、石斛系列产品研发、加工生产、销售、品牌经营、体验展示为一体的石斛产业链后端运营现代股份制企业，拥有示范种植基地 4000 亩（其中林地 3000 亩），分别位于镇安大坝国有林场打摩山护林点、龙山镇杨梅山石头坡、龙江乡邦焕村，是龙陵县发挥典型示范、辐射带动作用的标准化、规范化石斛种植企业，先后获得"保山市农业产业化市级龙头企业""云南省第八批农业产业省级龙头企业""第九批林业产业省级龙头企业"和"石斛种植有机认证"等称号。

2013 年 8 月又注册成立了子公司——云南品斛堂酒业有限公司，注册资金 3600 万元。企业的成功落户，既将龙陵石斛产业的品牌化、集约化、规模化发展推向了更高的层次，也转变了龙陵高原特色现代农业发展模式，推动了全县生物医药和大健康产业发展壮大，延伸了产业链、提高了经济综合竞争力，具有较好的社会效益、经济效益和生态效益。品斛堂生物科技有限公司引进了石斛酒、石斛养生精片、颗粒剂等生产设备，延伸了石斛产业链，2021 年品斛堂公司实现销售收入 1.91 亿元，收购石斛鲜条 600 余吨，带动 1200 多人增收致富。

2016 年保山市跨越发展大会、2017 年保山市的"跨越发展＋招商引资高效化专题"会议在龙陵召开，充分体现了龙陵在招商引资工作中的突出表现。品斛堂总部基地、品斛堂杨梅山种植基地、品斛堂万吨酒业基地的建设得到了上级部门的充分肯定。

3. 推行"科技支撑＋技术培训＋提升品质"融合机制，破解产业"后劲不足"难题

（1）以科技研发为推手

成立县石斛研究所，与中国农科院农产品加工研究所、上海中医药大学中药研究所、中国科学院昆明植物所植化重点实验室等科研单位合作，建成"李凡专家基层科研工作站"。组织实施国家、省、市级科研项目 10 项，石斛种植科技成果获得省、市科技进步奖，获国家认证专利 29 项。

（2）以技术培训为基础。

建立乡镇石斛技术推广员和联系员制度，在全县 10 个乡镇配备石斛技术推广员。整合扶贫、人社部门项目培训资金 2000 余万元。2010 年以来，累计培训 3 万人次，直接带动就近就地就业，有效提高了山区群众发展致富能力。

（3）以标准和政策为后盾

2009 年 10 月，制定了云南省紫皮石斛地方标准，并经云南省质量技术监督局颁布实施。2011 年 7 月，云南省紫皮石斛"齿瓣石斛"药材质量标准被正式收入《云南省中药材标准》。2018 年 1 月 19 日，云南省卫生计生委正式公布 DBS 53/027-2018《云南省食品安全地方标准 紫皮石斛》，2018 年 2 月 19 日正式实施。

2017 年 4 月，国家卫生计生委组织专家对龙陵紫皮石斛新食品原料进行了评审，并出具安全性审查报告。2017 年 4 月，紫皮石斛首次进入"云南省基本医疗、工伤和生育保险药品目录（中药饮片）"。为全县石斛产业的持续发展壮大和贫困地区群众的增收致富产生积极的促进作用，更为全县延伸石斛中药产业链注入了新活力。

4. 推行"品牌＋市场"融合机制，破解产业发展"规模弱小"的难题

（1）品牌建设

先后获批了"龙陵紫皮石斛"地理标志证明商标、农产品地理标志和国家地理标志保护，注册了

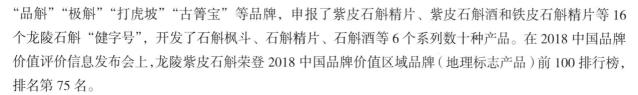

"品斛""极斛""打虎坡""古箐宝"等品牌,申报了紫皮石斛精片、紫皮石斛酒和铁皮石斛精片等16个龙陵石斛"健字号",开发了石斛枫斗、石斛精片、石斛酒等6个系列数十种产品。在2018中国品牌价值评价信息发布会上,龙陵紫皮石斛荣登2018中国品牌价值区域品牌(地理标志产品)前100排行榜,排名第75名。

（2）延伸产业链条

大力支持企业和专业合作社通过开设实体经营店、网络营销、委托营销、媒体营销、会展营销等方式开拓市场,组建营销网络提高国内外市场占有率。

5. 推行"石斛特色小镇"产业规划运作模式,破解产业发展"规模化瓶颈"的难题

石斛特色小镇规划区以"1+2+3"产业发展模式运作,形成"现代农业(观光农业)+高水准、全产业链功能+有文化、有地域和地域特色"的现代服务业体系。以石斛贯穿全镇,一产重点发展石斛种植示范园、石斛兰花培育基地(兰花海),二产以石斛标准化加工、检测中心、研发中心为主,三产以商贸物流、科技研发、教育培训、康养娱乐为主,总体上形成以一产带二产、以二产带三产、三产反哺一产的闭环式产业链结构。石斛小镇建设项目初步可研总投资24.46亿元,目前通过PPP模式与南通三建集团融资8.6亿元,其他建设内容与建设资金拟通过种质资源中心、石斛精品庄园、冷链物流中心等项目招商引资解决。

6. 推行"政策+项目"扶持融合机制,破解产业发展缓慢的难题

累计投入石斛产业发展扶持资金近4.4亿元,扶持农户4000多户,整合民间(社会)资本近10亿元。扶持资金主要用于基地建设、产品研发、技术培训,以及对石斛龙头企业和专业合作社的扶持。通过项目扶持龙陵石斛种植规模,产量、产值连年翻番,从而推动石斛产业的快速健康发展。通过项目带动,资金扶持拉动,支持山区群众发展石斛产业。

7. 推行"产业发展+规划建设"融合机制,破解产业方向定位不准确难题

龙陵县2014年评审通过了《龙陵县高原生态石斛特色产业园项目规划》;2015年评审通过了《中国龙陵石斛种质资源保护研究中心修建性详细规划》;2017年启动了"石斛特色小镇"建设项目。2021年,制定了《龙陵石斛产业发展规划(2021—2025年)》。在下步工作中,全县围绕以创建"全国紫皮石斛的产量中心、质量中心和交易中心""全国石斛知名品牌创建示范区"和"石斛特色小镇"为目标,通过示范基地的辐射带动和合理的规划布局,把龙陵打造为集石斛种植、加工、研发、教育、商贸、旅游观光、休闲度假、文化体验于一体的石斛产业集群区。

（三）发展目标

县委、县政府为推动"十四五"时期龙陵高质量发展,紧紧围绕云南打造"八大重点产业"、保山聚力打造世界一流"三张牌"发展思路,迅速落实省委、省政府到保山召开现场办公会精神。规划到2025年石斛集约化栽培达5万亩,鲜条年产量达1.5万吨,培育石斛花卉1000万盆,培育优质种苗2亿株,加工枫斗6000吨,新培育规上企业3~5户,规划建设石斛特色小镇1个,规划建设石斛交易市场1个,实现总产值100亿元以上。为实现以上目标,重点聚力打造五个中心建设。

1. 夯实基础,聚力打造全国石斛产量中心

合理规划布局,精选良种良法,全力打造5个省级示范基地、10个市级示范基地、20个县级示范基地,

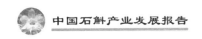

使基地化率提高到 80% 以上，实现石斛鲜条、花卉、种苗等产值 28 亿元。

2. 规范加工，聚力打造全国石斛枫斗加工中心

依托已建成的 15 个标准化枫斗加工厂和全县 750 个村、组活动场所的提升改造，大力开展枫斗加工培训，规范枫斗加工，让农民变产业工人，将龙陵打造成面向全国、辐射东南亚的枫斗加工中心，实现年枫斗产值 15 亿元。

3. 筑巢引凤，聚力打造全国石斛交易中心

在县城规划建设全国最大的集石斛产品展示、展销、交易为一体的石斛交易市场 1 个，提升改造像达、河头两个交易市场；在县城南片区规划建设以石斛文化、温泉文化为一体的旅游观光、休闲度假、文化体验石斛特色小镇 1 个，依托石斛生态示范园、石斛工业观光园、石斛花卉示范园、石斛科普示范园，大力发展旅游业，实现产值 37 亿元；引进培育集石斛种植、加工、研发、品牌营销为一体的年产值达 5 亿元以上的龙头企业 2 户以上，培育石斛规上企业 10 户以上，实现工业产值 20 亿元。

4. 研学结合，聚力打造全国石斛研发中心

依托龙陵石斛研究所石斛种质资源库完成龙陵石斛国家级种质资源库申报工作，加强同全国相关科研院所及高校合作，建立专家、院士工作站、高校实训基地，开展种植资源收集、优良品种培育、新产品研发及科普、旅游为一体的研发中心。

5. 政府搭台，聚力打造全国石斛质量中心

超全谋划龙陵县石斛质量检测中心建设项目和种植基地区块链追溯体系建设，坚持"绿色、生态、安全、健康"的石斛产业发展理念，全力打造世界一流"绿色食品牌"，将龙陵建成集石斛种植、加工、研发、科普、商贸、旅游观光、康养体验于一体的石斛产业集群区。

六、广南县铁皮石斛产业报告

铁皮石斛，为兰科附生草本植物，气生根，它与其他植物不同，不能直接栽种在泥土里。野生铁皮石斛附生在半阴半阳的石头上或树冠上，靠吸收空气中的营养成分而生长，系大自然的鬼斧神工之作，对环境要求极为苛刻，受自然地理和气候条件的影响，具有极强的道地性。铁皮石斛生长较为缓慢，成年植株需要 3～5 年才能长成，人称"聚天地之灵气，汲日月之精华"，是我国名贵的珍稀中药材品种，在中医方面具有悠久的运用历史，诸如云南省广南县等部分地方民间还有药食同源的应用传统。有关铁皮石斛的应用，《神农本草经》记载铁皮石斛"味甘，平，主伤中，除痹，下气，补五脏虚劳羸弱，强阴，久服厚肠胃"；《日华子本草》载"治虚损劳弱，壮筋骨，暖水脏，益智，平胃气，逐虚邪"；《名医别录》载"益精，补内绝不足，平胃气，长肌肉，逐皮肤邪热痱气，脚膝疼冷痹弱，久服定志，除惊"；《药性论》载"益气除热，主治男子腰脚软弱，健阳，补肾积精"；《本草纲目》载"石斛除痹下气，补五脏虚劳羸瘦，强阴益精，久服，厚肠胃，补内绝不足，平胃气，长肌肉，逐皮肤邪热痱气，脚膝疼冷痹弱，定志除惊，轻身延年，益气除热，治腰膝软弱，健阳，逐皮肤风痹，骨中久冷，补肾益力，壮筋骨，暖水脏，益智清气，治发热自汗，痈疽排脓内塞"；《本草经疏》载"主伤中，下气，补五脏虚劳羸瘦，补内绝不足，久服厚肠胃，轻身延年"；《本草通玄》载"甘可悦脾，咸能益肾，故多功于水土二脏"；《本草汇言》载"培养五脏阴分不足之药"；《本草纲目拾遗》载"清胃除虚热，生津、已劳损，以之代茶，

开胃健脾，定惊疗风，能镇涎痰，解暑，甘芳降气，称其为滋阴补益珍品"；《本草思辨录》载"为肾药，为肺药，为肠胃药"；《本草再新》载"理胃气，清胃火。除心中烦渴，疗经肾虚热，安神定惊，解盗汗，能散暑"；近代著名本草学家谢宗万赞铁皮石斛"脂膏丰富，滋阴之力最大"；《道藏》所列"中华九大仙草"，铁皮石斛排列首位。历代医家在不同运用实践上，收获了铁皮石斛对人体具有的不同效用。现代科学研究证实，铁皮石斛富含石斛活性多糖、石斛碱、菲类化合物、氨基酸以及钙、铁、锌、硒、镁、锰、铜等多种微量元素，可调节人体功能、促进新陈代谢、抑制肿瘤、抗氧化、延缓衰老等。总而言之，铁皮石斛对人体的益处多多，具有较大开发利用价值。

广南铁皮石斛，顾名思义，因其生长在广南县而得名。宋嘉祐六年（1061年），苏颂《本草图经》载"石斛，今荆、湖、川、广州郡及温、台州亦有之，以广南者为佳。多在山谷中，五月生苗，茎似竹节，节节间出碎叶，七月开花，十月结实其根细长，黄色"。文中"广南"，即今云南省广南县。清道光年间《广南府志·物产》也有记载，从明朝起广南黑节草（铁皮石斛）开始外销。民国时期本地商人将鲜黑节草远销沪、杭等地。在广南民间但凡有患呼吸道、胃肠道等疾病，直接采来鲜石斛条咀嚼、煮水服用的习惯至今仍然保留。有关广南铁皮石斛的系列记载，充分说明了外界对广南铁皮石斛的高度认可，以及人们对其的运用有悠久的历史。随着人们对康养食品需求的不断提升，一些本土企业按照当地固有的药食同源运用习惯，开发出铁皮石斛馒头、饺子、炖汤等以石斛康养为主题的石斛宴大受欢迎。

广南县是云南省文山州下辖县，位于云南省东南部，在文山州东北部，地处滇、桂、黔三省（区）交界处，大部分地区海拔在1000~1500米，年均日照1875.7小时，年均气温16.7℃，冬无严寒、夏无酷暑，无霜区305天，年均降雨1056.5毫米，属亚热带高原季风气候，是铁皮石斛、桫椤、观音莲座蕨、长蕊木兰、蒜头果、香木莲、龙胆草等名贵植物的原生地和主要产区。广南县也因此被授予"中国广南铁皮石斛之乡"的称号，2013年广南铁皮石斛被收录为国家地理标志保护产品。近年来，伴随着仿野生环境种植培育技术的不断进步，为认真贯彻落实好习近平总书记"绿水青山就是金山银山"新发展理念，顺应市场消费提档升级的需求，在州、县两级党委政府及主管部门的支持和指导下，广南县紧紧围绕国家发展中药材产业政策推广和云南省发挥高原特色优势资源打造世界一流"三张牌"政策，坚持"五位一体"总体布局，不断实施农业产业供给侧结构性改革，以需求旺盛的动植物产业开发为着力点，打造和发展绿色农业支柱产业，鼓励公司、农民合作社、种植大户等多方位发展铁皮石斛产业。以农户为基础、产业为依托、合作为载体，凝心聚力，调动行业发展的积极性，不断增强农民的组织化程度，积极为群众做好产前、产中、产后等服务，切实提升农户收入作为初衷使命，有力促进了广南铁皮石斛产业的发展。

广南铁皮石斛产业兴起于21世纪初，2013~2016年开始步入发展的快车道，当时全县铁皮石斛种植面积达800多亩，分布在莲城、旧莫、杨柳井等10余个乡（镇）。广南铁皮石斛产业化发展的格局基本成型。依托龙头企业建立的销售市场推出的广南西枫斗、寸金条、精粉、鲜汁、花酒、花茶等系列产品，在全国各大中城市均有销售，深受广大消费者喜好，产品供不应求。单位周期年销售收入达九千余万元，产销率98%以上。

2006~2011年，广南铁皮石斛产业在顺应整个云南石斛产业发展大背景下，并在广南特有自然地理气候孕育的野生资源种质带动下，广南铁皮石斛独得客户的青睐，从农户种植到企业规模化生产，从提供原料到产品加工，陡然兴起一股石斛热。凡铁皮石斛种植户，年收入少则几万元，多则几十万元，甚至上百万。铁皮石斛小产业为种植户致富奔小康，实现美丽中国梦发挥了巨大作用，其投资回报深受

老百姓追捧。

2012~2013 年，受到巨额利润的驱使，绝大部分种植户们开始不满足于遵循广南铁皮石斛原有的生物学特性，生长周期上追求短平快的过度干预，盲目引进外来种源，投机和政策套现等行为时有发生，对源头产品质量的管控和消费终端市场的客户开发重视程度不够，特别是不注重对广南铁皮石斛的原种保护。闭门造车式的发展模式和质量退化、农残超标等系列因素，导致"广南铁皮石斛"量上实现猛增长，而质的市场方面却跌入了寒冬，遭遇了前所未有的市场危机，产业濒临破产和倒闭，种植户受到了沉重打击和巨大的经济损失。

危急关头，广南县人民政府及时做出政策引导，积极招商引资和扶持培育本土想干事、能干事和干实事的社会经济体。其中，以广南县凌垭原生铁皮石斛科技有限公司、广南县药王谷生物科技有限公司为代表，为广南铁皮石斛产业的持续健康发展铆足了后劲。以凌垭公司为例，该公司起步于 2013 年创立的广南县凌垭种植农民专业合作社，其创始人周艺畅因看好广南铁皮石斛原种的道地性名优品质，在铁皮石斛产业最为低迷，投入产出风险最大的关键节点，毅然带领农户发展铁皮石斛种植，力克行业发展险滩，经过多年探索实践，创建了"公司＋合作社＋基地＋农户"的综合性经营模式，走出了一条合作社参与组建公司，公司连接基地，基地带农户的新路子。截至 2021 年，凌垭公司已构筑拥有三家合作社、五个基地、四家公司的企业规模；具有 85% 以上铁皮石斛行业资深人员组成的专业运营团队 76 人，社员 1281 人，带动建档立卡贫困户 908 户 4002 人，帮助农户实现增收。

目前，广南凌垭公司已建成具有自主知识产权的铁皮石斛科研基地、高科技铁皮石斛种苗组培基地、野生抚育铁皮石斛种植基地和有机驯化野生铁皮石斛种植基地，规划及在建项目有六郎城石斛小镇、年产 10 万吨石斛啤酒 / 饮料产业园、凌垭广南铁皮石斛产业科技园等。该公司秉持"开拓创新，科技兴企"的精神，与对口专业的多家高校、院所进行深度合作，不断推进科研成果转化。现已注册商标 20 个、申请发明专利 2 项、实用新型专利 16 项、版权保护 5 项，通过 ISO9001 质量体系认证、有机认证、知识产权管理体系认证、定制药园认证等，获评国家和省级科技型中小企业、州级"绿色食品牌"产业基地、县级龙头企业。

广南凌垭公司在铁皮石斛产业发展上，按照原料供应自给、深度加工为轴、农文旅衔接发展的总体布局，走三产融合的产业化、规模化可持续发展道路。分篇布局如下：

一产方面，铁皮石斛种植面积 1344 亩，即杨柳井乡宝月关村委会六郎城村的千亩野生铁皮石斛抚育基地 1219 亩，旧莫乡昔板村委会板构村的铁皮石斛有机种植基地 50 亩，五珠乡老厂村委会马路村的凌垭广南铁皮石斛驯化基地 30 亩，建成投产基地年均可向市场供应广南铁皮石斛鲜条 50 余吨，产值 2000 余万元，全部投产后可向市场提供 100 余吨的鲜条，产值 4000 余万元。该公司位于莲城镇岜夺村委会岜夺村建成并投入运营的广南铁皮石斛科研基地 40 亩，包括组培、驯化、种源选育三大分区，年产组培苗 450 万瓶，输出铁皮石斛种苗 11000 万丛，产值 2.25 亿元。

二产方面，先后研发五大系列（健康啤酒系列、铁皮石斛养生酒系列、铁皮石斛美妆品系列、铁皮石斛滋补品系列、铁皮石斛食康品系列），50 多个单品，全面覆盖中高端消费人群；辐射超商、餐饮、夜场、便利店、景区、机场、高速服务区等渠道。特别是引进德国先进的啤酒酿造、检测设备和技术，结合本公司多年铁皮石斛产品生产经验，生产出的十壶健康啤酒，填补了痛风患者消费市场，让广南铁皮石斛产业迈上了新的台阶。铁皮石斛系列产品销售网点覆盖北京、上海、广州、昆明、重庆、宁夏等大中城市。与此同时，规划建设的"凌垭广南铁皮石斛产业科技园"，项目计划总投资 30 亿，也在未雨绸缪推进中。

三产方面，结合六郎城的历史文化、民族文化和凌垭石斛产业文化发展规划，在广南县杨柳井乡六郎城村及其周边范围发展以文化旅游、休闲娱乐、生态康养、农耕文化、科普示范、种养殖园、循环农业、村庄改造的综合性农文旅项目——"六郎城·仙草秘境"石斛康养小镇。该项目总占地4635.69亩，以自然旅游资源为载体，以石斛养生文化建设为内涵，以休闲娱乐、养生度假、生态保护等功能于一体的低山峡谷综合型旅游区。前期项目已收到了较好的社会效果，总体规划项目全部落成后，可实现年接待游客50万人次以上，辐射带动周边经济将会超过50亿。

凌垭公司坚持建立广南铁皮石斛产业生态链，打造石斛产业经济圈闭环，形成包含种苗、原材、工业、营销、产业服务中心、孵化基地、商务、文旅一体化产业生态链，从而达到产业一体化、经营多元化。致力于通过三产融合发展，使广南铁皮石斛产业成为以铁皮石斛为核心的三产融合乡村振兴示范点，为广南铁皮石斛产业健康持续发展鼓足劲头。

2019年，广南县再度引进广南药王谷生物科技有限公司，专注于铁皮石斛绿色种植、规范化种植技术研发和应用，公司秉承科技为完美健康生活，竭诚提供"绿色、优质、健康"铁皮石斛产品的理念，育积珍稀本草，凝练自然精粹。

广南药王谷公司始终以"建立现代企业，开发民族产业"为发展理念，创立品牌农业，实现高产、优质、高效、生态、安全的农业发展目标，建立一条"种苗销售—中药材生产—加工—销售"的全方位产业链，为推动农业产业化发展尽一份绵薄之力。作为一家专业的中药材种植和生产企业，广南药王谷生物科技有限公司深知人才市场推动发展的"战略资源"，创新是引领发展的"第一动力"，自成立以来就汇集了一批经验丰富的种植能手以及富有活力和朝气的专业技术人才，并积极进行科技成果的转化，同时积极争取各级政府的认可并取得一定的成效。公司自成立以来悉心投入研发工作，目前已获授权专利11项、其中发明专利1项，公司获得注册商标1项，受理商标6项，制定并备案企业标准1项。目前公司的铁皮石斛产品有石斛鲜条、石斛穴盘苗、石斛烤干条，公司还研发出了铁皮石斛黄金冻干条、石斛茶、石斛花茶等终端产品。此外，公司还引进加工方面的专家，开展铁皮石斛等药用植物有效成分的提取及终端产品加工等方面的关键技术攻关。公司铁皮石斛产品已开展有机认证工作，并获得有机转化认证证书，认证的产品为铁皮石斛（鲜条）、铁皮石斛（干条）；公司产品的使用商标是"贡药王谷"（第35693946号），并于2021年通过核准获得使用"广南铁皮石斛"地理标志保护产品专用标志。

广南药王谷公司自成立以来，深知人才市场推动发展的"战略资源"，创新是引领发展的"第一动力"，公司组建了一支12人的研发团队，其中硕士以上学历5人，主要研究人员均有5年以上种苗研发、生产和种植经验，保证了公司种苗产品的品质以及公司的持续创新能力。药王谷公司主要负责人岳健多年来主要从事绿色生物资源产业开发和珍稀药材种苗培育研发工作，具有扎实的组培育种及种苗种植经验，是云南省拔尖乡土人才和高级农艺师；并先后获得云南省青年创业省长奖提名奖，云南省科技特派员等诸多荣誉，其余研发人员分别毕业于云南农业大学、华中农业大学、云南大学、云南中医学院等，有着扎实的专业知识和丰富的研发经验。

公司于2019年引进了广西农业科学院副院长孙健研究员，设立了云南省孙健专家基层科研工作站，2020年引进云南省农业科学院药用植物研究所金航研究员设立了文山州金航专家工作站，共同发展铁皮石斛产业。为了进一步增强公司的自主创新能力，吸收新技术和知识，公司还和云南农业科学院药用植物研究所、昆明理工大学、昆明学院建立了产学研合作，并引进云南省农业科学院药用植物研究所张智慧教授、昆明理工大学生命科学院院长杨野教授等专家，聚合产业各要素，为公司铁皮石斛产业的发展提供技术

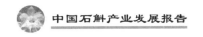

保障和支持。公司的铁皮石斛产业化种植基地（老基地）位于广南县莲城镇，种植面积达 120.815 亩。

在政策指引下，公司于 2021 年开始新建广南药王谷铁皮石斛产业科技示范基地，地处旧莫乡昔板村，位于 S208 珠西公路旁。基地围绕广南铁皮石斛，对基地进行智能化、高端化建设，努力将其打造为广南县旧莫乡昔板智慧农业·铁皮石斛产业科技示范园区，园区总占地面积 374.98 亩，为广南铁皮石斛产业规模化发展再添新砖。

第二节　浙江省铁皮石斛产业报告

一、浙江省产业发展状况

浙江省是首先开展铁皮石斛药品和保健食品开发，并实现产业化生产的省份之一。铁皮石斛为浙江省新"浙八味"中药材培育品种（铁皮石斛、衢枳壳、乌药、三叶青、覆盆子、前胡、灵芝、西红花等 8 味中药材）。据不完全统计，目前浙江省铁皮石斛产值已近 40 亿元，大小生产企业几百家，其中大多数是近十年内加入这个行业的。经过十多年的市场培育，已形成了集科研、种植、加工、销售等较为完整的铁皮石斛产业链，已发展成为浙江省中药产业、高效生态农业的重要组成部分。

据了解，浙江省对于铁皮石斛的应用、种植、采收和铁皮枫斗的规模加工可以追溯到明朝时期，尤其是在温州一带自改革开放以来，温州的双峰乡、龙西、仙溪、大荆镇安等乡镇。

中国药用石斛达 40 余种，铁皮石斛由于多糖、生物碱含量优势突出，药用价值较高。铁皮石斛为兰科石斛属多年生附生草本植物，由于对海拔、湿度、光照有着近乎苛刻的要求，导致其产业分布区域性明显，主要集中在浙江、云南、福建等中国南部省份。近年来，由于铁皮石斛的药用价值、食品保健价值不断被发掘，带动其产业种植规模不断扩大，2019 年全国铁皮石斛产量达 3.1 万吨左右。依托生物技术培育石斛种苗，发展石斛产业，并培养当地农户掌握石斛种植技术，切实拉动当地就业发展，助力浙江乡村振兴。据统计，浙江 2020 年石斛企业平均年产石斛苗 8000 余万株，预估持续产值上亿元，带动就业超 10 万人，人均收入 42000 元以上。

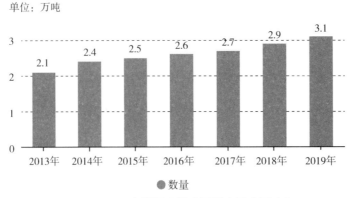

2013 ~ 2019 年浙江省铁皮石斛产量（万吨）

全省铁皮石斛种植基地约 3.8 万亩，主要以医药企业、种植企业、专业合作社、种植大户基地为主，主要分布在乐清、天台、义乌、武义、金华、临安、建德、余姚、淳安、嵊州、庆元等地，其中基地规模 100 亩以上的有 40 多家，产值超过 1 亿元的有 4 家。在铁皮石斛加工及销售环节，浙江企业仍具有领先优势。浙江已形成天台、乐清、金华、杭州等产业集聚区，天皇药业、康恩贝、寿仙谷、森宇药业、天目药业、胡庆余堂药业等一批骨干企业已成为产业发展的中坚力量，初步形成了立钻牌、寿仙谷牌、森山牌、康恩贝济公缘牌、天目山牌等主导品牌。其中，康恩贝、寿仙谷、天目药业等多家企业已于 A 股上市。

石斛主要产品有鲜品、铁皮枫斗、颗粒剂、胶囊、浸膏、片剂、口服液、饮料和养生酒等，浙江有经国家批准的保健食品 45 个，占全国铁皮石斛类保健食品总数的七成，其中鲜品和铁皮枫斗销售产值约占 45%。其中 2021 年国家市场监督管理总局同意浙江省对铁皮石斛、灵芝、山茱萸开展传统既是食品又是中药材物质（食药物质）管理试点的生产经营监督管理方案。

目前列入省级现代农业精品园区创建的有 15 个基地，建立省级铁皮石斛种质资源保育基地 4 个，保存资源 200 余份，主要推广良种有天斛 1 号、仙斛 1 号、仙斛 2 号、森山 1 号和浙江省内的地理标志保护品种。浙江天皇药业有限公司、金华寿仙谷药业有限公司、浙江健九鹤药业集团有限公司铁皮石斛种植基地通过了 GAP 和有机基地认证。其中天皇药业位于天台的 2507 亩铁皮石斛种植基地，2005 年通过国家中医药管理局组织的 OTC 认证。浙江健九鹤药业集团有限公司已申请欧盟有机产品认证，也是全省唯一一家按照

国家市场监督管理总局办公厅

市监特食函〔2021〕1761 号

**市场监管总局办公厅关于
浙江省开展铁皮石斛、灵芝、山茱萸
按照传统既是食品又是中药材物质
管理试点的复函**

浙江省市场监管局：

《浙江省市场监督管理局关于报送浙江省铁皮石斛、灵芝、山茱萸等按照传统既是食品又是中药材物质管理试点工作方案的函》（浙市监〔2021〕4 号）收悉。根据《关于对党参等 9 种物质开展按照传统既是食品又是中药材的物质管理试点工作的通知》（国卫食品函〔2019〕311 号）及《市场监管总局办公厅关于有关地方开展党参等物质按照食药物质管理试点方案的初步意见》（市监特食函〔2020〕2227 号），经研究，现函复如下：

一、原则同意你省对铁皮石斛、灵芝、山茱萸开展按照传统既是食品又是中药材物质（以下简称食药物质）管理试点的生产经营监督管理方案。

试点公示文件

欧盟有机标准执行的企业。目前，浙江省共认定了 3 家优质道地药材示范基地。温州乐清市被评定为"浙江铁皮石斛产业基地""中国铁皮枫斗加工之乡"，"天目山铁皮石斛""余姚铁皮石斛"获国家质检总局地理标志保护产品，"武义铁皮石斛"获国家农业部农产品地理标志保护产品，金华寿仙谷药业有限公司铁皮石斛基地和浙江健九鹤药业集团有限公司被认定为中医药文化养生旅游示范基地。浙江健九鹤药业集团有限公司获得中国首个"中华野生铁皮石斛保护地"认证。

健九鹤获得野生铁皮石斛保护地认证

浙江省是中国最早实现铁皮石斛人工培育种植的省份。早在 20 世纪 90 年代，浙江省就率先实现了

铁皮石斛的规模化种植和产业化开发，根据火石创造数据库显示，当前全国铁皮石斛种植加工企业共1377家，其中浙江省549家，占39.9%。

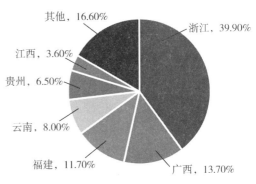

浙江省在全国占比情况

浙江省无论是在技术还是在规模上，铁皮石斛产业已远远走在全国前列。同时，为贯彻落实《浙江省人民政府关于加快推动中医药发展的实施意见》(浙政发〔2017〕50号)《浙江省人民政府办公厅关于加快推进中药产业传承发展的指导意见》(浙政办发〔2015〕123号)等文件精神，进一步弘扬中医药文化，推进浙产道地药材的资源保护和开发，不断巩固和扩大浙产中药品牌影响力，以推动中药产业做大做强和传承发展，在组织开展的新"浙八味"遴选工作中"铁皮石斛"在产值、种植面积和知名度上遥遥领先，稳坐"新浙八味"的头把交椅。而据权威专家预计，铁皮石斛在全国的市场已超过西洋参，目前西洋参在国内有100亿元的市场。

另外，浙江在铁皮石斛创新能力方面也不断提升，在品种培育方面不断涌现出优异的品种，良种应用率达到90%以上。标准制定方面，2007年制定实施了全国首个地方标准《无公害铁皮石斛》，而后相继制定了《铁皮石斛生产技术规程》等多个国家、地方、团体标准；2019年浙江省卫健委牵头制定《铁皮石斛花》和《铁皮石斛叶》地方标准，正式将铁皮石斛花和叶作为地方特色食品。浙江省铁皮石斛全产业链标准体系日益完善。

创新资源也在加速集聚。产学研合作方面，有浙江大学、浙江农林大学、浙江中医药大学、浙江省医学科学院、浙江省中药研究所、浙江省农科院等20余家高校与科研院所共同参与铁皮石斛技术创新、产品质量把控等工作。公共创新服务方面，已建立浙江省中药材产业协会铁皮石斛分会、浙江省保健品行业协会、浙江省铁皮石斛产业技术创新战略联盟、铁皮石斛浙江省工程研究中心、金华铁皮石斛产业协会、乐清铁皮石斛产业协会、余姚石斛文化产业促进会等产业创新服务机构。

浙江省铁皮石斛产业虽取得了一定的发展，但仍面临一些问题：①产品质量有待提升。多数中小企业以小规模种植为主，缺乏有效管理，种源混杂、配套缺失、把控不严等问题十分突出，严重影响产业整体质量。②精深加工亟待推进。当前铁皮石斛仍属于保健食品之列，全国拥有铁皮石斛保健品批号的企业屈指可数，药食同源开放有待加快推进，促使充分开发产品附加值。③产品市场亟待拓展。随着人民生活水平的提高，《健康中国2030行动纲要》等文件颁布，对中药保健行业提出了更高的要求，如何将产品开发与巨大的市场潜力结合起来，成为当前浙江铁皮石斛产业发展迫切需要解决的问题。

针对上述问题，我们提出几点建议：

第一，建立产业联盟，规范生产经营。构建种子筛选、原料种植、加工生产、溯源管理等全过程产业发展规范模式和标准的制定，不断完善铁皮石斛产业发展的标准体系，规范化铁皮石斛的生产经营活动。

第二，加快实行铁皮石斛茎食药物质的深加工应用。在全国范围内，贵州、云南、安徽等地已试点放开铁皮石斛茎的药食同源。国家局也已经同意浙江省实行试点放开，各石斛企业应加强推进铁皮石斛的精深加工产品，对标高附加值领域，细分产业，以拓展铁皮石斛产业的增值空间。

第三，浙江也应加大对中药企业科研攻关扶持力度，激发企业创新热情，加强对铁皮石斛多糖、生物碱等领域的药用功能研究，合理配伍，不断提升铁皮石斛药用价值。

二、雁荡山铁皮石斛产业发展报告

1. 石斛

石斛，别名吊兰、林半、禁生、杜兰、悬竹、千年竹，兰科植物之一，主要种类有环草石斛、马鞭石斛、黄草石斛、铁皮石斛、金钗石斛、密花石斛、鼓槌石斛等。

铁皮石斛，又名黑节草、万丈须，是石斛中的上品，其干品称为铁皮枫斗。属兰科多年生附生草本植物。茎直立，圆柱形，长 9 ~ 35 厘米，萼片和花瓣黄绿色，近相似，长圆状披针形，长约 1.8 厘米，花期 3 ~ 6 月。其茎入药，烘干卷制后称为铁皮枫斗，再深加工可成为铁皮枫斗冲剂、胶囊、浸膏等，属补益药中的补阴药可益胃生津、滋阴清热。《中国植物志》《中国药典》中称铁皮石斛有很好的益胃生津、滋阴清热的作用。铁皮石斛等少数种类之嫩茎，扭成螺旋状或弹簧状，晒干，商品称为耳环石斛，又名枫斗。

2. 铁皮枫斗主要功效

铁皮枫斗是一种名贵药用植物，在古籍中多有记载。我国第一部药物学专著《神农本草经》将铁皮枫斗列为上品。明末李时珍《本草纲目》记载其主治"伤中，除痹下气，补五脏虚劳羸瘦，强阴益精。久服，厚肠胃。补内绝不足，平胃气，长肌肉，逐皮肤邪热痱气，脚膝疼冷痹弱，定志除惊，轻身延年。益气除热，治男子腰脚软弱，健阳，逐皮肌风痹，骨中久冷，补肾益力。壮筋骨，暖水脏，益智清气。治发热自汗，痈疽排脓内塞"。

3. 铁皮枫斗的有效成分

（1）石斛多糖

石斛多糖是铁皮枫斗中一种重要的活性物质，且含量较高。研究表明，石斛多糖成分与铁皮枫斗的药效，如增强机体免疫功能、抗肿瘤、抗衰老、抗疲劳、降血糖等，有着密切的联系。

（2）生物碱类

生物碱类成分是石斛属植物中最早分离并进行结构确认的化合物，生物碱的药理作用主要表现为对心血管、胃肠道作用及退热止痛等。

（3）菲类化合物

铁皮枫斗中含有的菲类化合物均具有抗癌活性，可增强巨噬细胞的吞噬作用，能促进 T 细胞生长和淋巴细胞产生移动抑制因子，明显提升外周白细胞，起到增强免疫功能的作用。

（4）微量元素

铁皮枫斗含有人体所必需的微量元素锌、铜、镁、钾、钙、铁、锰，含量极为丰富，高于其他中草药，与其药理作用密切相关。

（5）游离的氨基酸

铁皮枫斗中其主要氨基酸有天冬氨酸、谷氨酸、甘氨酸、缬氨酸和亮氨酸，这 5 种氨基酸占总氨基酸的 53.0%。其中，谷氨酸、天冬氨酸和甘氨酸的含量占总含量的 35.81%。

4. 铁皮石斛的主产区

铁皮石斛主要生长在人迹罕至的悬崖峭壁背阴处的石缝里，根不入土；生长期为 3 ~ 5 年，自然产量极其稀少，全世界石斛属植物大多数种类都集中分布在北纬 15°30′ ~ 25°12′ 之间，向北延伸种类逐渐减少。铁皮石斛在我国南方各省区均有分布，其中，又以北纬 30° 附近的浙江和安徽大别山区所产的

品质最佳。清乾隆年间《本草从新》记载：铁皮石斛，味甘者良，温州最上、广西略次、广东最下。

（一）产业历史

雁荡山铁皮石斛，亦称"温州石斛""吊兰""千年仙草""救命仙草"等，历史文脉可追溯至北宋。北宋药学著作《图经衍义本草》绘有"温州石斛"（雁荡山铁皮石斛）标本图，北宋《图经本草》和《证类本草》都记载"石斛，温台州有之"。

乐清历来是铁皮石斛道地产区，是我国首个"铁皮石斛之乡""铁皮枫斗加工之乡"。传统本草有关铁皮石斛道地产区的记载基本稳定，特别是明末以来的本草医书、方志多记载浙江温州雁荡山铁皮石斛为佳。明代《本草纲目》记载："石斛，温台州有之。"明代养生专著《遵生八笺》记载："挂兰，产浙之温台山中。"《本草汇言》《本草乘雅半偈》及《本草述钩元》等医书记载："石斛，近以温台为贵。"《浙江通志》记载："温州物产，石斛形长质坚而味甘者为真。"《敕修·浙江通志·雍正》记载："温州府，挂兰产温台山中岩壑深处悬根而去，不可缺水，亦奇种也。"清《本草从新》记载："石斛，味甘者良，温州最上，广西略次，广东最下。"湖南《永州府志》记载："石斛为江浙间盛行之药，旧推温产而粤产次之。"《乐清县志》记载："石斛，生岩壁上。"1980 年雁荡山管理局编写的《雁荡山导游》将铁皮石斛及其他土产列为"雁山五珍"。

雁荡山铁皮石斛历史悠久、中药材资源丰富，具有道地性强、临床疗效好、营养价值高、标准化生产规范等明显特点，产业特色鲜明、产业基础扎实、优势集聚显著、三产融合发展。2017 年 1 月 10 日，雁荡山铁皮石斛获国家农产品地理标志登记（中华人民共和国农业部公告第 2486 号准予登记，登记证书编号：AG102017）。

雁荡山铁皮石斛品质上乘，被列为中药上品、明清皇庭贡品。明嘉靖《温州府志》《浙江通志》记载："北京礼部石斛三十八斤，俱出温州雁荡。"明代朱谏《雁山志》、清代曾唯《广雁荡山志》均记载"石斛，岁取入贡"。仅清乾隆年间，雁荡山铁皮石斛就进献皇庭"迎銮贡"一次、"传办贡"十余次。

雁荡山铁皮枫斗始创于乾隆四十八年（1783）。据《广雁荡山志》引旧《乐清县志》载，为大量保存铁皮石斛鲜条，雁荡山药农创制了铁皮枫斗加工技艺，原加工口诀是"火碳烘，环姜阳，闭空门，锁仙蕴；正阳水，秋稻浸，缠寰宇，封紫灵。仙斗成"，古称"封灵仙斗"，现称"铁皮枫斗"。将铁皮石斛缠绕成铁皮枫斗，类似于防止人参精灵逃跑，用红线铜钱环绕，代表了天地交泰，万物有灵的美好愿望。据《云南文化风物》等史料记载，清朝末年，广南地区人民及福建冠豸山"采药王"江国发都曾从雁荡山学会采挖石斛的秘诀和用炭火烘制加工枫斗的技术，故业界素有"枫斗加工看乐清"的说法。雁荡山铁皮枫斗加工有 19 道工序，属传统技艺的典型代表，2011 年 6 月雁荡山铁皮枫斗传统加工技艺被列入第五批温州市非物质文化遗产名录（传统技艺部分，编号Ⅷ-55）。

雁荡山铁皮石斛还孕育出丰富多彩的民间故事、习俗以及诗文画卷。"状元王十朋仙草救母"孝感典故、"头口水"习俗、"雁荡山飞渡表演"等至今流传于老百姓之间。1924 年，康有为游历雁荡时留下"中医世家"等 20 多件书法作品。1953 年，著名书画家爱新觉罗·溥儒，游历雁荡山时留下《雁荡采药》等画作，题画"浙之雁荡天柱峰产石斛，生绝壁间，人以绳缒岩采之"。当代中国山水画大师陆俨少曾多次深赴雁荡写生，探奇寻幽，20 世纪 70 年代后期以来，画有《雁荡采药图》《深山采药图》《雁荡之崖》等多幅描述雁荡山采摘铁皮石斛仙草的名画。1981 年，当代岭南书画艺术家郑慕康作《雁荡采药图》。民国时期乐清名仕蒋叔南作《采石斛者歌》，并题词"天下第一草"。乐清籍著名画家周昌谷作《石斛颂》。

雁荡铁皮石斛采药人身系绳索在峭壁间攀爬，练就一身飞崖走壁的绝技，代代相传。起源自农民上山采草药的绝活，于1916年演化成灵岩高空飞渡表演，成为雁荡山最著名的旅游项目之一。2008年诺贝尔文学奖获得者莫言对雁荡山铁皮石斛情有独钟，并赋诗两首，盛赞雁荡山铁皮石斛仙草，诗曰："雁荡药工巧如神，飞崖走壁踏青云。采得长生不老草，献给天下多情人。"2017年"雁荡山飞渡"被列为第五批浙江省非物质文化遗产代表性项目。

雁荡山铁皮石斛的专题展馆有6个，分别为：

（1）大荆镇下山头村聚优品铁皮石斛文化馆（含在建数字化展馆、研学中心）。

（2）龙西乡龙溪村（北垟）温州雁荡山铁枫堂铁皮石斛博物馆。

（3）大荆镇平园村石斛文化大院（在建）。

（4）雁荡镇松溪大道雁荡山博物馆石斛主题展区、铁皮石斛产业协会铁皮石斛历史文化展示厅。

（5）淡溪镇柏岩村丰之源铁皮石斛文化展示厅。

（6）龙西乡东加呑村石斛谷石斛康养中心。

农业文化遗产3项，申报中国重要农业文化遗产1项——乐清铁皮石斛文化系统，2016年农业文化遗产普查，浙江有46项入围，其中温州占3项，含乐清铁皮石斛文化系统（农办加〔2016〕24号），2019年乐清市已经编制了《浙江乐清雁荡山铁皮石斛文化系统保护与发展规划》；省级申报1项——2016年12月30日，雁荡山飞渡表演（采草药铁皮石斛），入选第五批浙江省非物质文化遗产代表性项目；温州非遗1项——2011年6月，雁荡山铁皮枫斗传统加工技艺被列入第五批温州市非物质文化遗产名录（申报省级）。

（二）产业现状

乐清是全国铁皮石斛人工栽培规模、产品初加工规模最大的基地之一。目前，雁荡山铁皮石斛种植面积12000亩，其中近野生生态栽培3000多亩。乐清人外出云南、贵州、广西、河南、福建、江西等地种植铁皮石斛达35000亩。铁皮石斛鲜条、枫斗产量分别占全国总产量的30%、80%。乐清市从事铁皮石斛产业的生产经营主体303家，其中国家级农民专业合作社1家、国家林业标准化示范企业1家、省级龙头企业2家、市级农业龙头企业15家。2019年雁荡山铁皮石斛一产产值4.35亿元，全产业链产值达32亿元。产值在县域农业产业中位居前3位，在全省同品类产业中位列前3位。

已开发铁皮石斛食品、药品、保健品、日用品等品种70多个，主要有：铁皮石斛鲜条、红杆红叶软脚铁皮石斛鲜条、高山软脚铁皮石斛鲜条、铁皮石斛花、铁皮石斛干条、石斛盆栽、铁皮枫斗、石斛酒、石斛冲剂、石斛茶、石斛饮料、石斛牙膏、石斛面膜等。

1. 形成产业带

根据《乐清市铁皮石斛产业发展规划（2015—2020）》《乐清市农业局关于雁荡山铁皮石斛地理标志地域保护范围的批复》（乐农〔2016〕49号）、《关于同意雁荡山铁皮石斛地理标志证明商标地域保护范围的批复》（乐农〔2018〕88号）、《雁荡山铁皮石斛农产品地理标志地域保护范围图》的要求与实际空间布局可知，乐清市铁皮石斛产业主要布局在集中连片的产业带范围内，集中在乐清市大荆镇、雁荡镇、芙蓉镇、淡溪镇、仙溪镇、湖雾镇、北白象镇、龙西乡、智仁乡、岭底乡、乐成街道、白石街道10个乡镇2个街道的342个行政村（此为村社区划调整前数据）。最集中的千亩以上片区4个：淡溪镇四都石斛产业园区、芙蓉镇雁楠公路沿线石斛产业园区、大荆镇平园金山石斛产业园区、大荆镇镇安石斛产

业园区。

2. 规模化发展

石斛基地建设。历年《乐清市农业扶持政策》中关于农业主导产业（铁皮石斛）生产发展项目的验收面积要求一般为 20～50 亩以上，鼓励规模化发展。如《乐清市 2020 年农业扶持政策》"新建种植面积连片 20 亩以上的铁皮石斛基地，钢架大棚、喷滴灌设施完善，每亩种植密度组培苗在 8 万株以上或驯化苗在 4 万株以上的，每亩补助 0.7 万元"。据不完全统计，其中种植面积大于 100 亩的有 24 家单位，种植面积在 50～100 亩之间的有 27 家（含规模户）；乐清全市 10 亩以上规模化基地 144 个，10 亩以下基地 70 个，个体户基地（部分基地超过 10 亩）85 个。

龙头带动。乐清市从事铁皮石斛产业的生产经营主体 303 家，其中获评国家级农民专业合作社、省级农民合作社示范社 1 家（2017 年 12 月乐清市灵岩石斛专业合作社），国家林业标准化示范企业 1 家（浙江铁枫堂生物科技股份有限公司），国家高新技术企业 1 家（浙江铁枫堂药业有限公司），浙江省专精特新企业 1 家（浙江铁枫堂生物科技股份有限公司），省级龙头企业、省级林业重点龙头企业 2 家（浙江铁枫堂生物科技股份有限公司、浙江聚优品生物科技股份有限公司）、市级农业龙头企业 15 家。特色主导产业学会协会等社会组织数量 241 家（按照工商登记），农户参加农民合作社户数 2 万多户。建成乐清市淡溪铁皮石斛联合社、乐清市芙蓉铁皮石斛产业联合社等产业化联合体 2 个。

3. 建立品种研发和推广体系

2013 年乐清市成立中国首个"铁皮石斛院士专家工作站""国家中医药管理局铁皮石斛品种选育与生态栽培重点研究室"，2016 年成立"教育部现代中药制剂铁皮石斛联合重点实验室"等院地合作基地。组建科研团队，就铁皮石斛产业相关的技术分八个专题进行技术攻关，重点解决铁皮石斛栽培品种优质化、专用化与深加工等关键问题，重点课题有铁皮石斛虫害防治技术、病害防治技术、铁皮石斛保鲜储存技术、质量标准、种植石斛基质、种苗组培快繁技术、智能化管理、产业提升等方面。2016 年建立雁荡山铁皮石斛省级公共种质资源库，从云南、贵州等产区收集石斛种质资源 850 余份，实施种源追溯，为铁皮石斛遗传育种工作奠定基础。2020 年与浙江大学开展雁荡山铁皮石斛新品种选育重点基础共性科研合作。

截至目前，已拥有浙江省农业科技企业 5 家，"铁皮石斛悬崖附生栽培技术"等项目获得县级以上科技进步奖 16 项，取得"铁皮石斛防泥化苗床技术""根菌共生养根技术""七优微控培植（大棚原生态种植）""蜗牛防护架创新"等技术专利近 30 多项。承担国家星火计划项目 2 项，参与的省级以上的科技攻关与推广示范项目有 14 个。自 2001 年以来，立项的科技试验与示范项目达 100 多个。铁皮石斛产业的中国林业乡土专家 2 位（宋仙水、金传高）。"中药材优质高产标准化技术示范"项目、"铁皮石斛仿生态栽培技术试验"项目被确定为浙江省中药材产业技术团队项目（浙农科发〔2018〕13 号）。"雁荡山铁皮石斛产业化关键技术研究与应用项目"获梁希科学技术奖二等奖、浙江省第十七届科技兴林奖一等奖。目前，乐清在铁皮石斛种苗高效繁育、仿野生生态栽培、规范化、标准化种植等方面居国内领先地位。

4. 标准化生产

乐清市参与制定国家质量技术规范 2 项，省市级相关标准 9 项，制定雁荡山铁皮石斛地方标准、县级地方标准 4 项，2007 年省农业厅、省中药材产业协会牵头制定并实施了《浙江省地方标准 无公害铁皮石斛》（DB33/ 635 — 2007）系列标准，各地以标准为抓手，推进标准化、规范化示范基地建设。2013 年以来，浙江省中药材产业协会组织开展了全省铁皮石斛生产基地信用等级评价工作，推进了全省铁皮石斛规范化基地建设。乐清市大力推进产业标准制定，在省中药材产业协会指导下，2018 年雁荡山铁皮石斛团队参与的《铁皮石斛生产技术规程》系列标准项目获浙江省标准创新贡献奖（浙江省标准化领域的最高奖项）。其中：

（1）制定国家质量技术规范 1 项——《中华人民共和国农产品地理标志雁荡山铁皮石斛质量控制技术规范》（AGI 2017-01-2017）。

（2）参与制定国家行业标准 1 项——2015 年浙江农林大学起草发布国家林业行业标准《铁皮石斛栽培技术规程》（LY/T 2547-2015，乐清市参与制定）。

（3）参与制定省级相关标准 8 项——《铁皮石斛生产技术规程》（DB 33_T 635—2007）4 项标准，铁皮石斛生产技术规程（DB 33_T 635—2015）1 项，2016 年浙江农业团体标准《铁皮石斛主要病虫防治用药建议》（T/ZAQSAP 003-2016）1 项，2017 年乐清市联合省农业科学院制定了《铁皮枫斗加工技术规范》（DB 330382/T 24.4—2017）1 项，参与制定《铁皮石斛全产业链质量安全风险管控手册》（浙江省"一品一策"精准管控技术与产业策略标准）。

（4）参与制定地市级相关标准 1 项——2017 年参与制定《铁皮石斛近野生栽培技术规范》（温州市地方标准）。

（5）制定县级地方标准 4 项——2015 年乐清市制定出台了雁荡山铁皮石斛系列地方标准规范（DB 330382/T 24—2015），《雁荡山铁皮石斛 第 1 部分 工厂化育苗技术规程》《雁荡山铁皮石斛 第 2 部分 设施栽培技术规程》《雁荡山铁皮石斛 第 3 部分 近野生栽培技术规范》《雁荡山铁皮石斛 第 4 部分 铁皮枫斗加工技术规程》，制定了技术模式图。

（6）制定省级团体标准 2 项——《雁荡山铁皮石斛设施栽培技术规范》（T/YDSSH 002-2021），《雁荡山铁皮石斛近野生栽培技术规范》（T/YDSSH 003-2021）。

（7）已发布铁皮石斛质量安全监管制度超 18 项。包括《雁荡山铁皮石斛农产品地理标志使用管理办法》《雁荡山铁皮石斛农产品地理标志使用管理办法实施细则》《雁荡山铁皮石斛地理标志证明商标管理办法》《乐清市铁皮石斛产品质量安全管理制度》《铁皮石斛产品质量安全承诺书》《雁荡山铁皮石斛农产品地理标志使用档案》《规范使用雁荡山铁皮石斛农产品地理标志承诺书》《标志使用协议》《铁皮石斛产品销售安全管理制度》《大棚种植安全管理制度》《枫斗加工安全管理制度》《铁皮石斛主要病虫防治用药建议》《铁皮石斛上禁止使用的农药品种》《产品储存保鲜制度》《产品质量检测制度》《产品质量安全追溯管理制度》《出入库登记制度》等。

（8）质量安全执法与监管检测。农业综合执法机构——乐清市农业行政执法大队、农产品质量安全监管科。农产品质量安全与投入品监管信息平台 4 个——浙江省农产品质量安全追溯平台（http://www.zjapt.gov.cn/）、乐清市检测监管云平台（http://wzyqs.jzyglxt.com/）、温州市智慧农业综合服务平台（http://www.wzszhny.com/）、石斛安全生产示范基地数字化质量安全追溯平台（自主研发）。特色主导产品生产投入品监管覆盖率 100%，在铁皮石斛主产区设置铁皮石斛农药定点销售专柜（浙江台农农资）。近七年开展特色主导产品质量安全执法监管抽查次数 800 多次，其中委托乐清市铁皮石斛检测中心（协会）开展铁皮石斛抽检每年度 100 批次以上，各级农业部门抽检 100 批次以上。2015～2021 年特色主导产品质量安全监测总体合格率 99.14%（803/810），其中：2015 年 98.47%（129/131），2016 年 99.28%（138/139），

2017 年 99.25%（133/134），2018 年 99%（99/100），2019 年 99.03%（102/103），2020 年 100%（101/101），2021 年 99.02%（101/102）。

5. 绿色发展

2019 年乐清市列入省农业绿色发展先行县市创建名单，绿色发展成效明显。出台了《乐清市人民政府办公室关于再创体制机制新优势高水平推进农业绿色发展的实施意见》（乐政办发〔2019〕19 号），在资源使用节约化、生产全程清洁化、废弃物利用资源化、农产品优质化、农业生态环境良好等方面提出总体要求，加大财政支持力度。如"节约型农业绿色技术推广补助。连片 30 亩以上种植基地：建造储液池或储水池、喷滴灌压力水泵、喷滴灌管道等设施，实施沼肥、喷滴灌水肥一体化利用工程建设规模在 50 立方米以上，按造价的 70% 给予补助，最高补助不超过 20 万元；实施可降解地膜的，按实施可降解地膜面积每亩补助 200 元。根据种植基地规模合理配置安装杀虫灯、诱虫板、性诱剂、防虫网、高效植保器械及实施种植显花植物和诱虫植物等其他绿色生物防治技术的，按当年投入正常使用设施总价的 70% 给予补助。大力支持发展铁皮石斛林下经济"。

2014 年编制了《乐清市铁皮石斛产业发展规划（2015—2020）》，2017 年出台了《关于加快铁皮石斛产业转型升级的若干意见》，把铁皮石斛高效生态发展作为主攻方向，雁荡山铁皮石斛林下经济得到快速发展，种植面积达到 3000 亩，成为我国铁皮石斛林下栽培规模最大的基地之一。2015 年乐清市被国家林业局授予全国唯一的"国家铁皮石斛生物产业基地"称号，石斛产业建成国家级林下经济示范点 1 个、全国近野生铁皮石斛示范基地 1 个、省级林下经济示范点 3 个、浙江省道地优质中药材示范基地 2 个、浙江省示范性道地药园 6 个、浙江省高品质绿色科技示范基地 1 个、浙江森林氧吧 1 个、浙江省"五百"森林康养目的地 1 个、浙江省"一品一策"示范基地 10 个、温州市"瓯越鲜风"阳光农场 12 个、"一品一导则，一场一标准" 2 个、温州市森林康养基地 3 个，浙江聚优品石斛文化园被评为国家 3A 级旅游景区。

6. 品牌建设

开展绿色食品、有机产品、森林生态标志产品认证，特色农产品获得地理标志认证登记或有较长种养历史。建立品牌培育、监管、保护制度，品牌授权使用规范，拥有相关农业区域公用品牌，品牌影响力较高。

（1）地标监管

2017 年 1 月 10 日，雁荡山铁皮石斛通过国家农业部农产品地理标志登记认证（登记证书编号：AG102017）。建立品牌培育、监管、保护制度，品牌授权使用规范，2018 年编制《雁荡山铁皮石斛农产品地理标志使用管理办法》系列制度，成为省内首例农产品地理标志管理制度集成。2018 年 11 月 23 日下发《关于同意浙江聚优品生物科技股份有限公司等 38 家企业为第一批雁荡山铁皮石斛农产品地理标志使用者的批复》（乐农〔2018〕157 号）；2019 年 5 月 24 日下发《关于同意乐清市绿康石斛专业合作社等 28 家企业为第二批雁荡山铁皮石斛农产品地理标志使用者的批复》（乐农〔2019〕78 号）；2020年 10 月 15 日下发《关于同意浙江优丰农业开发有限公司等 39 家企业为第三批雁荡山铁皮石斛农产品地理标志使用者的批复》（乐农〔2020〕210 号）。2018～2020 年"雁荡山铁皮石斛"地理标志授权情况：第一批地标授权共 38 家 4491.2 亩，其中大棚 2454.4 亩、仿野生 2036.8 亩；第二批地标授权共 28 家 1090.5 亩，其中大棚 903.5 亩、仿野生 187 亩；第三批地标授权共 39 家 1313 亩，其中大棚 1170 亩、

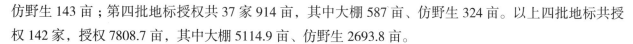

仿野生 143 亩；第四批地标授权共 37 家 914 亩，其中大棚 587 亩、仿野生 324 亩。以上四批地标共授权 142 家，授权 7808.7 亩，其中大棚 5114.9 亩、仿野生 2693.8 亩。

（2）品质认证

据初步统计，2020 年雁荡山铁皮石斛森林认证 3 家（认证面积 2229 亩）、良好农业规范认证 5 家、有机认证 21 家（认证面积约 2000 亩）（数据来源：纸质证书及中国食品农产品认证信息系统。因有机认证年度变化大，部分数据信息不完整、疑失效或错漏。铁皮石斛暂未列入绿色食品、无公害认证目录）。

（3）品牌培育

为普及铁皮石斛中医养生文化，倾力打造雁荡山铁皮石斛区域公用品牌，2010 年至今已举办以雁荡山铁皮石斛为主题的大型文化节庆活动 30 次。连续举办了 5 届中国浙江雁荡山铁皮石斛文化节及中国石斛论坛、中国林下经济发展高端论坛、雁荡山道地药材产业论坛、乐清市石斛康养节等养生旅游文化与品牌宣传活动。2015～2020 年雁荡山铁皮石斛产业获得省级以上奖项 63 个，其中国际级奖项 10 个、国家级奖项 21 项、省级奖项 32 项。已注册"雁荡山"等铁皮石斛系列图文商标 358 个。2017 年制定《雁荡山铁皮石斛区域公用品牌战略规划》，获评浙江知名农产品区域公用品牌（浙江省知名农业品牌百强榜）。2018 年雁荡山铁皮石斛区域公用品牌获浙江省优秀农产品区域公用品牌"最具影响力十强品牌"。2019 年雁荡山铁皮石斛入选中国农业品牌目录，入选首批温州市重点商标保护名录。2020 年雁荡山铁皮石斛成功注册地理标志证明商标。

7. 健全经营体系

主导健全品种种子种苗供应、生产加工、技术服务、仓储物流、营销推介等服务体系，拥有以主导品种生产经营为主要业务的市级及以上农业产业化龙头企业（或林业重点龙头企业）、农民专业合作社，建成 1 个以上产业化联合体，建立股份合作、二次返利、委托生产、订单生产等合理、长期、稳定的利益联结机制，农民合理分享产业发展收益。

8. 产业融合

乐清市铁皮石斛品种初加工率较高，特色产业与休闲旅游、文化传承、健康养生等融合较好，品种全产业链产值达 31 亿元以上。

（1）初加工与深加工

乐清是全国铁皮枫斗产品初加工规模最大的基地，铁皮石斛枫斗产量约占全国总产量的 80%。初加工方面还包括石斛烤条、切片、石斛粉、石斛花与叶加工等方面；深加工方面起步稍晚。有机产品认证企业 21 家、森林认证 3 家，保健食品批文 6 个、GMP 批文 2 个，已开发铁皮石斛药品、保健品、日用品等品种 70 多个，全市全产业链产值达 320000 万元。特色主导产品雁荡山铁皮石斛总产量 6600 吨（折合鲜品计），其中特色主导产品鲜品 2200 吨，产值 108000 万元；加工业总产值 184000 万元，其中初加工产品（铁皮枫斗、烤条、超微粉、切片等）600 吨，产值为 96000 万元，深加工产品销售（包括口服液、胶囊、颗粒冲剂、饮料、牙膏、面膜等）产值为 88000 万元。铁皮石斛组培苗产值为 28000 万元。

（2）文旅农创康养结合

乐清是一座风光秀丽、山海相映的中国优秀旅游城市，境内的雁荡山是中国十大名山之一，为国家首批 5A 级旅游景区，获"世界地质公园"称号，旅游资源丰富。

旧时雁荡山铁皮石斛采药人身系绳索在峭壁间攀爬，练就一身飞崖走壁的绝技，代代相传。起源自农民上山采草药（铁皮石斛）的绝活，于 1916 年正式演变成灵岩高空飞渡表演，成为雁荡山最著名的旅游项目之一。2017年"雁荡山飞渡"被列为第五批浙江省非物质文化遗产代表性项目。

雁荡山铁皮石斛深化农旅结合模式，推动文旅产业高质量发展。多年来举办铁皮石斛旅游康养节、石斛百家宴等宣传活动，发挥雁荡山风景旅游资源优势，打造结合美丽乡村、铁皮石斛特色小镇、铁皮石斛综合体、石斛森林康养基地、集聚区、风情街等载体的铁皮石斛精品旅游路线，推进石斛康养、产景互融、农旅结合，引领全域旅游康养发展，助推乡村振兴战略。现已成功打造省级铁皮石斛养生特色小镇、浙江省森林特色小镇、浙江省森林人家，创建浙江省中医药文化养生旅游示范基地3个、首批"钻果级"浙江省采摘旅游体验基地1个、温州市中医药文化养生旅游优秀基地3个；打造3A级景区村1个，聚优品铁皮石斛园区升格为3A级景区（温景评委〔2017〕8号，拟申报4A级）；乐清市主办"康养乡村游，雁荡万人行"等活动，协办首届国际青少年山水文化节，大荆镇平园村连续举办"雁荡仙草宴迎百家"浙江乐清市首届雁荡山铁皮石斛品赏节、雁荡山平园村铁皮石斛旅游文化节，龙西乡多次举办乐清市石斛康养节暨龙西休闲旅游文化节。开发铁皮石斛省级精品旅游线路2条，2019年9月19日，"乐清市探花赏莓尝斛　追寻霞客踪迹2日游"入选浙江省休闲农业与乡村旅游精品线路名单；联合乐清市民宿协会，推出了4条疗休养线路，包括龙西石斛谷路线，观看铁皮石斛林下活树附生和岩壁栽培，观景品石斛茶，体验森林康养，品尝雁荡山特色养生石斛宴。

以国家级农业产业强镇（铁皮石斛产业）乐清市大荆镇为例。该镇做好顶层设计，加快推进项目建设，加速产业提档升级，推进文化和旅游多方位、全链条深度融合，打造铁皮石斛全产业链。大荆镇围绕"大雁荡、大旅游、大产业"发展战略，以打造"石斛名镇·康养福地"为目标，制定"石斛花开·五美大荆"国家级石斛田园综合体核心区项目规划，在建和将建的项目达30多个，规划核心区面积12平方公里，包含10个村（社），以自然村落和特色片区为建设单元，景城一体，30多个项目形成"一区一园一谷一带一基地"功能分区，即一二三产融合发展区、现代教育园、红叶风情谷、溪滨休闲带、康养体育基地。囊括旅游度假、康健体育、田园种植、石斛加工、乡村旅游、农事体验、文化创意等方面，重点推进雁荡山温泉度假区、铁定溜溜、雁荡山红叶园、大荆蒲溪水上运动基地、红叶枫情谷、牛郎山露天营地、开心农场、风情一条街、艺术生活创意园（啤酒厂）等建设。下山头村的铁定溜溜园区已初具规模，正计划向冯村拓展，打造总面积约6500亩的集主题休闲、乡村民宿、创意工坊、农耕文化等为一体的国家级一二三产融合发展示范区。大荆镇围绕特色产业做足品牌化发展。该镇已开发出酒、食品、美容、保健、日化五大系列共129种产品。拥有铁枫堂、聚优品、植然方适、高鼻子等知名品牌。大荆石斛种植面积达0.6万亩，其中域外种植1.2万亩，从业人员两万余人，铁皮石斛产业链年产值达19.05亿元。

乐清市大荆石斛田园综合体成功入选2019年度浙江省田园综合体建设项目，省财政专项补助扶持资金1800万元。该项目分核心区和辐射区两部分。其中核心区范围包含下山头村及周边，规划面积2.1平方公里。辐射区为核心区外围区域，为村庄产业蓬勃发展、具有特色的区域，规划面积约为21.7平方公里。该项目是一个以铁皮石斛产业为主导、集高效农业、乡村休闲旅游、生态宜居为一体的一二三产融合发展的田园综合体。整体规划面积15.4平方公里，核心区面积1.3平方公里，计划总投资13亿元，重点建设仿野生石斛种植、石斛深加工、石斛博览园、石斛文创园、铁定溜溜、农耕文化园、雁荡山红叶园、珍贵彩色树林、蒲瓜梨基地、百果园等十大建设工程。大荆镇下山头村依托雁荡山景区，大力发展雁荡山铁皮石斛种植产业及乡村休闲旅游业，已建设一处占地200多亩的仿野生石斛种植园区及500亩的山体水果园。2018年依托石斛产业、百果园产业及发展休闲、旅游、观光、购物等产业，村庄收入1500万元，游客接待量35万人次，旅游产值1000多万元，新增周边村民就业人数800多人。该

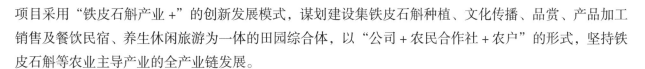

项目采用"铁皮石斛产业+"的创新发展模式，谋划建设集铁皮石斛种植、文化传播、品赏、产品加工销售及餐饮民宿、养生休闲旅游为一体的田园综合体，以"公司+农民合作社+农户"的形式，坚持铁皮石斛等农业主导产业的全产业链发展。

9. 推出铁皮石斛价格指数保险

乐清作为铁皮石斛的核心产区，有"中国铁皮石斛之乡""铁皮枫斗加工之乡""国家铁皮石斛生物产业基地"等多张国字号金名片。近些年，铁皮石斛的保健功效逐渐被认可，但市民对铁皮石斛品质的分辨能力还不是很高，这就导致生长周期快、价格较低的部分外地品种铁皮石斛抢占市场份额，从而令品质上乘、种植周期长、成本相对较高的雁荡山铁皮石斛遭受冲击，其中大棚石斛种植价格由几年前的1000多元每公斤，跌至如今的一两百元每公斤。市场价格的波动影响了乐清石斛人的种植热情，导致不少石斛人转行或前往种植成本较低的云南等地种植石斛。为稳定乐清铁皮石斛市场价格，2020年引入价格指数保险机制，对获得雁荡山铁皮石斛农产品地理标志授权使用的种植企业开展大棚铁皮石斛价格指数保险试点工作。价格指数保险在分散市场风险及作为农业支持保护制度方面具有独特作用，有助于稳定雁荡山铁皮石斛产业健康发展。

10. 发挥协会作用

建立特色主导产业学会协会等社会组织数量2个：乐清市铁皮石斛产业协会、乐清市铁皮石斛研究院。协会现有会员175人，下设7个协会小组，技术骨干42人，带动农户5700户。协会组织机构健全，配备专职工作人员5名，党支部、工会均已建立，各项规章制度规范，规范执行《民间非营利组织会计制度》财务独立核算。获得乐清市优秀社会组织、温州市示范性农民专业合作经济组织、全国"科普惠农兴村计划"农村专业技术协会称号。2019年1月7日，乐清市铁皮石斛产业协会被温州市民政局认定为国家AAAAA级优秀社会团体（温民社组〔2019〕2号）。乐清市铁皮石斛产业协会紧紧围绕"行业代表，行业协调，行业自律，行业服务"四大职能，在产业发展中发挥巨大作用。在农资、技术服务、营销推介等服务体系方面卓有成效，比如协会与农资公司签订协议，实行的铁皮石斛农资定点专柜供应模式，统一服务率达到90%以上。建立专家库，聘请国内资深石斛专家15名担任技术顾问。几年来多次组织举办"高素质职业农民暨铁皮石斛种植、加工人员培训"等多种形式的培训班，培训斛农8000多人次，更新宣传内容60次，发放图书及各类技术资料2.3万册，及时向企业、农户传授实用技术知识，提高了农户的科学素质和专业技能，受益者达28000人次。

（三）市场前景

铁皮石斛在民间有几千年的食药两用历史，但一直以来是按药材管理，不能按食品管理，以铁皮石斛为原料只能生产保健食品和药品而不能生产普通食品。这一卡脖子的管理政策严重制约了产业的发展壮大。2013年，在乐清市铁皮石斛产业协会的推动下，乐清市委市政府启动了争取把铁皮石斛列为食药两用物质的申报工作，通过"社情民意、代表建议、内参、行业协会"等渠道发声，得到了省委书记、省长的批示支持。2019年12月25日，国家卫健委和国家市场监管总局联合发文《关于开展铁皮石斛传统既是食品又是中药材物质管理试点工作的通知》，2020年9月30日国家卫健委批复同意了浙江省的试点方案，2021年11月4日国家市场监管总局也批复同意了浙江省的试点方案，2021年12月16日浙江省市场监管局、省经信厅、省农业农村厅、省卫健委、省中医药管理局联合印发了《关于铁皮石斛等既是食品又是中药材物质管理试点工作方案的通知》和《关于做好铁皮石斛按照传统既是食品又是中药材物质管理试点产品申报与许可工作的通知》，至此铁皮石斛食药两用政策才算正式大功告成。政策通过后，浙江铁枫堂食品饮料有限公司在市场监管局的指导下，逐一对照要求，迅速开始筹建，于2022年1月12日向浙江省市场监管局递交申报材料，1月19日省市场监管局组织专家莅临铁枫堂现场考评验收，1月28日浙江省市场监管局给铁枫堂下发了《食药物质试点同意告知书》，2月10日铁枫堂获得了乐清市市场监管局的生产许可，浙江省首家铁皮石斛食药物质试点生产企业在乐清诞生。从此铁皮石斛正式开启了食药同源新时代。

波士顿咨询消费者洞察智库通过对分布于各类城市的2600位18岁至65岁中国中产阶级及富裕消费者进行的调查发现，从2011年到2013年间，营养保健品在消费者支出中的排名从前十之外跃居第二位。我国目前人口老龄化加剧，从2010年到2013年间，65岁以上老年人从11894万人增长到了13161万人，三年间增长速度过快，人口老龄化带来更多的健康保健问题，国人健康意识高涨。国内养生保健市场快速发展，而铁皮石斛依靠其丰富的药用价值、广泛的人群适宜性及安全性，无疑成为未来消费者购买保健品的首选。

有关材料显示，一线城市上海、北京、广州城镇居民医疗保健消费持续保持增长；现代生活的快节奏形成的不良生活习惯，以及居住环境的空气、水源等质量的下降，导致城市居民身体普遍处于亚健康状态，城市居民的医疗保健意识越来越强，对身体健康的关注度也越来越高，尝试使用更多的方式来改善身体状况。整体来看，我国铁皮枫斗产业现状良好，未来市场巨大，我国已经将大健康产业作为国家政策的一部分。可见，从宏观角度，国家已经给予高度重视。同时，食品备案法的推出，也极大拓宽了枫斗相关产业的服务领域，这些都极大地促进了铁皮枫斗市场的发展。铁皮枫斗市场主要集中在主产地，未来应向全国发展。目前，铁皮枫斗的主产区集中在南方，主要消费市场也集中在南方地区，浙江省的产值就达到40亿元。未来，铁皮枫斗市场规模将进一步扩大，急需向全国发展。

（四）拓展市场措施

1. 互联网＋铁皮石斛

目前雁荡山铁皮石斛产地市场主要分布在21个省市（含港澳）。据不完全统计，雁荡山铁皮石斛自建特色主导产品经营电商平台、网店、微平台473家，其中淘宝网170家（注：此为指定筛查所在地设置乐清的数据；全网络相关店铺为1128家），好易购上1号店42家，京东75家，苏宁易购16家，唯品会4家、阿里巴巴101家、微店65家……网销产品超过2500多个，特色主导产品电商销售数量2300吨。实体专营店数量140个，其中：区域内数量50个，区域外数量90个。

2. 电商示范村培育

以全国铁皮石斛枫斗一村一品示范村——大荆镇平园村为例，该村现有农户数528户，户籍人口1743人，铁皮石斛种植规模有326亩，异域种植面积则达9500多亩，登记在册的铁皮石斛枫斗企业共112家、专业户88户、公司55家，其中专业合作社12家，并涌现出乐清市金民石斛专业合作社、乐清市雁吹雪铁皮石斛有限公司、乐清市霍山石斛有限公司等一批龙头企业，8家本村企业被评为乐清市域外农业典型示范户；现有"雁吹雪""平园""贡斛"等图文注册商标共68个，其中2个商标被评为"乐清名牌商标"。

该村依托石斛产业农业发展项目，以产业发展、金融扶贫、技能培训、改善基础设施为重点进一步贯彻好、践行好乡村振兴战略。加速"互联网＋石斛"产业升级，让平园村更多的人富起来，更多的企业走出去，真正振兴乡村经济。该村主导产业突出，铁皮石斛枫斗收入占全村农业经济总收入98%以上，从事主导产业生产经营活动农户数448户，占专业村农户总数528户的85%以上。全村有80多家企业及个人在网络购销平台建立了店铺，50多户在微信营销平台建立微店，全村形成了超5亿元的石斛产业效应，2016年实现网销金额突破6000万元，铁皮石斛枫斗专业村平园村2017年农民人均纯收入38967元，远高于周边乡镇农民收入。如乐清市雁吹雪铁皮石斛有限公司是平园村最早从事农产品电子商务营销的企业，2015年仅"双11"活动当天，其网店的石斛订单已经超过2000单，年度铁皮石斛网络销售业务额突破700万元，获评2015年度乐清市网络经济示范龙头企业。

平园村是"中国铁皮石斛之乡""中国铁皮枫斗加工之乡"（原双峰乡）的产业发源地。据初步统计，目前全国80%以上枫斗产品产自平园村或与平园人有关的在外地的加工厂。这项数据也让平园村成为乐清市目前单类农产品电商销售额最大的一个村，获评"温州市农村电子商务示范村""浙江省电子商务示范村"等荣誉，2018年9月被中国"一带一路"涉农贸易研究室列为典型推广模式。

3. 农业展会

雁荡山铁皮石斛每年都会参展中国义乌国际森林产品博览会、中国地理标志产品博览会、浙江农业博览会、温州特色农业博览会等优质农产品、中药材、医药、农业相关的博览会。也会主办以雁荡山铁皮石斛为主题的大型文化节庆活动，已举办了5届中国浙江雁荡山铁皮石斛文化节，举办20多次乐清市石斛康养节等养生文旅与品牌宣传活动。"农批、农超、农社、农校"等产销对接较为紧密。

4. 雁荡山铁皮石斛文化节

以"雁荡山宝 石斛珍好"为主题的第五届中国·雁荡山铁皮石斛文化节暨中国·雁荡山铁皮石斛产业创新发展论坛在杭州召开。文化节定位为面向市场、面向渠道、面向消费者、面向产业发展，参会对象精准，效果显著。

（五）发展建议

铁皮石斛是传统名贵中药材，乐清市是全国铁皮石斛（枫斗）加工的主要基地。"十四五"期间，应全面推进乡村振兴战略和共同富裕示范区创建，以科学发展观为指导，进一步引进工商资本投入铁皮石斛种植业，大力扶持龙头企业，鼓励组建中药材GMP加工企业和铁皮石斛食品、保健品生产企业，继续探索深化"龙头企业＋合作社＋农户"发展模式，推广应用产品深加工技术，规范组织生产、加工和销售，快速提升人工种植规模和水平，拓宽自主品牌销售网络，逐步实现从农产品向保健品的转变，促进我市铁皮石斛产业的可持续和跨越式发展。建立起以铁皮石斛为主导品种、以保健品为主导产品、以骨干企业为主体的产业集群；铁皮石斛原料的种植和生产实现规模化、规范化和标准化；产品创新、质量可控、品牌效应明显，逐步通过中药材基地GAP认证、中国保健食品GMP认证和食药物质试点生产。

1. 完善铁皮石斛种植业的管理

（1）着力发展铁皮石斛规范化种植基地。在现有基础上，完善基地基础设施建设，扩大种植规模和配套的组培苗培育规模。

（2）推进品种认定和基地GAP认证工作。鼓励骨干企业开展铁皮石斛品种认定工作，支持符合条件的企业向相关部门申请GAP认证。

（3）强化种植基地管理。加强对铁皮石斛种植基地的核查。铁皮石斛种植基地应向食品药品监管部门备案，完善种植基地的信息档案，加强日常监管。企业进行加工生产，不得使用未经备案确认的种植

基地的原料。

2. 加强技术攻关和质量管理

（1）推进铁皮石斛优质高产种植技术的研究及应用。进一步提高种苗的大田成活率和亩产，降低生产成本，为大面积种植提供技术保障。

（2）加强铁皮石斛质量标准制定及检测技术攻关工作。支持企业联合科研单位从性状、显微、DNA分子以及化学成分、指纹图谱等方面开展质量标准难题攻关，研究制定一整套质量标准。

（3）加快产品和工艺技术创新。进一步开发铁皮石斛系列新产品，开发不同组方成分、不同剂型、不同价位的保健品。应用先进适用的提取加工技术改造传统提取加工业，提高铁皮石斛提取加工水平和质量水平。

（4）严格企业生产过程的质量管理。保健食品生产企业严格执行《保健食品良好生产规范》，建立严格的生产原料采购、生产记录、产品检验等管理制度，完善相关台账。

（5）培育一批重点骨干企业和品牌。整合铁皮石斛产品品牌，重点培育行业龙头企业及浙江乃至全国名牌产品、知名商标等。发挥龙头企业、专业合作社的技术创新领头雁作用，带动周边企业和农户发展种植产业。

3. 加强对产品生产经营的监管与服务

（1）加强对铁皮石斛生产环节的监管与服务。严格实施 GMP 管理。食品药品监管部门要加强对生产企业的质量监管，建立日常的动态管理制度。

（2）加强对铁皮石斛流通环节的监管与服务。严格产品标识、广告的管理。工商、卫生等部门要做好铁皮石斛产品流通环节的日常监管工作。

（3）理顺铁皮石斛产品的监管与服务体制。按照"谁发证、谁监管、谁负责"的原则，尽快实行保健食品的市场准入许可、安全监管、行政执法管理的全过程统一监管，明确职责，落实责任，从根本上提高铁皮石斛产品监督管理的有效性。各政府部门要认真履行职责，加强协调配合，在从业资格、加工条件、产品质量方面进行严格管理，促进我市铁皮石斛产业健康发展。

（4）发挥行业协会和专业经济合作组织的作用。加强行业自律和企业管理，研究制订企业公约，引导企业诚信经营、公平竞争。

4. 加大对产业健康发展的扶持力度

（1）加强领导，完善机构。建立由市政府主要领导担任组长、有关部门负责人为成员的铁皮石斛产业发展领导小组，下设办公室负责铁皮石斛产业发展的日常指导、协调和服务工作。市铁皮石斛行业协会负责协调铁皮石斛种植、加工、销售、科研等有关工作。

（2）帮助企业解决土地、资金、保险等问题。建立铁皮石斛种植园区，改善园区种植条件。加强对从事铁皮石斛生产、加工、销售人员的培训工作。铁皮石斛的种苗组培实验室用地按农业用地管理。农村合作银行要大力支持铁皮石斛产业的发展，通过互相担保的方式，帮助农民解决资金问题。政策性农业保险共保体要研究铁皮石斛种植的保险途径与办法，帮助农户解决后顾之忧。

（3）加大财政补助力度，扶持铁皮石斛产业发展。吸引工商资本投资铁皮石斛产业，建立铁皮石斛GAP 种植基地和 GMP 加工生产基地。加大雁荡山铁皮石斛区域公用品牌的宣传力度，支持龙头企业采取"区域公用品牌 + 龙头企业品牌"母子品牌联动的品牌宣传策略。

现今，铁皮石斛食药两用政策、中医药大健康政策、乐清市大荆片区跨越式高质量发展五年行动计划的实施，建设雁荡山铁皮石斛百亿全产业链，雁荡山铁皮石斛健康小镇建设，"石斛之乡、康养圣境"共同富裕示范带的创建，农业高质量发展等一系列利好政策都聚焦在雁荡山铁皮石斛产业，雁荡山铁皮石斛产业正处于千载难逢的历史最好时机，雁荡山铁皮石斛将为中国道地药材的高质量发展作出示范和榜样！

（六）乐清市铁皮石斛产业化举措

乐清市位于浙江省东南沿海，森林面积103万亩，森林覆盖率54.5%。近年来，全市围绕"特色、生态、高效"目标，在产业结构调整中大力扶持发展特色优势产业，其中以铁皮石斛为主导的特色优势产业不断发展壮大，已成为全国铁皮石斛的主产区。先后获评"中国铁皮石斛之乡""中国铁皮枫斗加工之乡""国家铁皮石斛生物产业基地""全国农村一二三产业融合发展先导区"等国字号金名片。2019年，全市铁皮石斛种植面积11700亩，其中林下铁皮石斛栽培面积达3452亩，铁皮石斛鲜品与枫斗初加工品分别占全国总产量的30%、80%，形成集种植、加工、销售于一体的完整产业链。现有从事种苗组培生产的育苗企业13家，年产组培苗4亿多，从事铁皮石斛种植、加工或销售企业278家，带动当地农民就业3.5万余人，总产值达31亿元，已成为当地农民增收致富的一大主导支柱产业。

1. 规划引领，政策保障持续有力

乐清市委、市政府一直以来把铁皮石斛作为乐清的重要产业来抓。2009年，市政府出台了《乐清市人民政府关于加快铁皮石斛产业发展的若干意见》，这是国内首个县级层面的铁皮石斛产业发展的纲领性文件，也是国内扶持力度最大的政策。2014年，制定了乐清市铁皮石斛产业发展五年规划，明确了产业发展布局、发展目标、支持措施，对乐清铁皮石斛产业快速发展起到了至关重要的作用。2016年，成立产业发展的专门管理机构——乐清市铁皮石斛产业发展服务中心，提出了"提升一产、主攻二产、拓展三产"三产融合发展战略，促进铁皮石斛产业转型升级，并全面启动"雁荡山宝，石斛珍好"的区域公用品牌战略实施。2020年引入了价格指数保险机制，在国内率先推行铁皮石斛种植保险及附加保险试点工作，提高产业抗风险能力，稳定市场价格，引导铁皮石斛产业持续健康发展。

2. 科技驱动，不断推进技术创新

产业的发展离不开科技的引领和支撑，近几年，通过与院校合作搭建科技平台，相继建立了"国家中医药管理铁皮石斛品种选育与生态栽培重点研究室""铁皮石斛院士工作站"，参与了"浙江省铁皮石斛产业技术创新战略联盟"建设，形成产、学、研紧密结合的科技创新模式，在铁皮石斛种苗高效低碳繁育、活树附生生态栽培、标准化种植方面居国内领先地位。现拥有省级农业科技企业5家，承担了国家星火计划项目和中央科技示范推广资金项目6项，省级以上科技攻关项目14个，市、县级科技试验项目100多个。先后获省部级科技进步奖二等奖1项，市厅级科技进步奖5项，县级以上科技进步奖16项，取得专利近30项。在实施科技创新行动上，大力推广铁皮石斛生产标准化、规范化，不断创新铁皮石斛林下经济模式，形成活树附生、岩壁栽培、段木盆栽、立体栽培、石堆栽培等多种林下栽培类型。建成了一批规范的铁皮石斛精品园、森林食品基地和道地药材示范性基地，"晶品1号"、规范化集成技术等优良品种、新技术也得到了大面积推广，进一步促进先进科技成果的推广应用，提升产业融合科技的能力。

3. 三产融合，促进全产业链发展

近年来，乐清铁皮石斛产业快速发展，已经形成集种苗培育、种植、加工、销售为一体的石斛全产

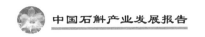

业链，成为全温州首个突破 10 亿元的农业产业链，被评为省级农业示范性全产业链。

（1）提升一产，实现栽培品种良种化、生产基地规范化、经营标准化

以国家铁皮石斛生物产业基地建设为抓手，引进铁皮石斛良种，优化种苗生产技术，倡导有机、绿色生产和森林认证。现已通过有机产品认证企业 15 家、认证面积 1700 亩；森林认证企业 3 家，认证面积 2229 亩。建成国家级林下经济示范点 1 个、省级林下经济示范点 3 个、省级道地优质中药材示范基地 2 个、省示范性道地药园 2 个。以"一亩山万元钱"为目标的林下经济发展快速，栽培面积占全市种植面积近 30%。由于林下栽培在品质、资金投入、经济效益方面与大棚种植相比具有较强的优势，而且不与粮食争良田，不与林木争林地，成为铁皮石斛种植发展的趋势。乐清市主导制定的《铁皮石斛生产技术规程》系列标准项目获浙江省标准创新贡献奖，编印的《雁荡山铁皮石斛标准化生产模式》和《雁荡山铁皮石斛全产业链质量安全风险管控手册》已成为生产企业的共识。

（2）主攻"二产"，增强产品精深加工能力

石斛业界素有"枫斗加工看乐清"的说法，2011 年雁荡山铁皮枫斗传统加工技艺被列入温州市非物质文化遗产名录，但石斛加工长期处于"低小散"状态。近年来，该市加快产品精深加工技术攻关，以生产抗疲劳、增强免疫功能等市场主流产品为重点，目前已开发铁皮石斛相关药品、保健食品、日用品等 70 多个产品，拥有保健食品批文 6 个、GMP 批文 3 个。

（3）拓展"三产"，完善营销网络

发动铁皮石斛企业"走出去"找市场，组团参加森博会、农博会等国内外大型展销会，着力形成覆盖广泛、信息通畅的域外营销网络。大力推进"互联网＋铁皮石斛"等营销新业态，产业向"深度"与"广度"进军。全国首个铁皮石斛电子交易中心于 2015 年在乐清成立，大荆镇平园村被评为浙江省农村电子商务示范村。雁荡山铁皮石斛产地市场主要分布在我国 21 个省市，因其品质纯正，在日本及东南亚市场大受欢迎。通过三产深度融合，延伸了产业链，改变了传统铁皮石斛生产方式，提高了产品的附加值。

4. 培育龙头，带动产业集群发展

围绕创建铁皮石斛产业集聚区，培育百亿产业集群的战略目标，发挥政府引导作用，培育龙头企业，推动铁皮石斛主导产业精深化、链条化、集群化发展，使主导产业更加突出，龙头企业带动作用更强。全市现已建成省级现代农业综合区 1 个（铁皮石斛产业）、铁皮石斛现代农业示范区 2 个，省、市级精品园 6 个，形成了以乐清北部大荆、仙溪、淡溪、芙蓉、雁荡五镇主要种植区域为核心区，全市其他区域为扩展区的产业基地。通过聚焦重点区域与关键环节，全力为项目解难题，培育一批以"铁枫堂""聚优品"为代表的产值超亿元龙头企业，在这些龙头企业的有力带动下，集聚区产业集群效应逐步凸显。目前，有国家林业标准化示范企业 1 家、省级林业重点龙头企业 3 家、市级农业龙头企业 15 家。通过龙头带动作用，以美丽乡村、铁皮石斛特色小镇、石斛谷、集聚区、风情街等为载体，推进石斛康养、产景互融、农旅结合等项目建设，引领全域旅游健康发展，不断提升集群支撑能力和配套能力，实现产业集群化。

（七）平园村铁皮石斛发展现状

平园村铁皮石斛枫斗产业链完整，涉及组培育苗、种植、粗加工、深加工（保健食品开发）、批发营销外贸、技术研发推广、文化创意等领域。据初步统计，平园村现有乐清市域范围内登记在册的铁皮

石斛企业共 112 家、专业户 88 户，其中专业合作社 12 家。2013 年成立了合作社资金互助会，社员均为本村铁皮石斛枫斗生产加工户，合作社入社社员 430 户，占从业农户数 448 户的 95% 以上，占全村农户总数 85% 以上，其中全家外出从事域外铁皮石斛枫斗 91 户。铁皮石斛种植规模 326 亩，域外种植面积 7500 余亩。该村有 55 家企业及个人在网络购销平台建立了店铺，近 50 户农户在微信营销平台建立微店，全村形成了超 5 亿元的石斛产业效应。2016 年实现年网销金额突破 6000 万元，村民年人均纯收入 3.8 万元，被农业部认定为全国一村一品示范村（铁皮石斛枫斗）。村里主导产品已注册铁皮石斛商标共 43 个，待审核商标 12 个，并通过 GAP、GMP 及 ISO 认证。目前，全国各地的相关公司、厂家经常到乐清采购铁皮石斛，大多按"吨"来下单，销售形势较好。物流体系完善，除空运、高铁（动车）、汽车货运等物流途径外，顺丰、圆通等 7 家快递公司每天至少到平园村一趟，提供取件服务。

乐清市铁皮石斛产业协会会长宋仙水称，预计到"十四五"期末，乐清铁皮石斛产业产值可突破百亿元。

第三节　贵州省石斛产业报告

一、贵州省石斛产业发展状况

（一）贵州省石斛产业发展现状

近年来，贵州石斛产业在当地政府的主导下再次兴起，产业规模和产品类型得到长足发展。贵州依托得天独厚的自然资源优势，主要发展石斛生态种植。其中，金钗石斛在贵州赤水丹霞地貌附石生态栽培，达到了 10 万亩的产业规模，石斛鲜品蕴藏量 8000 吨以上，占全国总面积的 95% 以上；贵州铁皮石斛生态栽培广布全省，主要为喀斯特石山附石栽培模式和附树栽培良种模式，当前发展面积达 6.0 万亩，仿野生生态种植面积规模、产量和产值均居全国第一（表 4-8、表 4-9）。

表 4-8　贵州省铁皮石斛种植面积排名

序号	区县	面积/亩
1	黔东南州	33328.9
2	黔西南州	19299.5
3	黔南州	14220.2
4	铜仁市	10796.0
5	遵义市	6843.0
6	贵阳市	4968.82
7	毕节市	1131.0
8	六盘水市	680.6
9	安顺市	24.0
	贵州省	91292.02

注：贵州省 9 个自治州、地级市。

表4-9　贵州省石斛种植主要县市面积排名

序号	区县	所属州、市	面积/亩	序号	区县	所属州、市	面积/亩
1	锦屏县	黔东南州	16292	15	都匀市	黔南州	1320
2	兴义市	黔西南州	8549	16	凯里市	黔东南州	1315
3	安龙县	黔西南州	8288	17	施秉县	黔东南州	1180
4	从江县	黔东南州	7370	18	金沙县	毕节市	1010
5	仁怀市	遵义市	6100	19	望谟县	黔西南州	846
6	独山县	黔南州	5100	20	雷山县	黔东南州	826
7	荔波县	黔南州	4884	21	思南县	铜仁市	817
8	乌当区	贵阳市	4400	22	台江县	黔东南州	745
9	三穗县	黔东南州	3642	23	汇川区	遵义市	642
10	沿河县	铜仁市	3160	24	岑巩县	黔东南州	590
11	德江县	铜仁市	2360	25	水城县	六盘水市	587
12	松桃县	铜仁市	2270	26	义龙新区	黔西南州	555
13	江口县	铜仁市	2134	27	黎平县	黔东南州	533
14	平塘县	黔南州	2106	28	黄平县	黔东南州	530

注：仅统计铁皮石斛种植面积在500亩以上的县、县级市。

贵州开创了铁皮石斛生态种植新模式。摒弃铁皮石斛大棚种植的模式，充分利用贵州广阔的林地空间和环境气候资源，选择以大型水体江河沿岸的常绿阔叶林为主的天然林，将驯化的金钗石斛、铁皮石斛1至2年生苗回归到大自然中种植，辅助必要的供水设施，做好极端高温干旱气候的水分供给。在病虫害防治方面，以植物源农药为主，配合微生物菌剂，以绿色防控的方式生产无公害产品。从林地选择、种苗质量到栽培方法、管护和病虫害防治等关键技术，项目开创了贵州石斛产业从大棚苗床到附树仿野生生态栽培的新模式。

贵州引领了高品质石斛生态产品规模化发展。石斛近野生生态栽培，在环境上依托了贵州丰富江河、水库等大型水体周边的林地资源和独特的立体气候条件，能满足生产生态产品的质量要求。经多次测试论证，金钗石斛实现栽培管护全程"零化肥、零农药"，品质上乘，得到市场青睐，经济效益好，有效带动地方经济成为地方主导产业；铁皮石斛以附树近野生生态栽培技术所生产的石斛鲜条品质明显高于行业标准；其中，石斛鲜条的含水量为3.8%，远低于药典的12%；浸出物为14.7%，远高于药典规定的6.5%；多糖含量高达50.5%；其他次生代谢产物明显高于大棚栽培品，赋予了铁皮石斛的功能功效。大量的实践证明了贵州培植出的石斛品质优越、绿色生态，品质特性和经济效益明显。

带动了山区经济，服务了脱贫攻坚和乡村振兴。截至2021年，全省石斛生态种植面积维持在16万亩左右。金钗石斛10万余亩，按平均年亩产石斛鲜条60公斤、批发价每公斤600元计，每年创造经济价值近36亿元。种植铁皮石斛5.7万余亩，按平均年亩产石斛鲜条60公斤、批发价每公斤600元计，每年创造经济价值近20.5亿元。在省林科院与西城秀树公司联合共建的安龙县坡脚基地，共集中连片栽培了铁皮石斛6200亩，公司带动了445户脱贫户在基地务工，每月收入达2000元以上，还获得了1000元的分红，不仅有力地助推了全省脱贫攻坚，还是乡村振兴做强产业的领头羊，更是践行"绿水青山就是金山银山"发展理念的生动实践。

贵州依托丰富的森林、水源和独特的气候环境优势，以附树近野生生态栽培技术为支撑，奠定了贵

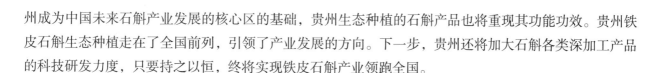

州成为中国未来石斛产业发展的核心区的基础,贵州生态种植的石斛产品也将重现其功能功效。贵州铁皮石斛生态种植走在了全国前列,引领了产业发展的方向。下一步,贵州还将加大石斛各类深加工产品的科技研发力度,只要持之以恒,终将实现铁皮石斛产业领跑全国。

(二)以绿色发展理念,统领石斛种植业的高质量发展

绿色发展是发展观上的一场深刻革命,需要发挥好生态文明的引领作用,同时也需要绿色发展理念引领。绿色发展理念既是对可持续发展的继承与创新,也是实现"两个一百年"奋斗目标和中华民族伟大复兴中国梦的必然要求。在如今产业发展中,高产量不再意味着高效益,高效益得以实现越来越取决于产量背后的生产方式。高质量产品与服务供给的绿色化已经成为人们对美好生活需要的重要内容。

经济生态化指向生产各环节的绿色、生态产品的健康,以及对人与自然和谐共生原则的现代遵循与拓展,旨在充分发掘和释放生态资源潜在的经济效应属性,进而为经济生态化的长效维持提供前提和支撑。石斛种植不仅要经济生态化,更要生态经济化,且正在演绎以绿色发展理念统领的高质量发展道路。

今天,铁皮石斛种植业畅通和拓展生态环境资源向经济社会效益长效转换的通道,实现和有效维系生产环节"绿色化",必然要求在生产方式上进行一场深刻的绿色革命,逐渐发掘到贵州独特的气候、温度、湿度以及丰富的森林资源等自然条件,能够发展石斛附树栽培,且能有效提升石斛品质。项目组先后攻克了林地选择、种苗质量要求、定植、水肥管理和病虫害防控等关键技术,掌握了优质产品特性,取得了系列重大成果,引领贵州石斛产业的高质量发展,塑造了贵州石斛"优质产品"品牌,使贵州石斛种植产业领跑全国。

(三)贵州石斛产业发展的优、劣势分析

贵州的环境气候非常适宜发展优质石斛,是石斛属植物的原产地之一,分布石斛属植物28种,主要分布在黔西南、黔南和黔东南等地。贵州石斛药用历史悠久,兴义黄草坝因盛产石斛久负盛名。"赤水金钗石斛""兴义黄草坝石斛""安龙石斛"等被列为国家农产品地理标志登记保护。

1. 优势分析

具有满足石斛生长得天独厚的生态环境优势。贵州处于北纬26°左右,平均海拔1100米,属典型的亚热带湿润季风气候,最冷月平均气温5℃,最热月平均气温25℃,年降水量1100~1400毫米,气候温和湿润,是生产优质石斛的天然基地。况且贵州省森林覆盖率接近60%,具有适宜发展优质石斛的森林空间环境。

具有多重叠加的政策优势。近年来,省委、省政府明确省领导领衔推进12个产业,构建农村产业革命的长效机制,从政府层面汇聚起了产业发展的磅礴力量,高位推动和引领产业发展。先后出台了《省委省政府领导领衔推进农村产业革命联席会议关于印发贵州省农村产业革命12个特色产业发展推进方案的通知》《贵州省发展石斛产业助推脱贫攻坚三年行动方案(2019—2021年)》《关于印发贵州省农村产业革命石斛产业发展专项资金管理办法(试行)的通知》等支撑产业发展的文件和政策,以及配套产业资金的支持,为产业发展保驾护航。

具有长期积淀的产业优势。赤水市从事金钗石斛种植及产业16年,攻克了金钗石斛仿野生种植、产地初加工、药材质量、种苗生产及质量评价等5个省级地方标准,获国家发明专利授权5项,获授权实用新型专利9项,获得国家地理标志产品保护、中国绿色生态金钗石斛之乡、国家林下经济示范基地等国家级名片9张,成功列入了国家级出口食品农产品质量安全示范区和国家生态原产地保护示范区。

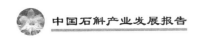

目前，金钗石斛人工种植面积和产量均占全国的 90%，铁皮石斛仿野生栽培总面积占全国的 85%，且份额还在逐年增加。

2. 劣势分析

一是基础设施薄弱。石斛生产基地的道路、供水、供电等基础设施欠缺或薄弱。自有品种未形成优势。目前贵州种植的铁皮石斛绝大部分来自浙江、云南，贵州对本省的石斛研究处于起步阶段，自主研发新品种不多，石斛品种研发不够系统，创新能力不足。

二是科技及产业开发欠系统。目前贵州基础研究、产品研发及精深加工滞后，企业自主研发技术人才和专业化设备匮乏。

三是融资难。石斛种植投资均价 2.5 万元每亩，资金投入大，因此，从事本行业的企业必须具备一定的资金实力及融资能力。目前财政支持政策、投融资机制不健全，石斛企业融资困难。

四是盲目跟风。据统计，贵州石斛种植企业中，具有石斛研发经历，真正懂得石斛的企业少之又少，自我发展能力和创新能力不足，对外依存度过高。

3. 贵州石斛产业发展对策措施

（1）加强政策引导。按照"主攻二产，发展三产，提升一产"的目标统筹全省石斛产业。亟待解决药品批号、保健品批号门槛过高等问题，石斛"药食同源"准入难亦是发展石斛产业的问题。从省级层面出台省级石斛产业发展规划，加大资金投入，强化基础设施、基础研究、种植基地、产品布局、创新能力建设。

（2）加强科技支撑。以提高石斛品质为目标，主导近野生生态种植，进一步探索出近野生生态种植的模式，提高石斛种植管理水平和品质，同时探明深入挖掘石斛主要成分的功效并开发出相应功效的功能产品。

（3）加强二产和标准化建设。当前主要解决大力发展二产，生产多元化产品。建立相应的标准化栽培体系、产品生产体系等，构建具有品种标识、产地标识、加工厂家标识以及明确的效用标识，完善石斛产业的相关标准，建立可查可验可追溯的产品信息体系。

（4）搭建好石斛产业平台，打造公共品牌。从政府层面搭建石斛产业平台，由平台（中心）对全省的石斛产业进行指导，使石斛产业从品种选择、良种选育、种苗生产、基地规划布局、加工、销售、研发及服务等各个环节得到有力地支持。在平台的支持下，创建贵州石斛公共品牌，统一生产技术规程和质量标准，支持石斛产业的科研单位、生产企业、合作社、散户抱团发展。

（5）坚持林农文旅融合发展，着力推进石斛森林公园建设，持续办好石斛花节、石斛论坛活动，丰富石斛健康膳食、石斛康养等业态，全力推进一二三产深度融合发展。

二、遵义地区赤水市金钗石斛产业发展

金钗石斛是国家地理标志保护产品，赤水市是中国绿色生态金钗石斛之乡，国家批复建立的金钗石斛生产基地。目前，金钗石斛是赤水市"十百千万"工程、农业支柱性特色产业，正在助力赤水乡村振兴宏伟蓝图的实现。

1. 赤水金钗石斛一产规模最大、技术成熟，产业基础底蕴深厚

20 多年来，金钗石斛原生态栽种面积稳步增长，现有规模 9.5 万多亩，是全国规模最大的金钗石斛

基地,面积和产量均占全国总量的90%以上,全市年产鲜条8000吨、鲜花1000吨,年产值达10亿元以上。

采用"四好技术",成熟先进。按照GAP和绿色防控技术要求,全面推广选好场地（选择、整治）、挑好种苗、栽好基地（栽种时间、栽种密度、栽种方法）、管好田间（水分管理、光照管理、肥料管理、病虫防治）的"四好"技术,建立种植综合标准化生产基地,金钗石斛规范化栽种技术成熟且位居全国同行前列。

坚持原生态栽种,具有不可复制性。金钗石斛是栽在林下原生石头上的,不用设施不占良田熟土,不与粮食作物争地。赤水有240万亩林地,有1280平方公里丹霞世界遗产,丹霞原生岩石富足且不可复制,非常适宜金钗石斛生存。

赤水金钗石斛的生长气候优越,产品品质上乘。赤水市年平均气温18.1℃,年均降雨量1195.7毫米,年日照时数1145.2小时,年均相对湿度82%,无霜期340~350天,非常适宜金钗石斛生长。在这得天独厚的环境中,孕育出了金钗石斛根茎粗壮、色泽鲜明、肥满多汁、药效显著的优良品质,其石斛碱含量达0.53%,远远高于药典标准,成就了金钗石斛中的上乘佳品。

栽种金钗石斛,带动农村农民增收。金钗石斛一产带动1.37万户5万余人从事金钗石斛产业,两年前直接带动5120户贫困农户15886人脱贫,种植户年人均增收7000余元。

2. 赤水金钗石斛二产带动较强、羽翼渐丰，产业优势不可替代

20多年来,赤水市积极培育和扶持企业做大做强。先后培育了7家金钗石斛加工企业,其中省级龙头企业2家,建有GMP加工生产厂房2万平方米,传统饮片、冻干饮片、超微粉等生产线4条,成功获得国家GMP认证,研发石斛饮片、石斛醋、石斛酒等15个系列40余种产品,其中永斛源等企业的金钗石斛花、金钗石斛茶片、金钗石斛枫斗、石斛（金钗）粉、石斛（金钗）片5款产品获得"药字号"批文。产品远销上海、浙江、广东等地,实现金钗石斛进药店、进医院、进特产店、进网店。

今年,赤水市完成了"金钗石斛花、叶地方特色食品标准"研制,引导企业开发地方特色食品,让金钗石斛面条、金钗石斛咖啡等快消食品进入千家万户,推广快消产品,了解金钗石斛,助推金钗石斛产品。

金钗石斛加工,带动富余人员就业。金钗石斛二产固定用工1000余人,临时用工20000余人,带动务工收入6700余万元。

3. 赤水金钗石斛三产实体定制、拓展销售，产业前景大有可为

赤水市的石斛企业,先后在广东、浙江、贵阳等地成立营销中心、电商销售平台和微商销售网络,也在医院、连锁药店开展销售,开展中药定制"一亩基地认养";在成都荷花池中药材市场,联合商家共建金钗石斛专卖实体店;引进广州至信集团,定向收购、加工销售。

金钗石斛药用久负盛名,是中医传统补阴圣药。石斛商品药材应用领域为国内企业健字号产品、国内制药企业,中药店等。据调查,目前全国约有141种成药产品含有石斛原料,183家生产企业使用石斛。目前国内金钗石斛可供产量有限,市场需求潜力较大,存在巨大的市场供应缺口。

4. 赤水金钗石斛产业受政府关注、政策支持，产业发展机遇难求

党的十八大以来,党中央、国务院从战略和全局高度,积极推动中医药发展,习近平总书记多次就中医药工作作出重要指示,党的十九大报告更是做出"坚持中西医并重,传承发展中医药事业"的重要部署,这充分体现了以习近平同志为核心的党中央对中医药发展的高度重视,中医药发展已上升为国家

战略。

2020年贵州省委、省政府深入推进农村产业革命，大力发展石斛等12大特色生态产业，省、市、县三级均成立了石斛产业发展专班，出台了《发展石斛产业助推脱贫攻坚三年行动方案》和相关的配套扶持政策。

政府推介，改进完善宣传销售。2019年10月赤水市举行了"中国金钗石斛产业首次推介会"，以"绿色、生态、健康、发展"为主题，首次向国内推介金钗石斛，国药大师金世元向大会题词"金钗石斛、国之臻宝"，助推产业发展、助推企业销售。

政府重视，出台政策鼓励发展。赤水市先后出台《石斛产业化建设工作意见》《石斛产业建设考核办法》等文件，地方财政累计投入10多亿元，规划发展石斛产业。针对一个药材品种，专设机构主抓，赤水市在贵州省是首家。机构历经黄草办、石斛办、中药材（石斛）产业发展中心、现代高效农业园区管理委员会等专设机构。到2020年，贵州省将石斛作为12大产业之一，赤水市成立了市金钗石斛产业发展工作专班领导小组办公室，从农业农村局、教育局（科技局）、林业局、晟丰集团（瑞康中药投资）抽调人员，由三名副县级领导挂帅主抓，保证机构正常运转。

创新模式，提高产业发展的组织化程度。赤水市创新采用"政府平台企业＋社会实体公司＋村集体经济组织＋农户"的"四位一体"模式，把企业、村集体、农户捆绑在一起，有计划组织农民有序参与生产，大力提升金钗石斛组织化生产水平，实现"四方"共赢。

品牌建设，不断提升金钗石斛知名度。赤水金钗石斛先后注册商标70个，获得国家级金钗石斛生产基地（1998年）、国家地理标志产品保护（2006年）、中国绿色生态金钗石斛之乡（2013年）、国家林下经济示范基地（2015年）、第七批国家级农业科技示范园区（2015年）、农业部农产品地理标志产品认证（2016年）、国家生态原产地产品保护示范区（2017年）、国家有机产品认证示范区（2017年）、国家金钗石斛种植综合标准化示范区（2017年）、中国农产品区域公共品牌（2019年）等10个国家级品牌，央视《每日农经》等栏目广泛宣传，不断扩大了市场和品牌影响力。

5. 赤水金钗石斛未来五年规划设计框架

"十四五"期间，金钗石斛产业规划设计框架是：完善金钗石斛一产栽种规模、侧重金钗石斛二产产品研发与加工、重点打造金钗石斛三产市场与销售。

一产巩固面积、稳定产量、提升质量，实现总规模10万亩，融合建立金钗石斛特色小镇，年产量3万吨，年产值12亿元。二产保持原药材初级产品、技改保健品、日用品、化妆品，开发新食品、保健品、药品。三产开设"中国金钗石斛官网"，举办金钗石斛文化节，全面打开国内市场，二三产加工销售营业收入90亿元，突破金钗石斛产业百亿大关，建设成为"中国金钗石斛产业基地"。

三、黔西南州安龙县铁皮石斛产业发展

1. 铁皮石斛附树栽培标杆企业，形成全产业链的安龙县西城秀树农林有限责任公司

西城秀树公司于2012年9月10日依法注册成立，注册资金1560万元，是一家集名贵中药材"铁皮石斛"原生态栽培、研发、生产、营销为一体的民营企业；也是贵州省科技型企业、省级林业龙头企业、省级农业龙头企业和州级十佳脱贫攻坚帮扶企业。公司按照"产学研"思路，积极与高校（中国农业大学、贵州大学、贵阳中医学院、遵义医学院）、科研机构（贵州省林科院、贵州省农科院、福建省

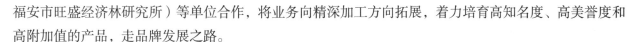

福安市旺盛经济林研究所）等单位合作，将业务向精深加工方向拓展，着力培育高知名度、高美誉度和高附加值的产品，走品牌发展之路。

西城秀树公司大力打造"三品一标"建设，于2017年5月获得有机产品认证证书，2017年12月石斛产品获得国家地理标志产品保护。公司石斛品质经贵州省药检所检验，检测指标均超过《中国药典》要求，接近野生品质。公司重视知识产权建设，共申请并受理专利21项，其中已授权专利6项（发明专利1项、实用新型3项、外观专利2项）；2015年6月申请注册了"西城秀树"商标，其系列石斛产品有铁皮石斛鲜条、铁皮石斛枫斗、铁皮石斛破壁粉、铁皮石斛干花，现均已投放市场，且市场反馈良好。

（1）种植基地建设

西城秀树公司通过"公司＋合作社＋基地＋农户"的产业化经营模式，采取"入股分红、反租倒包、贫困户到基地务工"等方式，辐射带动周边800多户（其中建档立卡贫困户652户）农户发展铁皮石斛种植，于2019年底在安龙县栖凤街道办者贵村、钱相街道办法统村建成6200亩仿野生铁皮石斛种植基地，成为全国最大的原生态（活树附生和岩缝附生）铁皮石斛种植基地，先后被授予"国家林下经济及绿色特色产业示范基地""贵州省大健康医药产业扶贫示范基地""贵州省省级森林康养试点基地"等荣誉称号。

（2）种苗驯化基地建设

西城秀树公司铁皮石斛种苗驯化基地建设面积达326亩，其中栖凤街道办者贵村（坡脚石斛谷）100亩、钱相街道办法统村226亩；公司力争将其打造成为全省五大石斛育苗基地之一，为安龙县乃至黔西南州铁皮石斛产业种植提供种苗保障。目前，已建成石斛种苗驯化大棚650个，其中：者贵村驯化基地建成驯化大棚260个共100亩（已全部完成种植驯化），法统村驯化基地建成驯化大棚390个共226亩（完成种植驯化70余亩），累计可实现石斛种苗驯化2125万余丛，产优质种苗2000万丛以上。

（3）林下中药种植

为充分利用林地资源、林下空间，提高林地产出，2019年3月，西城秀树公司在现有铁皮石斛仿野生种植基地内，实施重楼、黄精、天冬、百部、丹参等二十余种道地中药材种植。现已完成种植面积达500亩，初步形成"树上种石斛、地上种中药材"的林下种植示范样板，对提高区域林下经济发展水平，推动中药材产业发展具有重要意义。

（4）销售情况

西城秀树公司主要产品有铁皮石斛鲜条、铁皮石斛干花、铁皮石斛枫斗、铁皮石斛粉；根据基地规模测算，可实现石斛鲜品年总产量149吨，石斛鲜花37吨；按公司现有产品进行分配可实现年产铁皮石斛干花3.1吨、铁皮石斛枫斗4.25吨、铁皮石斛粉4.91吨，剩余89吨石斛鲜品保持石斛原本形态以鲜条进行销售，累计产值达14000万元以上；2019年，公司销售收入达2800余万元。

目前，西城秀树公司在开辟线下销售渠道的同时，主要是以线上电商平台销售为主，现已跟京东商城、淘宝商城、微信商城、开明商城、黔农云、本来生活、黔亿城网等二十余家大型电商平台达成合作，且产品均已在以上平台进行销售，计划实现销售收入6000万元以上。

（5）助力脱贫攻坚与服务乡村振兴

西城秀树公司通过实行"123"扶贫模式，采用"公司＋合作社＋基地＋农户"的产业化经营模式，主要通过土地流转、入股、参与管理、采收用工等方式，让农户从土地流转上获得收入的同时，通过参与石斛生产劳动获得另一份收益。目前，公司带动就业152人（其中95%以上为当地农户，含建档立卡贫困户6人），员工基本工资月收入最低2800元；另外，员工可根据自己的实际情况向公司申请基地

10 万丛及以上的（基数为 10 万丛）石斛养护管理工作，当石斛苗达到一定要求后，公司通过每丛石斛苗管护费 0.5 元 / 丛 / 年的价钱给农户支付管护费，即农户可得 0.5×100000=50000 元。除通过管护所得增收外，还可通过剪条（20 元 / 斤）、摘花（10 元 / 斤）、石斛苗上树（0.3 元 / 丛）等劳务投入，让农户也能得到相应的增收，切实提高农户收入。

西城秀树公司承接栖凤街道者贵村集体和栖凤街道建档立卡精准贫困户，分别于 2016、2017 年起利用财政扶贫资金共 811.33 万元入股公司经营，直接带动了栖凤街道者贵村集体和栖凤街道贫困户入股分红增收。截至 2019 年，累计支付分红资金 170.71 万元，累计带动 652 户建档立卡贫困户增收，覆盖贫困人口 2282 人，同时通过吸收贫困户到基地务工，增加贫困农户收入，公司产业扶贫效果明显，示范效应显著。

2. 铁皮石斛喀斯特石栽模式标杆企业，开启山地农旅一体化模式——贵州省利增农业旅游发展有限公司

贵州省利增农业旅游发展有限公司创立于 2018 年 4 月，主要经营农产品及中药材的种植、加工、销售。公司专注于全产业链模式发展原生态石栽铁皮石斛，系国内首家集铁皮石斛种植、产品研发与销售、基因科学、大数据、区块链、物联网、医疗康养、山地户外运动等于一体的大健康综合性企业。荣获共青团贵州省委"春晖行动产业示范基地"、贵州省大数据局"贵州省大数据扶贫生态示范基地"、华大基因"华大农业西南高效铁皮石斛种植示范基地"等称号。公司历经 2 年多的潜心研究、探索，终于摸索出了原生态石栽铁皮石斛种植、加工核心技术（经营产品有铁皮石斛面膜、铁皮石斛冻干粉、铁皮石斛干花、铁皮石斛切片、铁皮石斛红酒、铁皮石斛枫斗、铁皮石斛除螨皂、铁皮石斛鲜条、铁皮石斛袋泡茶、石斛汤料包等 10 种产品），公司依托自身强大的技术合作团队（华大基因、中科院植物研究所、中科院软件所、贵州省大数据局、腾讯科技、华南理工大学大健康学院、中国热带农业科学院环境与植物保护研究所等）完成了"铁皮石斛区块链溯源系统""铁皮石斛大数据 DSP 精准营销平台"建设，决心引领整个铁皮石斛产业发展进入变革时代。

在大数据战略指导下，利增农业公司与中科院软件所达成战略协议，将在笃山镇设立铁皮石斛区块链联合实验室，用大数据和区块链技术打造铁皮石斛溯源体系和中国铁皮石斛大数据运营中心。目前利增农业公司与中科院软件所贵阳分部联合打造"铁皮石斛区块链溯源技术联合实验室"，贵州省大数据局授予"贵州省大数据生态扶贫示范基地"称号，开展大数据扶贫相关工作。项目采用先进的华大基因种源培育技术、传感器技术、物联网技术等技术结合的物联网在线监控系统，将农业生产基地、各类植物生长环境的环境温湿度、土壤温湿度、CO_2 浓度、光照度等作物生长所需的环境指标进行采集、分析，实现农业生产过程中各个环节指标的精细化管理，节省大量人工成本，通过优化指标实现增产，且公司目前并没有资产负债情况。

四、黔东南州锦屏县铁皮石斛产业发展

近年来，锦屏县立足林业资源禀赋，牢固树立"两山"理念，围绕"杉木之乡，有机锦屏"战略定位，按照"石斛森林，仙草养生"发展思路，突出"林农文旅融合，一二三产联动"，全力推进铁皮石斛全产业链高质量发展，成为石斛产业的新领头羊。

1. 石斛产业选择

铁皮石斛是中国"九大仙草"之首，是中国珍稀名贵中药材，具有滋阴清热、益胃生津、润肺止咳、

增强免疫力、抗肿瘤、降血糖、抗氧化等作用。现代医学研究证明，铁皮石斛为药食同源植物，多吃不上火，喜温暖湿润气候和半阴湿环境。由于野生铁皮石斛对生长环境要求十分严格，加上长期无节制地采摘，野生资源遭到了严重破坏，已成为濒危珍稀药材。发展仿野生铁皮石斛产业具有广阔前景。

2017年以来，贵州省委、省政府主要领导多次赴沿河、赤水、安龙等地调研，最终达成共识：发展石斛产业是深化农村产业革命的一条正确路径，能够让生态资源成为发展资源、生态优势成为发展优势、生态财富成为发展财富的绿色产业新路，能够有效促进生态价值、旅游价值、经济价值、社会价值的有机统一。

贵州省委十二届五次全会决定将石斛等12大产业作为推进农业供给侧结构性改革、深化农村产业革命的具体行动和助推脱贫攻坚和乡村振兴战略的重要抓手，贵州石斛产业迎来了发展的春天。省级相关部门先后出台了《省委省政府领导领衔推进农村产业革命联席会议关于印发贵州省农村产业革命12个特色产业发展推进方案的通知》《贵州省发展石斛产业助推脱贫攻坚三年行动方案（2019—2021年）》《关于印发贵州省农村产业革命石斛产业发展专项资金管理办法（试行）的通知》等支撑产业发展的文件和政策，以及配套产业资金的支持，为产业发展保驾护航。

为积极响应省委省政府产业结构调整和产业革命号召，以及州委发展林下经济要求，锦屏县立足森林资源优势，通过多次考察和深入调研，结合石斛生长的海拔、气候、降水、温度等特点，在东西部扶贫协作浙江富阳对口帮扶推动和帮助下，于2019年5月成功引进铁皮石斛"老字号"企业浙江铁枫堂生物科技股份有限公司到锦屏注册成立贵州贵枫堂农业开发有限公司，投资铁皮石斛种植和建设精深加工工厂，大力发展近野生铁皮石斛产业。

2. 锦屏石斛现状

截至目前，全县累计发展铁皮石斛仿野生种植1.27万亩（按种植石斛苗3000丛为1亩计算，铜鼓大同基地8850亩，龙池架寨基地1050亩，三江便团基地2800亩）、铁皮石斛驯化育苗基地400亩，建成铜鼓大同、龙池架寨、三江便团3个高标准铁皮石斛种植示范基地，锦屏成为全国最大的近野生铁皮石斛生产基地。2020年被中国林学会、中国医药物质协会分别授予中国近野生铁皮石斛之乡、中国近野生铁皮石斛产业示范县。在龙池多彩田园建成集石斛组培、枫斗加工、恒温冷库等于一体的铁皮石斛加工产业园1个，可年生产铁皮石斛组培苗350万瓶、铁皮石斛枫斗4万斤。引进重庆渝浙酒业、浙江铁枫堂等企业在锦屏经济开发区投资建成集铁皮石斛饮料、石斛啤酒、石斛中药饮片等精深加工于一体的铁皮石斛综合加工产业园1个，可年生产铁皮石斛饮料1250万瓶、石斛啤酒5万吨、石斛中药饮片150吨。建成龙池石斛田园等3个石斛森林康养基地，2020年和2021年成功举办两届锦屏石斛花节，累计接待游客20万余人次，形成林农文旅一二三产深度融合的铁皮石斛全产业链发展。

3. 发展运营模式

锦屏县引进"老字号"企业浙江铁枫堂公司携手合作，共同投资建设铁皮石斛全产业链项目，共同出资组建合作公司，铁枫堂公司出资占股60%，国有实体公司出资占股40%，实行共同管理、独立核算、利益共享、风险共担、按股分红。

在铁皮石斛种植基地建设方面，主要采取"龙头企业＋国有实体公司＋基地＋合作社＋农户"组织模式实施。在发展初期，浙江铁枫堂公司负责垫资供苗、技术指导服务、保价订单回收、产品研发加工和市场开拓；金森林投公司作为投资主体负责筹集资金和建设管理；合作社负责组织劳务管理，农户

或脱贫户以有偿提供土地、劳务，以扶贫资金入股等方式参与石斛产业发展，实现多方共赢。

4. 食药同源申报

积极争取将贵州铁枫堂生态石斛有限公司、贵州锦枫啤酒科技有限公司和贵州铁枫堂食品饮料有限公司3家企业纳入贵州省食药同源物质试点加工生产企业，并将贵州铁枫堂生态石斛有限公司纳入中药破壁饮片试点生产企业。省市场监督管理局已于2021年7月26日同意给予贵州铁枫堂食品饮料有限公司办理铁皮石斛花、叶食品生产许可证手续，即可开始铁皮石斛饮料生产。

省卫健委2020年制定出台了铁皮石斛花、叶和茎的食品安全地方标准，省市场监督管理局已于2022年2月向国家市场监督管理总局呈报请示，要求把贵州省作为铁皮石斛食药同源物质进行加工生产试点，省领导多次到国家市场监督管理总局汇报对接，但至今尚未获批。

5. 石斛种植基地

（1）铜鼓大同万亩石斛基地

该基地位于铜鼓镇与大同乡交界处，于2019年10月开工建设，是锦屏县重点产业扶贫项目，由县属国有企业锦屏县金森林业投资开发有限公司采取"龙头企业＋国有实体公司＋基地＋合作社＋农户"方式投资建设，总规划面积2.6万亩，分两期建设，现有公司驻点管理人员5人，固定产业工人35人。截至目前，已完成铁皮石斛仿野生种植8850亩（按每种植3000丛为1亩计算），同步配套建设完成管理用房和水电路等基础设施，产业基地目前完成投资17806.39万元，已支付资金13922.99万元，欠款资金3883.4万元，累计带动当地群众家门口就业务工23.4万个，增加劳务收入2340万元以上，涉及务工就业人数1250人（其中脱贫户劳动力325人），人均增加劳务工资收入1.8万余元。同时解决固定产业工人稳定就业35人，人均月工资3000元，累计增加固定产业工人工资收入126万元。共吸纳原建档立卡贫困户入股扶贫资金9055万元，累计兑现固定分红资金742万元，惠及原建档立卡贫困户8735户35813人。

该石斛基地今年开始逐步进入石斛采收期，目前已累计采收销售铁皮石斛鲜条5931斤（均为2021年采收销售，仅采收石斛搭架种植基地120亩的产量）、石斛鲜花25885斤（均为2021年采收销售），总产值165.54万元（石斛鲜条产值100.83万元，石斛鲜花产值64.71万元）。

（2）龙池架寨石斛示范基地

该基地位于龙池多彩田园核心区，于2019年5月开工建设，是锦屏县重点招商引资产业扶贫项目，由混合制合作企业贵州铁枫堂生态石斛有限公司投资建设，总规划面积3000亩，分两期实施，现有管理人员9人，固定产业工人32人。

截至目前，已完成石斛种植1050亩（按每种植石斛苗3000丛为1亩计算），石斛驯化育苗400亩，建设占地面积4000平方米双层石斛加工厂1座，建有石斛展厅、石斛报告厅；同时产业园基地配套建设完成管理中心和水电路等基础设施，预计完成投资16442.99万元，已支付资金12470.79万元，欠款资金3972.19万元，累计提供当地群众就业岗位5万余个，增加劳务收入500万余元，涉及务工就业人数362人（其中脱贫户劳动力45人），人均增加劳务工资收入1.3万余元。同时，解决固定产业工人就业32人，人均月工资3000元，累计增加固定产业工人工资收入115万元。共吸纳原建档立卡贫困户入股扶贫资金9524.48万元，累计兑现固定分红资金641.96万元，惠及原建档立卡贫困户3430户14063人。

该基地2020年已开始逐步进入石斛采收期，目前已累计采收铁皮石斛鲜条11329斤（2020年采收3167斤，2021年采收8162斤）、石斛鲜花10993斤（均为2021年采收），总产值220.07万元（石斛鲜

条产值 192.59 万元，石斛鲜花产值 27.48 万元）。

（3）三江便团石斛示范基地

该基地位于锦屏县国有林场三江便团工区，于 2019 年 5 月开工建设，是锦屏县重点招商引资项目，由招商引资企业贵州贵枫堂农业开发有限公司投资建设，总规划面积 3000 亩，分两期进行建设，现有企业管理人员 4 人，产业固定工人 12 人。

截至目前，已完成铁皮石斛近野生种植 2800 亩（按种植石斛苗 3000 丛为 1 亩计算），同步配套建设完成水电路等基础设施，累计完成投资 3454.88 万元，已支付资金 2559.94 万元，欠款资金 894.94 万元，共提供当地群众就业务工岗位 9.6 万个，增加劳务收入 960 万元，涉及务工就业人数 468 人（其中脱贫户劳动力 63 人），人均增加劳务工资收入 2 万余元。解决固定产业工人就业 12 人，人均月工资 3000 元，累计增加固定产业工资收入 82 万元。

该基地 2020 年开始进入石斛采收期，目前已累计采收铁皮石斛鲜条 5994 斤（2020 年采收 407 斤，2021 年采收 5587 斤）、石斛鲜花 5536 斤（均为 2021 年采收），总产值 115.74 万元（石斛鲜条产值 101.90 万元，石斛鲜花产值 13.84 万元）。

6. 石斛加工基地

（1）龙池石斛综合加工产业园

龙池石斛综合加工产业园总占地 42 亩（石斛加工厂占地 6 亩，石斛山庄占地 8 亩），总建筑面积 21500 平方米（其中石斛加工厂 8100 平方米），集石斛组培、恒温冷库、石斛花茶、石斛粉、枫斗加工、科普研发、文化展示、产品销售及石斛山庄、管理中心等于一体。目前累计完成投资 3745 万元，其中：石斛加工厂投资 1643 万元，石斛山庄投资 150 万元，绿化及配套基础设施投资 1952 万元。该产业园已建成并投入使用，年可生产石斛组培苗 350 万瓶、石斛枫斗 4 万斤，年产值可达 17250 万元（石斛组培苗年产值 5250 万元，石斛枫斗等加工年产值 12000 万元）。正常投产每年需要加工原料铁皮石斛鲜条 100 吨。

（2）锦屏经济开发区石斛加工产业园

锦屏经济开发区石斛加工产业园总占地面积 176.59 亩，总设计建筑面积 23931 平方米（其中：石斛饮料厂占地 6.6 亩，建筑面积 4181 平方米；石斛啤酒厂占地 40 亩，建筑面积 13658 平方米；石斛饮片厂占地 19.6 亩，建筑面积 6092 平方米），同步配套建设绿化、消防池及水电路等基础设施，项目总投资 12200 万元。

截至目前，已完成建筑面积 23931 平方米（其中：石斛饮料厂 4181 平方米，石斛啤酒厂 13658 平方米；石斛饮片厂 6092 平方米）。石斛饮料厂生产车间、锅炉房已完成，燃气瓶组建已完成；厂区路网、供水供电已完成，企业生产设备已安装并调试。石斛啤酒厂玻璃易拉罐车间、仓库、精酿啤酒厂房、室外发酵车间已全部完成；糖化车间、锅炉房及啤酒制冷配电室建设已基本完成；基础配套设施路网、雨污水管网埋设、检查井砌筑、道路已完成，绿化已基本完成，供水供电、环氧地坪生产车间已完成，企业生产设备已拉运至厂区，未安装。石斛饮片厂生产车间墙体粉刷、车间内部配电房、机房等设备用房已完成。厂区路网、供水供电已完成，企业生产设备材料尚未到位。

目前已累计投入资金 6355 万元，其中：锦屏经济开发区城市建设投资开发有限公司投入资金 4255 万元（国债资金），招商引资企业投入资金 2100 万元（其中：贵州铁枫堂食品饮料有限公司投入 1800 万元，贵州锦枫啤酒科技有限公司投入 300 万元）。

产业园建成投产后，按正常加工产能计算，每年可生产加工石斛饮料1250万瓶、石斛啤酒5万吨、石斛饮片150吨，年需加工原料铁皮石斛鲜条1250吨（石斛饮料厂年需加工原料铁皮石斛鲜条200吨，石斛啤酒年需加工原料铁皮石斛鲜条300吨，石斛饮片厂年需加工原料铁皮石斛鲜条750吨）。

7. 产业投入机制

截至目前，全县累计投入铁皮石斛产业发展资金35308.72万元〔其中：铜鼓大同石斛基地13922.99万元、龙池架寨石斛基地（含石斛加工厂）12470.79万元、三江便团石斛基地2559.94万元、经开区石斛加工产业园6355万元〕。共吸纳原建档立卡贫困户"三变"入股财政扶贫资金15779.51万元，东西部协作资金2800万元，国债资金2855万元，部门项目资金1434.49万元，贵州铁枫堂公司等招商引资企业投入7910.27万元（其中：贵州锦枫啤酒科技有限公司投资300万元，贵州铁枫堂食品饮料有限公司投资1800万元，合作企业贵州铁枫堂公司投资5810.27万元），经开区城投公司自筹资金2400万元，金森林投公司自筹及融资2129.46万元。

8. 产品销售情况

自2020年以来累计采收铁皮石斛鲜条23254斤、石斛鲜花42414斤，总产值501.35万元，其中：金森林投公司独资建设的铜鼓大同石斛产业园累计采收销售铁皮石斛鲜条5931斤（均为2021年采收销售，仅采收石斛搭架种植基地120亩的产量）、石斛鲜花25885斤（均为2021年采收销售），总产值165.54万元（石斛鲜条产值100.83万元，石斛鲜花产值64.71万元）；金森林投公司与浙江铁枫堂公司合资建设的龙池石斛产业园累计采收铁皮石斛鲜条11329斤（2020年采收3167斤，2021年采收8162斤）、石斛鲜花10993斤（均为2021年采收），总产值220.07万元（石斛鲜条产值192.59万元，石斛鲜花产值27.48万元）；贵州贵枫堂公司独资建设的三江便团石斛产业园累计采收铁皮石斛鲜条5994斤（2020年采收407斤，2021年采收5587斤）、石斛鲜花5536斤（均为2021年采收），总产值115.74万元（石斛鲜条产值101.90万元，石斛鲜花产值13.84万元）。

9. 产业效益分析

（1）铁皮石斛组培瓶苗

龙池石斛综合加工厂年产石斛组培苗350万瓶，每瓶组培苗投入成本9.8元，共需投入资金3431.82万元，当年培育当年即可销售，按市场价15元/瓶计算，年产值可达5250万元，可获利润5.2元/瓶，350万瓶每年可实现利润1818.2万元，将带动当地群众50人稳定就业，按照年人均工资3万元计算，每年可增加固定就业工资150万元。

（2）铁皮石斛驯化育苗

现有铁皮石斛驯化育苗基地400亩，每亩投入成本18.97万元，共需投入资金7588万元。正常管理，驯化育苗2年即可销售，每亩可产石斛苗3000斤，按市场价98元/斤计算，每亩产值可达29.4万元，每亩可获利润10.43万元，400亩总产值可达11760万元，可实现总利润4172万元。按照2年为一个周期计算，两年共可带动就业务工140人次/亩，年均带动就业务工70人次/亩，年均可增加劳务工资收入7000元/亩，400亩年可增加当地群众劳工收入280万元。

（3）铁皮石斛种植基地

铁皮石斛为多年生植物，当年种植当年即可投产见效，且1年种植可连续采收5年。

杉松贴树种植。5 年周期内亩需投入成本 3.24 万元〔其中：水路配套基础设施成本 0.46 万元，种植成本（含购苗）2.27 万元，5 年管护成本 0.25 万元，销售成本 0.26 万元〕，五年可实现总销售收入 3.9 万元（其中：石斛花 0.23 万元，石斛鲜条 3.67 万元），平均每亩可获利润 0.66 万元。五年共可带动就业务工 85 人次 / 亩，年均带动就业务工 17 人次 / 亩，年均可增加劳务工资收入 1700 元 / 亩。按每管理 100 亩可解决 1 人稳定就业计算，平均每亩可解决 0.01 人稳定就业，按年人均工资 3 万元计算，年可增加固定就业工资 300 元 / 亩。

梨树贴树种植。5 年周期内亩需投入成本 5.19 万元〔其中：水、路配套基础设施成本 0.46 万元，种植成本（含购苗）4.05 万元，5 年管护成本 0.26 万元，销售成本 0.42 万元〕，五年可实现总销售收入 7.79 万元（其中：石斛鲜花 0.45 万元，石斛鲜条 7.34 万元），平均每亩可获利润 2.6 万元。五年共可带动就业务工 94 人次 / 亩，年均带动就业务工 18.8 人次 / 亩，年均可增加劳务工资收入 1880 元 / 亩。

杉木搭架种植。5 年周期内亩需投入成本 12.33 万元〔其中：供水、产业路配套基础设施成本 0.46 万元，种植成本（含购苗、木材等）10.89 万元，5 年管护成本 0.33 万元，销售成本 0.65 万元〕，五年可实现总销售收入 19.48 万元（其中：石斛鲜花 1.12 万元，石斛鲜条 18.36 万元），平均每亩可获利润 7.15 万元。五年共可带动就业务工 150 人次 / 亩，年均带动就业务工 30 人次 / 亩，年均可增加劳务工资收入 3000 元 / 亩。

（4）枫斗加工厂

石斛枫斗加工厂年产石斛枫斗 4 万斤，共需投入成本 5302.21 万元，其中：原料成本（石斛鲜条）3400 万元，生产成本 1408.01 万元，管理成本 30 万元，销售成本 26.4 万元，财务成本 437.8 万元。按石斛枫斗市场销售价 3000 元 / 斤计算，4 万斤可实现年销售收入 12000 万元，可获利润 6697.79 万元，年可增加税收 1560 万元，可稳定解决就业 160 余人。按照人年均工资 3 万元计算，每年可增加固定就业工资 480 万元。

（5）石斛饮料厂

石斛饮料厂每年可生产石斛饮料 1250 万瓶，每瓶生产成本 15 元，共需投入资金 18750 万元，按照每瓶市场销售价 20 元计算，可实现年销售收入 25000 万元，可获年利润 6250 万元，年可增加税收 3250 万元，可稳定解决就业 120 余人。按照人年均工资 3 万元计算，每年可增加固定就业工资 360 万元。

（6）石斛啤酒厂

石斛啤酒厂每年可生产石斛啤酒 5 万吨，每吨生产成本 4800 元，共需投入资金 24000 万元，按照每吨市场销售价 6000 元计算，可实现年销售收入 30000 万元，可获年利润 6000 万元，年可增加税收 3900 万元，可稳定解决就业 150 余人。按照人年均工资 3 万元计算，每年可增加固定就业工资 450 万元。

（7）石斛饮片厂

石斛饮片厂每年可生产石斛饮片 150 吨，每吨生产成本 38 万元，共需投入资金 5700 万元，按照每吨市场销售价 65 万元计算，可实现年销售收入 9750 万元，可获年利润 4050 万元，年可增加税收 1000 万元，可稳定解决就业 60 余人。按照人年均工资 3 万元计算，每年可增加固定就业工资 180 万元。

（8）石斛花节带动旅游

通过举办石斛花节活动，每年可带动入锦旅游 10 万人次，按平均每人次消费 500 元（含吃、住、行、娱、购等）计算，可直接增加当地旅游收入 5000 万元，可带动就业 400 余人。按照人年均工资 3 万元计算，

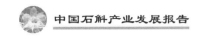

每年可增加固定就业工资 1200 万元。

综合以上，按照现有 1.27 万亩铁皮石斛种植基地、400 亩石斛驯化育苗基地和现有石斛枫斗加工厂、石斛啤酒厂和石斛饮料厂投产运行后，加上石斛康养旅游等第三产业发展，铁皮石斛全产业链年产值可达 10.27 亿元，扣除年投入成本 7.06 亿元，年利润 3.21 亿元，可增加税收 0.97 亿元。整个产业链年可解决 1200 余人稳定就业，年可增加固定就业工资 3600 万元，同时，每年可带动当地群众就地就近临时务工 24 万余人次，年可增加劳务工资 2400 余万元。

（9）产业利益联结

通过铁皮石斛产业发展，累计投入项目资金 47984.26 万元，累计提供当地群众家门口就业务工岗位 38 万个，增加劳务工资收入 3800 万元，涉及务工就业人数 2000 余人（其中脱贫户劳动力 433 人），人均增加劳务工资收入 1.9 万余元。同时，解决固定产业工人长期稳定就业 79 人，人均月工资 3000 元，累计增加固定产业工人工资收入 568.8 万元。共吸纳"三变"入股扶贫资金 18579.51 万元（含东西部扶贫协作资金 2800 万元），累计兑现固定分红资金 1007 万元，惠及原建档立卡贫困户 12165 户 49876 人。

第四节　安徽省霍山石斛产业报告

一、霍山石斛的道地性、独特性

霍山县位于皖西大别山腹地，它处在神奇的北纬 31°，江淮分水岭，属南北气候分界点，山地气候复杂多变，平均气温 14 ~ 16℃，无霜期 210 ~ 240 天，年平均日照时数超 2200 小时，年平均降水量 1200 ~ 1500 毫米，形成了阴凉湿润、风畅多雾的独特小气候，造就了动植物的多样性，为孕育丰富的中药材资源提供了得天独厚的气候、地理条件。孕育出优质植物药材 238 科 1793 种、珍稀道地药材 200 余种，数量和质量均居省、市第一方阵，是闻名遐迩的"西山药库"，其中霍山石斛最为名贵，位列十大皖药榜首。

霍山石斛俗称米斛、霍斛、霍石斛，为兰科石斛属多年生草本植物，主产于大别山区的安徽省霍山县。霍山石斛历史悠久。成书约公元三世纪的《名医别录》记载："石斛生六安山谷、水傍石上"。清代著名医家赵学楷在《百草镜》中这样描述霍山石斛，"石斛，近时有一种形短只寸许，细如灯芯，色青黄，嚼之味甘，微有滑涎，系出六安州及颍州府霍山县，名霍山石斛，最佳"。原国家药典委委员、中国著名石斛属研究专家包雪声、顺庆生曾称赞石斛道："如果说世界上确有什么仙草的话，我们认为这种仙草应当是霍山石斛。"

霍山石斛与其他品种石斛的区别主要表现在以下两个方面。

（一）霍山石斛独特性

通过皖西学院实施的"霍山石斛全基因组测序项目"发现，霍山石斛具备以下 5 方面特征：

（1）组装的基因组具有 90% 以上的完整性；

（2）获得 3.6 万个基因，1.07GB 重复序列和 1GB 转座序列；

（3）共对 3.5 万个基因进行了功能注释，占 99.37%；

（4）从基因组中鉴定出 3000 余个非编码 RNA 基因；

（5）注释鉴定了 224 个多糖生物合成相关基因。

此项研究成果确定了霍山石斛在石斛品种中的分类学地位，有力佐证了霍山石斛不同于其他石斛品种。

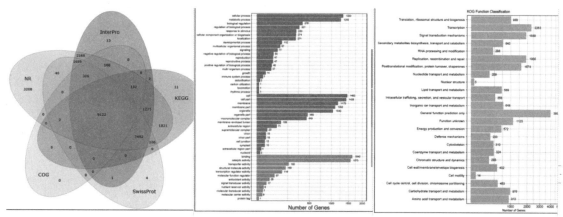

NR，InterPro，KEGG，SwissProt，COG 之间共享和唯一的注释　　KOG 功能注释分类统计图　　GO 二级节点注释分类统计图

（二）霍山石斛有效成分

霍山石斛初步鉴定出 61 种化合物（铁皮石斛鉴定出 49 种化合物）。共有化合物 44 种，差异化合物共 22 种（17 种在霍山石斛中被鉴定，5 种在铁皮石斛中被鉴定）。显示霍山石斛与铁皮石斛化学成分差异明显，霍山石斛小分子成分种类多且含量高，稳定性好。

历代名医大家均有关于中药材道地性的阐述，如唐代《新修本草》曰"离其本土，则质同而效异"，明李时珍在《本草纲目》中也有"性从地变，质与物迁"等关于道地性的描述。霍山石斛是产自安徽霍山的特有珍稀品种，要坚持做"原种地、原产地、原生态种植地"三地产品，回归和坚守道地属性，守正创新。

二、霍山石斛产业发展历程

改革开放后，霍山石斛的开发利用经历了种源保护、技术突破、产业化发展三个发展阶段，产业化步伐逐步加快。

（一）种源保护阶段（1978～2000 年）

1978 年，省内外相关高校和霍山县医药公司组成联合课题组，时任霍山县医药公司副经理的张之福同志参与组织协调，长冲中药材公司何云峙老先生负责建设试验基地，开展霍山石斛野生改家种试验技术研究。20 世纪 80 年代初，霍山石斛家种列入国家"七五"星火计划，霍山石斛野生改家种试验技术获得成功，种源得到保护。1984 年确定了霍山石斛拉丁文学名，1985 年 7 月 11 日，由县医药公司等单位共同完成的"霍山石斛野生变家种试验技术研究"项目获得省级科技成果鉴定并荣获安徽省科学技术进步二等奖。1992 年霍山石斛载入《安徽植物志》，1999 年霍山石斛载入《中国植物志》，到 2000 年初，霍山石斛原种迁地保护基地面积由几十平方米扩大到近千平方米（约1.3亩）。

（二）技术突破阶段（2001~2008年）

2001年3月，霍山石斛物种保护被列为县人代会议案予以落实，县政府将近千平方米的霍山石斛基地划归霍山县长冲药材场管理使用。2003年，县科委牵头筹建了霍山石斛产业协会。长冲药材公司、迎驾集团先后注册"何云峙""霍斛"商标，开展知识产权保护与开发工作。霍山县长冲药材场与安徽农业大学、安徽中医药大学等高校合作，建立了霍山石斛快繁及栽培技术体系，实现了霍山石斛种苗繁育及栽培技术突破，通过模拟野生生态环境实施人工栽植和试管苗移栽，使霍山石斛栽培面积的持续扩大成为现实。截至2005年末，霍山石斛基地面积扩大至23000平方米（34.5亩）。2007年霍山石斛获批"中国地理标志保护产品"，明确保护范围为霍山县12个乡镇（太平畈乡、太阳乡、上土市镇、漫水河镇、大化坪镇、落儿岭镇、诸佛庵镇、佛子岭镇、黑石渡镇、磨子潭镇、东西溪乡、单龙寺镇）内海拔300~900米区域，保护产品为色泽暗金黄、螺旋形卷曲的霍山石斛枫斗。

（三）产业化发展阶段（2009至今）

2009年10月，县政府专门出台《关于加快霍山石斛产业发展的意见》，大力发展霍山石斛产业。2009年，霍山县被授予"中国石斛之乡"称号；2010年7月，石斛炮制技艺入选省级非物质遗产名录；2010年"霍山石斛"商标被批准为国家地理标志证明商标。

2013年，县委、县政府组建专门机构——霍山县石斛（灵芝）产业发展办公室，并不断升级成为县政府直属事业单位霍山县中药产业发展中心，统筹协调服务全县霍山石斛产业的规划、发展工作。其间，"魂之草""中国中药""天下泽雨""九仙尊"等霍山石斛商标先后获准注册，"何云峙"商标获评"中国驰名商标"，品牌打造初显；2018年，迎驾集团作为安徽省食品行业协会副会长，会同多家科研院所、龙头企业参与霍山石斛食品安全地方标准编制；2019年10月，安徽省食品安全地方标准《霍山石斛茎（人工种植）》发布实施，霍山石斛食品身份问题得到解决；2020年4月，霍山石斛被载入《中国药典》2020年版，正式拥有国家药品标准。

霍山石斛产业发展由此迈上快车道，日渐成为闻名全国的县域特色支柱产业。

三、霍山石斛产业发展现状

（一）规模体量不断壮大

截至目前，霍山县拥有霍山石斛基地12000余亩，从事霍山石斛种苗组培、种植、加工及销售的市场主体1900余家，从业人员近万人，总产值40余亿元，培育出龙头企业32家（其中省级6家、市级17家、县级9家）、高新技术企业4家，通过GMP认证企业2家，获得"十大皖药"示范基地授牌企业6家；研发出浸膏、颗粒、胶囊、含片等系列产品数十种，拥有中成药和保健食品生产批准文号4个。霍山县内以央企中国中药、上市企业迎驾集团旗下的安徽大别山霍斛科技、港资企业天下泽雨、本土企业长冲中药材等公司为龙头的霍山石斛产业体系基本形成。随着霍山石斛食药身份的解决，县内外众多企业对霍山石斛的普通食品、保健食品、化妆品、药品的研发生产正如火如荼开展。

（二）基础研究不断深入

通过产学研合作，先后开展了霍山石斛种源保护、种苗组培、药理药效应用、产品研发、标准研制、安全性评价等方面的基础性研究，并取得丰硕成果。霍山石斛产业拥有植物新品种4个（霍山石斛1号、2号、3号、4号）；安徽省新产品1件（迎驾霍山石斛酒）、省级高新技术产品1件（九仙尊"石斛清养浸膏"）、省工业精品1件（九仙尊"石斛清养颗粒"）、安徽特色伴手礼——魂之草霍山石斛颗粒等3件；省级科技奖3项、各类授权专利79件；主持研制并发布实施国家行业标准2个、省级地方标准14个、省级食品行业团体标准1个。同时，霍山石斛基因组测序、快速鉴别、核

安徽省卫生健康委员会

关于发布安徽省食品安全地方标准《霍山石斛茎（人工种植）》的通告

根据《中华人民共和国食品安全法》等有关规定，安徽省卫生健康委按照法定程序，制定了安徽省食品安全地方标准《霍山石斛茎（人工种植）》（DBS34/00-2019），现予以公布，该标准自2019年10月9日起施行。

特此通告。

（信息公开形式：主动公开）

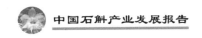中国石斛产业发展报告

心功效研究等方面也有重大突破。

（三）品牌效应不断凸显

霍山石斛2007年获批国家地理标志保护产品和证明商标，品牌荣获"中国百强农产区域公用品牌"、5次荣登"中国品牌价值评价"榜单（2016年度、2018年度、2019年度、2020年度、2021年度），2021年度品牌价值达63.75亿元。霍山石斛炮制技艺被列入省级非物质文化遗产名录。兴建了大别山霍斛文化馆、太平畈霍山石斛博物馆等一批文化宣传设施，现拥有中国驰名商标1个、省著名商标10个。2020年，霍山石斛成功列入《中欧地理标志协定》第二批清单产品。2021年，成功注册全国名特优新农产品。

（四）产业影响与日俱增

霍山石斛产业发展受到各级领导及社会各界的高度重视和关心，经济、社会影响不断提高，全国人大常委会原委员长吴邦国同志先后两次考察霍山石斛产业并专为霍山石斛题词，安徽省历任省、市（六安）领导均亲自关心霍山石斛产业发展，多次做出重要指示、批示。霍山县先后被国家有关部门认定为"中国石斛之乡""中国特色农产品优势区""国家区域性良种繁育基地"；太平畈乡被中国中药协会评为全国首个"中国中药（石斛）文化小镇"，列入农业农村部"全国乡村特色产业10亿镇"名单；霍山县先后成功举办第七届中国（霍山）石斛产业发展论坛、首届中国霍山石斛科技产业发展论坛（第八届世界养生大会主论坛）；2019年，"霍山石斛"成功亮相北京世园会；2021年，霍山县获批建设霍山石斛国家地理标志产品保护示范区。

（五）脱贫攻坚成果显著

截至目前，全县霍山石斛生产经营主体流转贫困户的土地、山场约13000亩，提供就业岗位约3000个，每年为全县贫困户带来土地、山场租金收入200多万元，劳务收入近亿元，直接间接带动2000余户贫困户脱贫增收。为打赢脱贫攻坚战注入了强劲动力。2020年10月，央视财经频道《走村直播看脱贫》大型融媒体行动走进太平畈乡王家店村，深度报道石斛产业带动脱贫特色做法，面向全国推介，取得轰动效应；2021年10月，安徽卫视《当红不让》栏目驻点大别山霍斛科技开展"助力乡村振兴，传递达人力量"宣传活动，对霍山石斛以群众喜闻乐见的方式进行推广和宣传。霍山石斛产业已成为老区人民脱贫致富和乡村产业振兴的有力抓手。

四、霍山石斛产业发展主要做法

（一）强化保障措施

1.强化组织保障

成立以县委、县政府主要领导为组长的西山药库建设领导组，并建立了联席会议制度，按月调度霍山石斛重点项目开展情况，狠抓工作落实。

2.强化政策保障

制订印发《关于做优做强霍山石斛产业的实施意见》，明确霍山石斛"十四五"发展目标，围绕做

优种植业、做强精深加工业、做活商业服务业、做深产业融合四个方面认真谋划38项重点工作重点突破，以项目促发展；修订《霍山县中药产业发展扶持奖励办法》，提高了奖励标准、降低了政策门槛、细化了奖励条款，进一步激发产业发展活力。

3. 强化资金保障

县政府在财政资金紧张的条件下，每年落实5000万元霍山石斛产业发展资金用于保障霍山石斛产业各项重点工作有序开展。

（二）夯实产业基础

1. 加强种源保护

以霍山石斛国家区域性良种繁育基地建设为契机，由政府主导、大别山乡村振兴公司组织实施，在太平畈乡、黑石渡镇打造总面积不低于500亩的霍山石斛种源保护基地和良种繁育基地，引领产业良性发展。

2. 规范种植管理

推广霍山石斛仿野生、林下、人种天养等生态种植模式，鼓励生产栽培"双替代"，探索制订霍山石斛投入品推荐目录，建立溯源管理体系。

3. 规范产地加工

制订推广霍山石斛枫斗、干条等初级产品加工技术标准；探索建立产地加工场所和加工人员行业资格认证制度，对产地加工场所、人员进行有效管理和培训，确保霍山石斛初级产品质量。

（三）优化产业配套

1. 完善园区配套

规划建设1000亩霍山石斛工业产业园，并在园区动工建设1.7万平方米的标准化厂房作为霍山石斛科创孵化园，吸纳中小企业进入以霍山石斛为代表的道地药材食品、化妆品、饮片等领域创新创业；建设省级霍山石斛中药材质检中心，立足霍山县、面向大别山区提供优质专业化检测服务。

2. 搭建科研平台

与安徽中医药大学、皖西学院等高校科研机构商谈合作共建"霍山石斛研究中心""大别山中药研究院霍山分院"等科研平台，开展霍山石斛基础和应用领域研究，为产业发展赋能。

3. 营造良好环境

整合政府相关部门资源，共同组建服务团队，在招商引资、项目落地、厂房建设认证、产品注册、产品检验方面为企业提供专业化、一站式服务。

（四）加强品牌保护

1. 扩大品牌宣传

拍摄制作霍山石斛专题纪录片、公益广告、科普宣传等，推进霍山石斛公益广告、专题纪录片进社区、进商超、进景区、进高速；策划开展霍山石斛征文活动、摄影大赛、电商直播大赛等，普及霍山石斛常识，引导公众正确认知，提升品牌知名度和影响力。

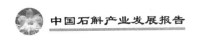

2. 规范地标管理

修订了《霍山石斛地理标志产品保护管理办法》，探索开展霍山石斛地理标志产品专用标志统一印制、发放和使用管理。相继配套出台了《霍山石斛地理标志产品专用标志使用管理细则》《霍山石斛地理标志产品专用标志使用协议》，与申请用标企业签订使用协议，明确权责，通过协议管理的方式对其进行日常管理。

3. 整肃市场秩序

由县政法委牵头，在全县范围内组织开展行业清源石斛市场专项整治行动，严厉打击县域内石斛生产经营企业、商户等违法违规行为，规范市场秩序，保护霍山石斛品牌。

4. 拓展保护方式

一是发挥协会行业自律作用，开展霍山石斛诚信示范企业认定；二是在全国范围内与专业律师团队合作，针对霍山石斛商标、品牌侵权等行为开展司法维权行动；三是积极申请霍山石斛驰名商标保护。

五、霍山石斛产业发展面临的问题

1. 人力资源匮乏

全县本土从业人员行业整体素质不高，外来人才流入少，各个层次的专业技能人才与专业管理人才均缺乏，人才储备与产业发展需求不匹配。同时，县内也缺少专业学校和培训机构，人才内培工作滞后，成为本土企业发展壮大和招商引资项目落地的主要制约因素。

2. 宣传引导不够

政府或协会组织的主流宣传、推介活动较少，宣传影响力不够，出现了企业不规范的宣传逐渐代替了主流宣传现象，如很多商家或者企业利用广大群众对霍山石斛"只闻其名，不见其样"的情况，刻意混淆铁皮石斛、铜皮石斛、紫皮石斛等与霍山石斛的概念，宣传霍山产的石斛就是霍山石斛，扰乱市场和误导消费者。

3. 科研工作滞后

霍山石斛产业目前在基础性研究和应用性研究方面依然相对欠缺，如霍山石斛的核心功效、品种保育、区域及栽培模式差异等方面均有待进一步研究。霍山石斛药食同源问题目前仍没彻底解决，霍山石斛食品加工政策性风险始终存在。霍山石斛化妆品身份，霍山石斛花、叶食品身份问题制约着霍山石斛资源全面开发利用。

4. 产业融合不足

霍山石斛产业与中医、康养、旅游、文化、休闲等三产融合不够。霍山石斛农业、工业、流通服务业联系不够紧密，相互带动效应不强。市场专业化程度不高，交易量不大，没有形成区域和行业影响力。

六、霍山石斛产业未来展望

在党和国家高度重视中医药事业、大力推动中药质量提升和产业高质量发展的大背景下，霍山石斛作为国内最具影响力的道地药材之一，市场空间巨大、产业前景广阔。下一步，霍山县将针对当前面临的种种问题，辨证论治，精准施策，持续优化营商环境，完善产业配套和要素保障，推进生态种植，聚力精深加工，壮大现代商业服务业，促进霍山石斛产业与健康、文化、旅游、体育、休闲等相关产业的有效融合，延伸产业链、丰富产品链、提升价值链、优化服务链、扩大影响面，推动形成全方位、多层次、宽领域、高水平的产业发展新格局，将霍山石斛产业打造为全国特色名片产业。

第五节　福建省铁皮石斛产业报告

一、引言

铁皮石斛的食用和药用已有 2000 多年的历史，汉代《神农本草经》将其列为上品。福建省是铁皮石斛主要产地之一，铁皮石斛是福建省道地药材之一。根据文献记载，福建省的野生铁皮石斛集中在西部地区，多分布在邵武、宁化、连城、泰宁、建宁、将乐等地。其中以邵武的丹霞地貌岩石地区发现的野生铁皮石斛最多。但由于野生铁皮石斛生长环境苛刻，自身繁殖能力低而产量少，因此极为珍贵。

20 世纪 80 年代中期，福建连城揭乐江氏家族通过十几年的研究成功突破了铁皮石斛野生驯化栽培技术。现福建省已成为全国铁皮石斛种植、加工主产区和主销区。据统计，2019 年福建省铁皮石斛种植面积约 1.8 万多亩。其中，人工大棚 3500 亩，林下种植 14500 亩。生产基地主要分布在龙岩连城、武夷山、泉州永春、厦门集美、三明泰宁、福州福清、宁德福安等地。截至 2020 年，全国共有铁皮石斛生产加工企业 4202 家，其中福建省有 714 家。目前，福建省种植基地大部分投产，多年生铁皮石斛鲜品产量在 300～340 公斤/亩、每年铁皮石斛鲜品总产量可达 4150 吨，年总产值约 14 亿元。

2020 年发布了《福建省食品安全地方标准　铁皮石斛花》《福建省食品安全地方标准　铁皮石斛叶》。

厦门塔斯曼生物工程有限公司，是福建省农业产业化重点龙头企业、福建省品牌农产品企业、中国中药协会石斛专委会副主任委员单位，福建省中药材产业协会石斛分会会长单位，是一家集科学研究与产业化开发于一体的科技企业，公司建有省、市级院士专家工作站，是福建省食品安全地方标准《铁皮石斛花、叶》主要制定单位之一，并且参与制定《中国药用铁皮石斛标准（试行）》，多次获各级科技进步奖。

福建省连城冠江铁皮石斛有限公司，是一家从事石斛且具有一百多年传承匠心工艺制品"龙头凤尾"枫斗生产、研发、创新、销售一体化的"老字号"企业，同时也是中国中药协会石斛专业委员会副主任委员单位，福建省海峡品牌经济发展研究院副理事长单位，高新技术企业，2013 年主持负责起草申报并成功完成国家农业部"冠豸山铁皮石斛"农产品地理标志登记。并且参与制定《中国药用铁皮石斛标准（试行）》。荣获科学技术进步奖、发明专利奖等多项成果。

二、连城县铁皮石斛产业报告

近年来，在连城县委、县政府的高度重视下，连城县冠豸山铁皮石斛加快发展速度，突出产业特色，形成产业格局，为农村经济、农业增效、农民增收以及森林连城生态文明建设做出重要贡献。本文通过对连城县冠豸山铁皮石斛产业发展现状的调查，分析连城县在冠豸山铁皮石斛产业方面的发展潜力，针对连城县在发展冠豸山铁皮石斛产业的过程中存在的问题以及面临的机遇，提出今后冠豸山铁皮石斛产

业的发展思路及对策。特别是抓住冠豸山铁皮石斛被评为"闽西八大珍"的机遇，对连城冠豸山铁皮石斛产业发展制定专项发展规划。

（一）现状与问题

1. 发展概况

连城县重点打造"三花一珍一市"即"连城兰花＋食用与药用花＋鲜切花＋珍稀园林苗木＋现代花卉综合交易市场"的花卉特色产业格局。在国家重点风景名胜区冠豸山的悬崖峭壁上，常年云雾缭绕，钟灵毓秀，集天地之灵气，吸日月之光华，因而孕育了一种十分珍稀的药用石斛——铁皮石斛，是大自然赐予连城的无价之宝，不仅花姿优美、治病救人，更将成为连城人致富路上的"黄金草"。连城冠豸山铁皮石斛被业内公认为是铁皮石斛中的珍品，2013年10月，荣获农业部国家"地理标志产品"认定，经上海中医药大学药物研究所权威检测，其石斛多糖含量高达54.3%（国家标准为25%），品质十分优异。连城县委、县人民政府大力推动铁皮石斛产业发展，大面积推广铁皮石斛林下种植，种植面积和鲜品产量正逐年提升，为铁皮石斛的深加工打下了深厚的原料基础。铁皮石斛林下经济的发展，休闲养生的推出，生态旅游的拓展，也十分符合国家的产业政策，有利于提高人们的健康水平和生活品位，具有十分广阔的前景。冠豸山铁皮石斛产业已成为连城县的一大新兴产业、朝阳产业，是闽西"八大珍""八大鲜"产业的重要组成部分，是一项重大的民生工程。

区域化布局、规模化生产、产业化经营的冠豸山铁皮石斛产业格局已经形成，连城县冠豸山铁皮石斛产业的影响力得到了迅猛提升。连城县仿野生种植冠豸山铁皮石斛始于近几年，揭乐乡揭乐、吕屋、魏寨村、林坊乡五寨村、姑田镇上余村、文亨镇炉坪村部分村民和福建省连城冠江铁皮石斛有限公司、福建连天福生物科技有限公司等率先在村寨周围四旁树上或天然林中进行仿野生种植，经过逐步探索总结，仿野生栽培获得了成功，并取得了一定的经济效益。在仿野生栽培成功的基础上，创造了用废弃木材制作成木槽或木床加原木、加基质的种植方法，刚开始大多种植在房前屋后或房顶庭院，随后又拓展到山地、田间。经过种植户多年来的探索实践，集约化槽栽或床栽冠豸山铁皮石斛与在天然林中进行仿野生栽培相比较，槽栽或床栽冠豸山铁皮石斛更利于科学管理，经济收益也更加可观。目前，以槽栽和床栽为主的集约化栽培模式已在全县得到普遍推广和运用。人工示范集约化栽培冠豸山铁皮石斛取得的成功，不仅给当地群众增加了经济收入，也对全县农业产业结构的调整和优化产生了促进作用。根据最新调查结果，2020年底，全县冠豸山铁皮石斛总面积5118亩，其中设施大棚种植235亩，仿野生和野植4883亩。完成投资2.67亿元，年产量144.41吨，年产值2.81亿元，从业人员2233人。主要产品有铁皮枫斗、鲜条、干花、保健品和盆景等。在扩大种植规模的同时，积极开发冠豸山铁皮石斛枫斗、冠豸山铁皮石斛茶、冠豸山铁皮石斛胶囊、冠豸山铁皮石斛酒等产品，打造了"江国发龙头凤尾""连天福""冠江铁皮""九益堂"和"星光"等多个品牌。自2013年以来，连城县委、县政府制定出台相关扶持政策，对冠豸山铁皮石斛产业进行扶持，目前，连城冠豸山铁皮石斛发展进入由农户自发探索种植转变为"群众自愿、政府引导、龙头带动、协会服务"的产业化发展模式，连城冠豸山铁皮石斛产业迈入健康快速、安全发展的快车道。

2. 主要目标

（1）近期目标

至2025年总产值达到5亿元。

（2）中期目标

至 2030 年总产值达到 10 亿元以上。

（3）远期目标

至 2050 年企业总产值达到 50 亿元以上。

（4）战略设想

力争用 5～10 年的时间，使连城县冠豸山铁皮石斛集约化栽培面积达 500 亩，冠豸山铁皮石斛林下种植达 1 万亩，冠豸山铁皮石斛鲜条年产量达 750 吨以上，实现总产值（含加工附加值）达 5 亿元以上。把连城打造成为全国冠豸山铁皮石斛产业的产量中心、质量中心，把冠豸山铁皮石斛产业培植成为县域经济的特色支柱产业。

3. 发展规模与布局规划

全县铁皮石斛主要种植模式有床式栽培、槽式栽培、独横木栽培、移活树栽培、庭园复合栽培，并鼓励充分利用森林资源，大力推广林中活树仿野生种植。

（1）总体布局规划原则。结合连城实际，按照统筹兼顾、科学规划、合理布局、规模发展、优质高效的原则，突出区域特点，创新发展思路，优化区域布局，选准主栽品种。种植品种以冠豸山铁皮石斛为主，海拔在 400～800 米的区域主要为林下种植冠豸山铁皮石斛，低海拔区域重点发展设施栽培冠豸山铁皮石斛。

（2）全县产业发展规模与布局。2020 年至 2025 年全县规划新增种植铁皮石斛 7382 亩，其中新增设施栽培面积 265 亩，林下种植面积 7117 亩。具体各乡镇分布如下：揭乐乡新增 537 亩（设施栽培 37 亩，林下种植 500 亩），莲峰镇新增 520 亩（设施栽培 50 亩，林下种植 470 亩），林坊乡新增 467 亩（设施栽培 20 亩，林下种植 447 亩），隔川乡新增林下种植 500 亩，塘前乡新增林下种植 300 亩，北团镇新增林下种植 500 亩，罗坊乡新增林下种植 500 亩，宣和乡新增 550 亩（设施栽培 50 亩，林下种植 500 亩），朋口镇新增 1030 亩（设施栽培 30 亩，林下种植 1000 亩），莒溪镇新增 500 亩（设施栽培 50 亩，林下种植 450 亩），姑田镇新增林下种植 450 亩，赖源乡新增林下种植 500 亩，曲溪乡新增林下种植 500 亩，文亨镇新增 528 亩（设施栽培 28 亩，林下种植 500 亩）。

（3）示范区示范片建设。全县建立 10 个县级示范区 100 个乡镇级示范片，其中县级设施栽培示范区 3 个，县级林下种植示范区 7 个，乡镇级设施栽培示范片 25 个，乡镇级林下种植示范片 75 个（表4-10）。

表 4-10　全县各乡镇冠豸山铁皮石斛产业发展规模与布局表

乡 镇	类别	总面积	现有面积	2020～2025 年规划新增面积	县级示范区	乡镇级示范片
连城县		10500	3118	7382	10	100
	设施栽培	500	235	265	3	25
	林下种植	10000	2883	7117	7	75
揭乐乡	设施栽培	200	163	37	1	3
	林下种植	1000	500	500	1	5
莲峰镇	设施栽培	50		50		3
	林下种植	500	30	470		5
林坊乡	设施栽培	50	30	20		3
	林下种植	1000	553	447	1	7

续表

乡 镇	类别	总面积	现有面积	2020～2025 年规划新增面积	县级示范区	乡镇级示范片
隔川乡	设施栽培					
	林下种植	500		500		5
塘前乡	设施栽培					
	林下种植	500	200	300	1	3
北团镇	设施栽培					
	林下种植	500		500		5
罗坊乡	设施栽培					
	林下种植	500		500		5
宣和乡	设施栽培	50		50		3
	林下种植	500		500	1	5
朋口镇	设施栽培	50	20	30	1	5
	林下种植	1000		1000	1	5
莒溪镇	设施栽培	50		50		5
	林下种植	500	50	450	1	5
姑田镇	设施栽培					
	林下种植	500	50	450		5
赖源乡	设施栽培					
	林下种植	500		500		5
曲溪乡	设施栽培					
	林下种植	500		500		5
文亨镇	设施栽培	50	22	28	1	3
	林下种植	2000	1500	500	1	10

4. 存在问题

（1）市场建设滞后，流通体系不健全，缺乏现代物流体系，产业结构有待进一步优化

连城县的冠豸山铁皮石斛种植业发展较快，但市场流通、配套资材发展落后，特别是缺少与产业发展相适应的市场交易与高效物流体系，伴随冠豸山铁皮石斛产业的提升、转型，消费需求千变万化，市场风险日益加大，大生产、大市场必然要求配套集货加工、保鲜贮藏、科学包装、快捷运输，且成本低的现代物流体系，否则这将直接制约连城县冠豸山铁皮石斛产业的发展。

（2）科技创新滞后，生产技术落后，产业竞争力不高

连城县大多数乡镇的冠豸山铁皮石斛经营仍然是家庭作坊式自产自销、信息技术滞后、生产方式落后；冠豸山铁皮石斛企业规模偏小，科研能力较弱，尽管县级财政和上级财政加大了对冠豸山铁皮石斛的科技投入，但与迅速发展的冠豸山铁皮石斛产业还不相匹配，难以满足冠豸山铁皮石斛产业迅猛发展的要求。在连城县直接表现为：一是在科学化、规范化种植的培训指导上有差距。二是在质量安全标准化上存在差距。三是县内冠豸山铁皮石斛加工企业"小、散、弱"现象突出，产品研发及精深加工滞后，效益还没有得到充分显现。四是支持发展的信贷资金总量不足，给冠豸山铁皮石斛产业的可持续发展带来了制约。五是随着全县冠豸山铁皮石斛规模化发展的步伐加快，优质种苗培育、供应尤为困难。六是

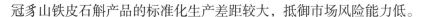

冠豸山铁皮石斛产品的标准化生产差距较大,抵御市场风险能力低。

（3）政策扶持力度有待进一步加强

连城县虽然出台了一些冠豸山铁皮石斛产业扶持政策,但是多年来,冠豸山铁皮石斛产业的发展一直受困于生产用地没有规划保证,无法享受粮食、蔬菜等其他种植业在用水、用电、贷款、保险、能源补助等方面的政府优惠政策,且冠豸山铁皮石斛产区基础设施建设滞后,基本靠农民或企业投入,生产手段比较落后,自然灾害抵御能力低下,投资风险大。

（4）社会化服务体系有待进一步完善

综合型冠豸山铁皮石斛科技人员、种植能手和营销队伍缺少。目前连城县未形成具有强大凝聚力、能够充分发挥领导作用的产业联盟或专业合作社。行业管理和社会服务满足不了冠豸山铁皮石斛产业发展的需要,生产者对市场需求不了解,信息通道不通畅,盲目发展,导致效益低下,投资回报率低等问题。

5. 优势与潜力

（1）产业发展优势

①自然资源优势。连城属亚热带湿润季风气候。气候条件十分适合喜温暖、湿润的兰科草本植物栽培种植。在连城冠豸山、马头山、蜘蛛岩等景区丹霞山峭壁上发现部分野生铁皮石斛的生长,可直接证明冠豸山周边环境是铁皮石斛生长的适宜环境。连城优越的自然条件孕育了丰富的冠豸山铁皮石斛资源,为产业化发展奠定了物质基础。

②交通区位优势。连城地处闽粤赣边中心地带,也是福建省少数同时拥有机场、高铁、高速公路的县份,闽西唯一的机场龙岩冠豸山机场已开通至上海、福州、北京航线,具备辐射周边和接受辐射的优势,发展冠豸山铁皮石斛苗木产业具备辐射周边和接受辐射的优势。

③产业集群优势。经过多年的培育和发展,连城县现有铁皮石斛生产企业数十家,其中福建省连城冠江铁皮石斛有限公司、福建连天福生物科技有限公司等有着较强的实力,为铁皮石斛的发展和冠豸山种质资源的保护做了很多工作。

（2）产业发展潜力

目前,全县铁皮石斛经营实体数量正逐年增加,企业实力正逐步壮大,铁皮石斛苗木产业发展的潜力巨大。连城有实力强大的龙头企业带动,市场认可度高,在品种保护、产品开发、栽培技术等方面进行深入研究,为规模化发展冠豸山铁皮石斛产业提供了很好的技术支持。

①市场潜力巨大。冠豸山铁皮石斛制品由于其纯天然、无污染的特性备受国内外市场的青睐。以冠豸山铁皮石斛为主要原料的食品、保健食品、药品的开发潜力巨大。目前,已经开发和正在开发的产品近几十种,且随着人们养生理念的逐步增强,冠豸山铁皮石斛制品作为新世纪食品、保健食品、药品的主导趋势明显,市场前景日趋看好。

②可发展空间大。连城县的冠豸山铁皮石斛开发利用仍处于初级阶段,种植、加工粗放,加大冠豸山铁皮石斛集约化栽培、开发冠豸山铁皮石斛精深产品发展空间巨大。

③群众参与积极性高。冠豸山铁皮石斛在连城县大部分乡镇可以种植,合理规范种植和开发利用并使其产业化,可较快增加广大种植户的经济收入,群众种植冠豸山铁皮石斛的积极性较高,有利于促进林业产业和生态建设的协调发展。

（二）思路与对策

1. 发展思路

围绕提高冠豸山铁皮石斛产业综合生产能力、市场竞争能力和可持续发展能力，加快现代生产要素投入冠豸山铁皮石斛业、现代生产方式改造冠豸山铁皮石斛产业的步伐，推动冠豸山铁皮石斛产业结构加快升级、生产经营主体加快成长、产业支撑体系加快完善。重点建设六大工程。

（1）种业培育创新工程

以提高自主知识产权保护、品种选育能力、生产能力为目标，组建新的冠豸山铁皮石斛研究机构，完善品种引进、选育、推广体系，建设一批特色冠豸山铁皮石斛种质资源库，培育一批种业龙头企业，加快名优新冠豸山铁皮石斛品种的开发和应用，提高核心竞争力。

①连城举办"药界大熊猫"冠豸山铁皮石斛回归大自然活动。"冠豸山铁皮石斛是药界的'大熊猫'。"国家林业和草原局野生动植物保护司副司长刘亚文如是说。2014年4月25日，由中国兰花协会、中国兰科植物保育委员会、中科院植物所、国家兰科中心，龙岩市农办、林业局、农业局和连城县人民政府联合主办的2014年冠豸山铁皮石斛回归大自然活动在连城启动。

铁皮石斛是兰科植物的重要物种，被誉为"中华九大仙草之首"，具有极高的药用价值和经济价值。长期以来，由于掠夺式的采集和生长环境的破坏，致使野生铁皮石斛资源处于濒危状态。尤其是冠豸山铁皮石斛，因其独特的地理、地质环境、气候条件，药效成分、生物学特性优异，获得国家农业部农产品地理标志登记保护。

近年来，连城县为更好地保护和开发铁皮石斛种植资源，立足本地特有资源优势，大力扶持铁皮石斛培育利用产业发展，建立以冠豸山为中心的250平方公里铁皮石斛种质资源保护核心区域，禁止采摘野生铁皮石斛。进一步加大了冠豸山铁皮石斛保护开发力度，保护野生物种多样性，维护自然界生态平衡，实现生态效益和经济效益的双赢。

②特色种质资源库建设。依托县内主要科研力量及部分龙头企业现有的冠豸山铁皮石斛种质资源库，新建或扩建一批具有连城特色优势的食药用种质资源库，收集保存种质资源若干份，并对品种或品系进行整理和系统研究，建立社会共享的种质资源库。

③新品种研发中心建设。依托省级科研院所鼓励其与龙头企业以冠豸山铁皮石斛产业科技创新联盟为平台，独立或联合建设冠豸山铁皮石斛新品种研发中心。扶持1~2个企事业单位，开发5~10个具有自主知识产权的优势冠豸山铁皮石斛新品种，研发配套生产技术，做大做强冠豸山铁皮石斛产业。

④实施一批种业攻关项目。重点开展冠豸山铁皮石斛优良品种选育与应用、国内外名优新冠豸山铁皮石斛品种的引种与推广、传统品种改良与质量提升、优势商品冠豸山铁皮石斛品种选育和标准化栽培、冠豸山铁皮石斛产品包装与保鲜贮运技术、冠豸山铁皮石斛新品种测试规程与审（认）定标准、冠豸山铁皮石斛重要功能基因挖掘与现代育种技术平台建设等项目，解决冠豸山铁皮石斛产业发展过程中技术难题。

（2）现代铁皮石斛生产示范工程

以发展高效、安全、环保的现代冠豸山铁皮石斛产业为目标，通过新建、改建冠豸山铁皮石斛生产设施为重点，建设万亩现代农业（冠豸山铁皮石斛）生产示范基地，培育连城县冠豸山铁皮石斛生产专业县，使之成为全县冠豸山铁皮石斛产业集聚发展的功能区、先进科技转化的核心区、生态循环农业的样板区、体制机制创新的试验区。

①着力实施冠豸山铁皮石斛苗木生产专业县建设。以现有现代农民创业园（冠豸山铁皮石斛）生产示范基地为基础，按照强化基础设施设备、优化产业结构布局、推广应用先进技术、创新经营管理机制、做大做强现代冠豸山铁皮石斛产业的要求，结合现代农业示范园区、省级农民创业园等建设，通过集中力量建设一批规划布局合理、生产要素集聚、科技和设施设备先进、经营机制完善、经济效益明显的冠豸山铁皮石斛生产专业县，用工业化的理念推进现代冠豸山铁皮石斛产业的发展。争取到2025年，专业县的冠豸山铁皮石斛产值占全县花卉总产值的1/3以上，2030年占全县花卉产值一半以上。

②现代农业（冠豸山铁皮石斛）生产示范基地建设。按照规模化经营、设施化栽培、机械化作业、标准化生产的要求，建设5~10个以龙头企业为主，布局集中连片、生产设施先进、产品优质安全的现代农业(冠豸山铁皮石斛)生产示范基地。年建设面积扩大到1000~2000亩。主要建设内容包括改善道路、排灌、温室大棚等生产性基础设施，配套完善耕作、播种、喷滴灌、病虫防治等育苗设施装备，推广设施化、标准化、机械化生产技术等。

③省级优势冠豸山铁皮石斛龙头企业建设。加大招商引资力度，吸引国内外大型知名企业落户连城从事石斛产业，并通过加强联合，改组、改制、改造组建一批融生产、开发、推广、运销、施工、服务为一体的集团型企业。争取在规划期内，培育2~5家产值超亿元的冠豸山铁皮石斛生产龙头企业。

（3）铁皮石斛产业提升工程

加大财政投入，通过应用新品种新技术，推广设施栽培、标准化栽培，提升冠豸山铁皮石斛产品品质，发展精深加工产品，提高附加值。

①新品种新技术推广基地建设。在交通便利、辐射面广的地方，新建或改建一批食用药用花卉新品种测试、示范与推广基地，每年推广1~2个冠豸山铁皮石斛新品种以及节水灌溉、容器种植、设施栽培、循环利用、复合经营等新的生产技术和高效生产模式。主要建设内容包括新品种新技术的引进和对比试验，生产设施改善等。

②食用、药用与工业用冠豸山铁皮石斛基地建设。利用多样性的自然环境，大力发展铁皮石斛，加强规模化、标准化栽培技术和精深加工技术研究，建设一批食药用、工业用冠豸山铁皮石斛生产基地。主要建设内容包括改进基础设施，完善设施设备，品种选育和技术研发等。

③食用、药用与工业用冠豸山铁皮石斛品牌建设。坚持有机种植管理。龙头企业获得有机认证。并在全县推广有机铁皮石斛种植。

建立产品质量安全可追溯体系。龙头企业入驻福建省农业厅农产品质量可追溯平台的中药材生产企业。企业产品从繁育种植、采收加工到储存销售，每个环节都可以在可追溯平台扫码查验，以认真、严谨的态度，打造务实、诚信的企业形象。

加强原产地保护与标准化建设。为了保证产品的道地性，设施种植基地和五寨林下生态种植基地为核心，申请涵盖连城县十七个乡镇范围的冠豸山铁皮石斛生态原产地保护认证，材料已上报国家质量监督管理局。与福建农林大学兰思仁校长、何碧珠教授团队合作，制订了《铁皮石斛有机生产技术规程》，并在福建省质监局网站企业标准信息公共服务平台上发布,这是福建省第一个发布的铁皮石斛企业标准。

鼓励创建品牌商标与国际商标。申报国家工商总局商标局审查公示受理，国家商标局授权。并授马德里国际商标授权。

（4）市场营销工程

按照"梯度分布、内联外引"的思路，逐步建设完善覆盖全县和连接国内外市场的冠豸山铁皮石斛

流通体系。产品销售立足国内市场，积极拓展国际市场。

①市场体系建设。"十四五"期间，在全县至少新建或改扩建 1 个冠豸山铁皮石斛专业市场，近期重点是促进海西（连城）冠豸山铁皮石斛及旅游产品休博园项目的落实，支持朋口等中心城镇冠豸山铁皮石斛消费市场建设，使全县形成较为完整的冠豸山铁皮石斛市场营销网络。同时，在全国主要大城市设立 30~50 个区域外营销机构，争取将连城县冠豸山铁皮石斛出口到多个国家和地区。

②物流体系建设。充分发挥连城县机场、高速和对台优势，重点扶持发展一批与专业批发交易市场相配套的物流企业，完善冷链运输体系和信息网络基础设施建设，增强市场的配套服务功能。同时，扶持一批企业从事冠豸山铁皮石斛连锁配送、电子商务业务，实施和推广连锁经营、网上购货等，减少流通环节，降低流通损耗，提高流通企业的经济效益。

（5）铁皮石斛产业链延伸工程

冠豸山铁皮石斛精深加工、冠豸山铁皮石斛休闲旅游、冠豸山铁皮石斛园艺资材与设施设备都是冠豸山铁皮石斛产业链的重要组成环节，也是实现冠豸山铁皮石斛工业化生产发展的标志。

①冠豸山铁皮石斛精深加工业建设。加大对冠豸山铁皮石斛深加工技术的研究和探索，重点扶持 2~5 家企业，重点发展以冠豸山铁皮石斛为原料的深加工，开发冠豸山铁皮石斛食品、保健食品、药品、化妆品、香料、天然色素、工艺花等产品，打造一批竞争力强的品牌产品和拳头产品，带动一批中小型企业发展特色冠豸山铁皮石斛加工业，扩大冠豸山铁皮石斛产业链，提升和壮大连城县冠豸山铁皮石斛产业生产规模、质量和品牌效益。

②冠豸山铁皮石斛休闲旅游业建设。依托连城县旅游线路布局，开发建设 2~5 家集冠豸山铁皮石斛生产交易、经贸往来、旅游观光、休闲娱乐为一体的冠豸山铁皮石斛主题观光园或旅游观光线路，研发、展示和推广家庭园艺产品，发展冠豸山铁皮石斛休闲旅游业，挖掘冠豸山铁皮石斛文化内涵，引导冠豸山铁皮石斛消费，服务生态文明建设。

③加快连城铁皮石斛产业与大健康产业对接。连城素有全国美食之乡的美称，铁皮石斛与中国唯一药膳鸭、富硒红衣花生等特色食材结合，为消费者开发丰富的营养食谱等，推动连城铁皮石斛产业与大健康产业对接与协同发展。

④冠豸山铁皮石斛设施设备与园艺资材业建设。重点扶持发展 1~2 家冠豸山铁皮石斛设施设备制造与园艺资材生产企业，加强温室设备、容器育苗设备以及灌溉管网、遮阳网、花盆花器、栽培基质、花肥花药等冠豸山铁皮石斛资材的研发和生产，提高冠豸山铁皮石斛苗木生产设施化、机械化水平。

（6）社会化服务工程

①花事创意文化工程。积极参加海峡两岸（福建漳州）冠豸山铁皮石斛博览会、中国福建花王评选暨冠豸山铁皮石斛精品展，创造条件举办新的花事活动和花文化活动，创办冠豸山铁皮石斛科普实践基地，编辑出版食药用花文化书籍，创建冠豸山铁皮石斛文化宣传教育基地等。

②省级示范性冠豸山铁皮石斛专业合作社建设。扶持建设 2~5 个带动力强的省级冠豸山铁皮石斛专业合作社，按照"统一技术、统一品牌、统一标准、统一销售、统一经营"五个统一模式，规范运作机制，提高服务能力，满足农户在品种选择、栽培技术、病虫害防治、市场营销等方面需求。主要建设内容包括技术培训、品牌营销、服务平台建设等。

③县级冠豸山铁皮石斛信息服务平台建设。安排专项资金，整合现有资源，建立一个覆盖到各级花协、各类专业合作社、龙头企业、大中型冠豸山铁皮石斛市场，运作规范的县级冠豸山铁皮石斛信息收

集网络，使之既能满足统计工作需要，又能为花农和企业提供产销信息服务及电子商务交易服务。

2. 发展对策

（1）加大政策支持保障

冠豸山铁皮石斛产业的发展靠农民投入很难实现产业规模，这就需要各级政府加大政策及财政的支持保障力度。充分发挥规划的宏观导向作用，结合各地实际制定冠豸山铁皮石斛产业规划，明确主攻方向、区域布局和建设目标，加大对优势产品和优势产区的扶持，着力提升冠豸山铁皮石斛产业的规模化、专业化、特色化、标准化、集约化水平。建立健全行业管理机构，明确工作职责，加强行业管理、指导和服务，确保连城县冠豸山铁皮石斛产业高效、持续、健康发展。建立健全有关冠豸山铁皮石斛产业方面的政策法规，制定减免税赋，优惠贷款，鼓励创业，增加补贴，建立产业发展基金等优惠政策，鼓励企业通过资产重组和资本运作，利用多种项目和资金，采取多种形式扩大产业发展规模，把冠豸山铁皮石斛产业做大做强做优。

（2）加大财政支持保障

围绕打造优势特色产业，设立专项扶持资金，整合相关支农资金，重点用于扶持冠豸山铁皮石斛生产设施建设、市场流通体系建设、冠豸山铁皮石斛科研与技术推广体系建设、良种繁育体系建设、产品质量标准体系、市场信息网络体系和人才技术培训体系建设等重大投资项目和基础建设项目。对重要的冠豸山铁皮石斛种质资源库建设、冠豸山铁皮石斛新品种引进选育、新技术研发推广等项目要安排财政项目资金；对选育出具有较高经济效益和社会效益的新品种，或者解决公益性关键性技术的单位与个人，要给予奖励；对企业和农户购置育种、育苗、栽培、灌溉、冷藏、运输等设施设备的，要给予必要支持；对企业和农户的温室、大棚、自动化大棚等设施设备以及产品，要纳入政府政策性补助与保险范围，提高企业和花农抗风险的能力，增强其发展信心；对设施栽培冠豸山铁皮石斛用电要按照农业用电标准收费，并给予能源补贴；要安排专项资金，扶持行业协会和专业合作社，支持他们开展标准制定、信息平台建设、技术培训、组织交流和展览展销等活动。

（3）加大科技支撑保障

组建连城县冠豸山铁皮石斛研究所及冠豸山铁皮石斛新品种研发中心，制定重点科研攻关计划，强化产业关键技术、重大共性技术研究开发，加强先进适用技术的引进、消化吸引、创新和推广应用，实行产、学、研结合，优化配置科技资源，建立健全国家、企业、个体相结合的冠豸山铁皮石斛科技研发体系。鼓励和支持重点冠豸山铁皮石斛企业与科研院所联合，围绕新品种培育和重点生产技术进行科技攻关，制定连城县主要冠豸山铁皮石斛产品质量标准，生产、加工、包装、冷储、保鲜技术标准，温室大棚标准以及花药、花肥、基质质量、包装材质等级等标准。加大标准实施力度，推广标准化生产技术。鼓励科研院所参与健全和完善冠豸山铁皮石斛质量监测体系建设，设立质量监测机构，健全冠豸山铁皮石斛质量认证、标识、产品质量信誉认可和市场准入制度，加强对重点冠豸山铁皮石斛生产区域的环境、土壤、水质、能源消耗监测和专用花药、专用花肥、基质、温室设施等的质量监测。支持各企业开展申报全国驰名商标、福建省著名商标、"名、特、优、新、奇"的冠豸山铁皮石斛原产地及品牌的认证、保护工作，促进冠豸山铁皮石斛产业的协调和可持续发展。

（4）加强人才队伍及社会服务保障

建立和完善技术人员教育培训体系，落实专项经费，分层次、分项目有序开展以提高劳动者素质为目的的培训工程。创新培训机制，完善培训政策，引导和鼓励大专院校、科研院所、龙头企业管理骨干

和技术骨干、规模种植户、专业合作社骨干、冠豸山铁皮石斛行业管理人员以及有志于从事冠豸山铁皮石斛事业的人员，建立起一支有文化、懂技术、善经营的职业队伍。建设一批实习基地和科普基地，并向在校大、中、小学生开放，培养冠豸山铁皮石斛事业接班人。

健全法制，加强市场监管，规范行业秩序和市场行为，营造公平、公正、公开的竞争环境，保护生产、经营及使用者的合法权益。一是加强冠豸山铁皮石斛新品种审（认）定、植物新品种权保护、种子种苗与冠豸山铁皮石斛产品质量监管等工作。定期或不定期开展质量检查，普及推广分级包装与销售，实现冠豸山铁皮石斛产品标准化生产和规范化管理。二是鼓励育种企业和育种者申报新品种权，加大对假冒伪劣违法案件和侵权案件的查处，维护合法权益。加强植物检疫，防止病虫害传播和外来有害生物侵入，保障产业安全发展。三是进一步完善龙头企业申报和认证办法。四是鼓励金融机构为冠豸山铁皮石斛产业提供资金支持，开发适合冠豸山铁皮石斛企业的信贷产品，增加信贷投入，对综合实力强、信用记录好的冠豸山铁皮石斛企业开展授信服务，扶持企业做强做大。

（5）加大招商引资力度

通过改组、联合等形式，吸引国内外大型知名冠豸山铁皮石斛企业落户连城。鼓励企业开发地方特有的野生观赏、食用、药用物种种质资源，培育具有地方特色的"名、特、优、奇"的冠豸山铁皮石斛品种，辐射带动药农共同发展。积极引进国内外中高档冠豸山铁皮石斛品种，通过消化、创新研发，培育开发一批有自己知识产权的冠豸山铁皮石斛新品种，提高连城县冠豸山铁皮石斛产业发展水平，促进冠豸山铁皮石斛产业发展。

3. 福建省连城县溯源铁皮石斛大事记

清甲申年（1824年）谢邦基父亲谢凝道六十大寿，谢邦基同科进士林则徐专程赶往连城为谢凝道贺寿。林则徐一路劳顿，到连城后，又马不停蹄地登冠豸山，直接到冠豸山东山草堂拜谒谢凝道。谢家用冠豸山石斛瘦肉汤等名菜招待林则徐。喝了石斛瘦肉汤后，林则徐感到疲劳尽解，心旷神怡，顿时来了雅兴，于是命人准备笔墨纸砚，他屏气凝神，笔走龙蛇，一挥而就，写下了"江左风流"四个刚劲有力的大字。谢氏父子把它制成牌匾，至今还挂在东山草堂的正厅内。（来源《谢氏家谱》）

清朝末年揭乐乡吕屋村的谢志濂到广西百色开药店行医，他精于用针灸和铁皮石斛悬壶济世，治病救人，更因为医德高尚，医术高明，被誉为神医。（来源《谢氏家谱》）

清朝末年揭乐乡谢氏后人谢静江与侄儿谢地生从广西百色回连城雇请当地善于攀爬的药农上山采铁皮石斛。1849年建起了连城首家江氏家族制作石斛枫斗的作坊，创"龙头凤尾"品牌制作，定名为"关内吊兰"石斛枫斗。产品除了运往广西百色，还销往杭州、上海等地。他们一边在百色、桂林等地收购，一面组织采摘人员到江西、广东、云南、贵州、安徽等地采集，作坊人员很快由几个人发展到30余人，年加工鲜条3千余斤，产值达上万银元。（来源《江氏家谱》）

第六节　四川省石斛产业报告

石斛是川产道地药材之一，川石斛在《本草图经》中就有记载。四川的药用石斛资源曾十分丰富，据《中国药材商品学》（人民卫生出版社，1990年）统计：20世纪70～80年代全国年石斛购销量约600吨，其中四川250吨，约占42%。但到20世纪80～90年代，四川的石斛资源就已很稀少了。四川现存的野生石斛有 12 种。四川石斛经历野生资源消耗、种源保护、仿野生种植、组培育苗和人工大棚种植几个发展阶段。金钗石斛、叠鞘石斛、铁皮石斛经过多年的人工抚育，资源保有量得到了恢复，种植面积分别达到 3 万亩、1.2 万亩、0.2 万亩。石斛产业发展为脱贫攻坚、乡村振兴，农村社会稳定和地方经济发展做出了应有的贡献。

一、历史溯源

石斛资源在四川地区的分布，历史上早有记载。早在宋朝，苏颂就在《本草图经》中记载，"今荆、湖、川、广州郡及温、台州有之"。"川"即指今四川、重庆。明代李时珍则在《本草纲目》中记载"石斛名义未详。其茎状如金钗之股，故古有金钗石斛之称，今蜀人栽之，呼为金钗花"，又"石斛开红花，短而中实……处处有之，以蜀中者为胜"。这里所指开红花，短而中实之石斛即为现今川东南产金钗石斛（*D.nobile* Lindl.）。由此可见，石斛在四川有悠久的历史。

二、资源现状

中国科学院成都生物研究所何涛等人通过查阅中国科学院成都生物研究所标本馆、四川大学自然博物馆、四川省中医药研究院、重庆市中药研究院以及重庆自然博物馆，结合野外实地调查及部分文献报道，对四川省石斛野生资源的种类、分布和生境等情况进行归类。四川省的石斛野生资源共 12 种，分别是串珠石斛、铁皮石斛、矩唇石斛、叠鞘石斛、细叶石斛、罗河石斛、细茎石斛、金钗石斛、广东石斛、曲茎石斛、兜唇石斛和昭觉石斛。野生资源分布区域见表 4-11。2019 年，中国国际石斛研究和发展中心落户成都青白江，收集了三十多个国家的 1098 份珍稀名贵石斛种源，占全世界野生石斛种源的 60%，有望成为全球最大石斛种源库和基因库。

表 4-11　四川省野生石斛种类及分布区域

序号	种名	分布区域
1	金钗石斛（*D. nobile* Lindl.）	合江、大竹、安岳、蓬溪、纳溪、泸县、长宁、泸定、峨眉山、叙永县、江安、筠连、宜宾、名山、雅安、汉源、盐边、普格、沐川等县市
2	串珠石斛（*D. falconeri* Hook.）	盐边等县市
3	铁皮石斛（*D. officinale* Kimura et Migo）	汉源、甘洛、金阳、北川
4	矩唇石斛（*D. linawianum* Rchb.f）	西昌、康定等县市
5	叠鞘石斛［*D. denneanum*（Kerr）Z.H.Tsi.］	峨眉山、宝兴、芦山、雅安、邛崃、彭州、石棉、名山、洪雅、都江堰、峨边、广元、甘洛、九龙、夹江、筠连等县市
6	细叶石斛（*D. hancockii* Rolfe.）	天全、泸定、广元、布施、平昌、剑阁、康定、汶川、金阳等县市
7	罗河石斛（*D. lohohense* T.Tang et F.T.Wang）	合江等县市
8	细茎石斛［*D. moniliforme*（L.）Sw.］	洪雅、都江堰、邛崃、天全、芦山、雅安、宝兴、荥经、马边、石棉、北川、广元、宜宾、雷波、泸定、盐源等县市
9	广东石斛（*D. wilsonii* Rolfe）	峨眉山、洪雅、雷波、雅安等县市
10	昭觉石斛（*D. zhaojuense* S.C.Sun et L.C.Xu）	昭觉等县市
11	兜唇石斛［*D. aphyllum*（Roxb.）C. E. Fischer.］	西昌、盐边等县市
12	曲茎石斛（*D. flexicaule* Z.H.Tsi，S.C.Sun et L.G.Xu.）	甘洛、盐源、布拖、万源等县市

三、产业发展

（一）种植面积及分布情况

四川省人工种植的石斛种类以金钗石斛、叠鞘石斛、铁皮石斛为主，全省种植面积约 4.45 万亩。金钗石斛、叠鞘石斛人工种植以贴石仿野生栽培为主，铁皮石斛人工大棚种植为主，偶有零星的活树附生栽培和树架仿野生栽培。金钗石斛人工种植主要分布在泸州市合江县，全县种植面积约 3 万亩；叠鞘石斛人工种植主要分布在乐山市夹江县和雅安市汉源县，眉山市洪雅县、丹棱县有少量种植，夹江县种植面积约 1 万亩，汉源县种植面积约 0.2 万亩；铁皮石斛在成都、内江、自贡、绵阳、资阳、乐山、攀枝花、广元、巴中、达州、德阳、宜宾、泸州等多个市州都有人工种植，全省种植企业基地面积约 6500 亩，但由于四川省铁皮石斛消费市场迟迟未能打开，全省实际种植面积在 2000 亩左右。除成都金堂县、崇州市、内江东兴区、绵阳江油市外，其他单个基地种植面积都未超过 200 亩。

（二）从业企业数量

全省范围内以石斛为主导产业的从业企业共计 36 家，其中新三板挂牌企业 1 家，省级龙头企业 2 家，市级龙头企业 5 家。36 家企业中，金钗石斛从业企业 10 家，其中企业 2 家（1 家龙头企业），合作社 8 个；叠鞘石斛从业企业 8 家，其中企业 1 家（龙头企业），合作社 7 个；铁皮石斛从业企业 18 家，其中企业 14 家，合作社 4 个，企业中新三板挂牌企业 1 家，省级龙头企业 2 家，市级龙头企业 3 家。

带动就业 3 万余人（铁皮石斛 500 余人；金钗石斛：5 个镇，30 多个村，2 万余人；叠鞘石斛：5 个镇，6000 余人；产业扶贫泸州、广元、达州等地，扶持 200 余户贫困户）。

（三）产量及效益情况

合江金钗石斛资源保有量达 3 万亩，叠鞘石斛资源保有量达 1.25 万亩。金钗石斛、叠鞘石斛以药用为主，由于下游药企的需求不旺，金钗石斛、叠鞘石斛的产销量迟迟未有较大幅度增长。合江金钗石斛鲜条近三年年销量维持在 65 吨左右，大宗批发价格在 50 元/公斤左右，零售价格在 60 元/公斤左右，销售额 360 万左右，再加上石斛花、石斛盆景、石斛种苗等的销售收入，合江金钗石斛年销售收入在 700 万元左右。野生石斛被纳入二类濒危保护植物禁止国际贸易，再加上新冠肺炎疫情的影响，东南亚进口到我国的石斛急剧减少，部分药企改用叠鞘石斛代替东南亚进口石斛，叠鞘石斛的市场价格较往年有大幅上涨。2021 年，叠鞘石斛干条收购价格介于 150～160 元/公斤之间，鲜条收购价格介于 26～30 元/公斤之间。以干条折算的销量在 150 吨左右，销售额在 2300 万左右。

四川省铁皮石斛消费市场迟迟未能打开，种植企业投入意愿不强，管理水平相较云南、浙江等省份有较大差距，铁皮石斛平均亩产量在 250 公斤。按 2000 亩计算，鲜条产量 500 吨。在销售端，以大宗贸易为主的企业能够实现满产满销，其售价参考云南统货价格；自建渠道企业如不走大宗贸易很难实现满产满销。经多方了解，种植企业铁皮产销量在 300 吨左右，按平均售价 400 元/公斤计算，实现销售收入 1.2 亿元左右。此外，也有部分消费者通过电商平台、药店等渠道购买铁皮石斛鲜条、切片、石斛粉、石斛枫斗等产品，这部分渠道的销售额在 1.0 亿元左右。

（四）品牌及销售情况

目前，四川省石斛产业主要品牌有：国家地理标志产品"夹江叠鞘石斛""合江金钗石斛"，以及四川省峰上生物科技有限公司企业品牌"甘御兰"。

"甘御兰"是四川省峰上生物科技有限公司企业品牌。该企业在成都市金堂县建有占地面积1000亩的石斛产业园区，该园区在2018年入选成都市首批"新旅游·潮成都"康养度假主题旅游目的地，2019年1月入选成都3A级林盘景区。公司主要产品有石斛粉、石斛红酒、石斛白酒、石斛花茶、石斛鲜条、石斛枫斗、石斛软胶囊、石斛日用品系列等，其采取线上和线下相结合的销售方式，销售市场主要在四川省。

2013年9月，"夹江叠鞘石斛"被批准实施地理标志产品保护，保护对象为夹江叠鞘石斛的鲜品、干条、枫斗和饮片，保护范围为夹江县歇马乡、麻柳乡、华头镇共3个乡镇现辖行政区域。叠鞘石斛主要销售方式为线下大宗贸易，部分利用淘宝等电商平台进行销售，还有的通过抖音等平台进行直播带货。

2015年12月29日，"合江金钗石斛"获批为地理标志产品。合江金钗石斛地理标志产品保护范围为合江镇、密溪乡、尧坝镇、先市镇、法王寺镇、九支镇、五通镇、车辋镇、实录镇、凤鸣镇、虎头镇、榕山镇、榕右乡、白鹿镇、甘雨镇、南滩镇、石龙镇、先滩镇、自怀镇、福宝镇境内海拔300米以上的山林地。和叠鞘石斛一样，合江金钗石斛主要销售方式为线下大宗交易，部分利用淘宝等电商进行销售，还有的通过抖音等软件进行直播带货。

（五）社会效益

一是壮大新型农民专业合作社。全省范围内以石斛为主导产业的合作社有19个。合作社满足了农户种苗、种植技术需求，拓宽了销售渠道，增加了农民经济收入，促进了农村经济发展。

二是增加农户收益，巩固脱贫攻坚成效。金钗石斛、叠鞘石斛主要靠政府引导发展，政府通过扶贫资金等项目资金购买种苗发放给农户，农户以合作社为技术依托进行种植，大部分产品由合作社进行集中统一销售，种植户能够获得一定的经济收益。企业和合作社在长期发展的过程中，吸收农村富余劳动力就业2000余人，每年让农民人均纯收入达到6000元以上，为脱贫攻坚做出了贡献，也为后期的乡村振兴打下坚实基础。

三是科普宣传。四川省石斛产业迟迟未能做大做强，主要在于公众对石斛认知度不高，对石斛的药用保健功效不甚了解。企业为了打开销路，也自然而然承担起了石斛养生文化、石斛功效的科普宣传工作。例如：四川省峰上生物科技有限公司的石斛产业园区也是成都市科协的科普基地，也是成都市的康养旅游目的地，年接待游客达30万人次。

四、存在问题

（一）公众认知度不高，消费群体小

大部分四川公众对铁皮石斛不甚了解，更别说对其医药保健功效的认知。究其原因，一方面是由于铁皮石斛在四川主流媒体的曝光率不高，公众被动接收铁皮石斛相关信息的机会较少；另一方面，企业种植成本高，企业为了追求利润，铁皮石斛售价一般也较高，再加上近两年新冠肺炎疫情的影响，消费群体进一步萎缩。金钗石斛、叠鞘石斛以药用为主，除主产地外，普通消费者更对其知之甚少。

（二）产业发展投入不足

金钗石斛、叠鞘石斛主要由当地政府利用扶贫资金等项目资金购买种苗扶持当地农户扩大种植规模，

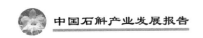

中国石斛产业发展报告

但由于下游药厂需求不强，已经出现供大于求，销售不畅，政府层面进一步投入意愿不强等问题。四川省铁皮石斛从业企业主要是在 2011 年、2012 年市场高点后逐步进入，企业前期在种苗、基础设施上的投入成本较高，由于自身管理技术不到位，产量低，企业为了追求利润，定价普遍较高，但市场又迟迟未能打开，大多数企业处于亏损状态，企业自身对进一步扩大种植规模，进行深加工产品研发等投入意愿不强。

（三）种源混乱，栽培管理技术落后

金钗石斛、叠鞘石斛种苗主要是由当地企业、合作社采用分兜繁殖的方式进行生产，少部分来源于工厂化组培育苗。组培企业在扩繁过程没有进行系统性选育，导致组培苗后代性状分离，田间长势参差不齐。金钗石斛、叠鞘石斛主要以贴石附生仿野生栽培为主，后期仅进行简单的人工除草。虽然仿野生栽培石斛品质优良，但产量低，经济效益不高。

四川省铁皮石斛野生资源分布在盆周山区，由于没有专门的"采斛人"，而铁皮石斛的人工种植又主要集中在川中丘陵和成都平原地区，信息的不对称客观上促使种植企业从省外引种。四川省种植的铁皮石斛种源来源比较广，有浙江种、江西种、福建种、广东种、云南种、安徽种、湖南种。企业前期发展以外购种苗为主，有一定种植规模的企业后期纷纷自建组培车间生产种苗，满足自身扩大种植规模对种苗的需求。绝大部分企业不具备品种选育的能力，仅是简单的混合授粉，采收果荚后播种生产种苗。这一看似简单的过程造成种质混乱，植株后期长势分化、生产性能分化、抗病性分化，加大了后期管理难度。铁皮石斛种植企业以大棚栽培为主，但在大棚高度、苗床高度、栽培基质选择等方面随意性较大，对田间湿度管理、施肥时间、病虫害防治也靠自身摸索，没有形成科学合理的栽培管理技术体系。

（四）基础研究滞后，地方标准缺失

石斛为川产道地药材，但截至目前，四川省没有出台过一个与石斛有关的地方标准。究其原因，一方面是由于政府层面重视程度不够，另一方面还在于基础研究滞后，标准制定没有足够的数据作为支撑。在中国知网进行查询，截至目前还没有系统性的以川产铁皮石斛为研究对象的相关文献报道；以叠鞘石斛为关键词能够检索到 67 条结果（学术论文 44 篇，学位论文 22 篇，成果 1 个），其中以夹江叠鞘石斛为研究对象的就有 48 条，但这依然未能推动叠鞘石斛四川省地方标准的出台。

五、发展建议

（一）政府引导，加大宣传力度

浙江省石斛消费市场能做到现在的规模，离不开地方政府的大力宣传。铁皮石斛为传统名贵中药材，具有很好的养生保健效果。四川的石斛产业要发展，单靠企业自身宣传还远远不够，必须由政府引导各级媒体加大石斛知识科普宣传力度，让普通民众知道石斛，了解石斛的医药养生保健功效。

（二）加大产业扶持力度

随着人口老龄化加剧，以及 90 后、00 后较强自我保健意识，养生保健市场将呈爆发式增长。与此同时，随着铁皮石斛药食同源试点在浙江、云南、广东、贵州、江西、四川等多个南方省份的铺开，未来三年将迎来铁皮石斛产业的大发展，参考浙江的经济规模和铁皮石斛市场规模，如果政府引导得当，四川的

铁皮石斛产业可达 50 亿 ~ 80 亿的市场规模。

四川省可以参照贵州省的做法，给予石斛种植企业和农户一定的产业扶持，扩大种植面积，引导价格回归理性，满足未来四川市场对石斛的需求。

（三）建立种质资源库，推动本地化育种，选育适宜四川气候条件的石斛品种

种质资源是选育优良品种的前提，政府应建立专项资金，鼓励企业和高校科研院所联合建立石斛种质资源库，加快本省野生石斛资源的保存保育，资源共用共享，推动种质创新和种业创新，选育适应四川气候条件的石斛优良品种，并建立新品种配套的栽培技术体系和病虫害绿色防控体系，为川石斛的优质安全生产奠定坚实基础。

（四）加大财政投入，推进川石斛科学研究，加快地方标准制定

一方面以省级科研项目、国家自然科学基金地区基金、联合基金等形式加大对以川石斛为研究对象的科研项目支持力度。对于铁皮石斛，重点加大对应用研究的支持力度，为川产铁皮石斛参与国内外市场竞争奠定基础；对于金钗石斛和叠鞘石斛，除加大应用研究支持力度外，还应特别加大基础研究和应用基础研究的支持力度，以此来推动更多的中药配伍采用川产金钗石斛、叠鞘石斛。

另一方面，还应按照省政府《川产道地药材全产业链管理规范及质量标准提升示范工程》的精神，加快铁皮石斛、金钗石斛、叠鞘石斛质量标准、生产技术规程等地方标准的制定和系统研究。此外，随着铁皮石斛纳入药食同源管理，四川省还应加快铁皮石斛食品安全地方标准的制定，以满足铁皮石斛作为食品监管的需要。

（五）加强产品质量监督力度

石斛种苗生产、种植管理、采收加工和运输销售等各个环节都与产品质量相关，生产企业生产的产品要符合地方标准并建立相应的监督管理制度，政府部门要建立生产全过程的质量监督管理体系并加强监督管理，保障产品绿色、安全、有效。

（六）推动叠鞘石斛进入《中国药典》

叠鞘石斛是明清以来石斛药材的主流品种之一，清嘉庆年间开始夹江地区民众就野生抚育销售，沿袭至今；叠鞘石斛容易种植，基础较好，价格低廉。相对于流苏石斛，在《药典》中明确的理由更加充分：二者形态与化学成分相似，基础研究比较深入。叠鞘石斛原植物、药材和饮片与流苏石斛十分相似，茎都是直条状，二者的药材混称"马鞭石斛"。由于流苏石斛有"马鞭石斛"的俗名，以致只将其与药材"马鞭石斛"混为一谈，而为《中国药典》明确收载。实际上叠鞘石斛的药材更为常见。地方政府应推动叠鞘石斛进入《中国药典》，从而促进叠鞘石斛产业的发展。

第七节　江西省药用石斛产业报告

一、产业发展现况

江西省是全国铁皮石斛产业最具发展潜力的省份，是铁皮石斛的黄金生长区域，特有的丹霞地貌遍

布全省，缓坡山地非常适宜进行集约化、标准化、规模化的铁皮石斛栽培。丹霞地貌已成为野生铁皮石斛的理想生长场所。崖壁上的铁皮石斛从深山来，经过人工反复培育再栽回到深山崖壁上，药效是大棚种植的数倍。目前，全省铁皮石斛种植企业和基地突破80余家，种植面积超过3万余亩，其中，丹霞崖壁原生境栽培约1万亩。如今，这种栽培模式在我省鹰潭修水、井冈山、兴国等丹霞地貌的崖壁上推广开来。

江西有药用石斛6种，分别为重唇石斛、铁皮石斛、钩状石斛、细茎石斛、广东石斛、黄花石斛。江西省铁皮石斛种植面积位居全国第六，占全国铁皮石斛种植面积的1%，但江西的野生铁皮石斛资源分布广泛，食用历史悠久，铁皮石斛产业开发潜力很大。

江西省铁皮石斛的规模种植最初是在2010年以前出现的，主要是由浙江投资者在我省建立的苗木基地引进铁皮石斛种植。随后，由于浙江省自然环境的局限，加之铁皮石斛仿野生栽培的逐渐兴起，使铁皮石斛对生长环境的温、湿度等气候条件以及水源等灌溉条件有了更加苛刻的要求，于是一些铁皮石斛种植基地逐渐转移到江西省与浙江省相邻的上饶等地。

据《龙虎山志》记载，龙虎山土著居民自盛唐以来就有食用"吊兰"的习俗（"吊兰"即铁皮石斛）。周边村庄至今存在着两种习俗，无论哪家有婴孩出世，族里德高望重的长辈都会亲自喂食婴孩一勺"吊兰"熬制的水，寓意保佑这个孩子身体健康长命百岁，人们称之为"长命汤"；族里的老人即登极乐，家里的长子也会喂食老人一勺"吊兰"熬制的水续命，好等子嗣回来见最后一面安排身后事，人们称之为"还魂汤"。时至今日人们的生活水平提高了，大家也会经常食用"吊兰"来预防感冒，轻身延年，形成了普遍的养生习俗。现传世的明代《道藏》就是由江西龙虎山天师府第三十五代、三十六代天师修编，其将铁皮石斛列为"中华九大仙草"之首。

（一）铁皮石斛产业概况

目前，上饶市已拥有如江西翰野农业开发有限责任公司等多家铁皮石斛大型种植企业，其他各个县市也随后开始出现零星的种植，均未形成较大规模。通过走访了解到，在赣州、吉安、九江等市均只有几个小规模种植户，萍乡市拥有1个3.33公顷的铁皮石斛种植基地，同时萍乡市农科所还引进1家从事铁皮石斛的品种选育以及组培育苗、大棚栽培的企业；宜春市有2个铁皮石斛大棚栽培基地，累计面积约4公顷，还有1个林下仿野生栽培基地，面积达26.67公顷；鹰潭天元仙斛生物科技有限公司从事野生铁皮石斛种质资源的研究与利用，已选育"龙虎一号"等6个铁皮石斛品种，在龙虎山景区种植铁皮石斛达数百亩。

鹰潭市天元仙斛生物公司的铁皮石斛育种示范基地，被授予全国唯一的铁皮石斛"优质道地药材示范基地"。继成功选育出"龙虎1号""天元2号"等铁皮石斛良种后，目前铁皮石斛直播技术再获新突破，让铁皮石斛回归原生态，对保护珍稀铁皮石斛野生资源和开发利用，将产生重大影响。

如今，在科研机构和龙头企业的示范带动下，我省铁皮石斛已形成"公司＋科研院所＋合作社＋基地＋农户"产业化格局，形成了精深加工能力，并培育出"轩斛"和"珍草苑"等一批品牌，呈现快速发展的良好势头。

一直以来，森林药材种植处于边缘行业，技术基础薄弱，创新不足。直到铁皮石斛产业的出现，使森林药材种植行为得到重大突破。

在余江县，有龙虎山铁皮石斛种质资源库、智能化良种培育室、铁皮石斛科普馆和年产5000万株铁皮石斛组培苗工厂。同时，余江县春涛铁皮石斛科技园建成4000平方米组培中心，预计年生产能力超过 1 亿株，目前种苗供不应求。

在修水县，2016 年国家林业局岩壁铁皮石斛工程研究中心设在该县，提高了江西铁皮石斛的科技含量，同时，该县每年安排 50 万元扶持铁皮石斛产业发展，全县崖壁铁皮石斛种植面积 23.3 万平方米，今年生鲜产量达 1.2 万公斤，销往北京、上海、广东、香港等地，一批批种植户由此致富。

我省发展铁皮石斛等产业潜力大。江西生态环境优良，林地丰富，适合各种药材种植发展。我省森林药材产业潜力大，但发展还不足。从铁皮石斛看，江西起步晚、规模小，目前全省仅有 80 余家生产企业和种植基地，其中 60% 以上为浙商投资。《江西省"十三五"大健康产业发展规划》《江西省"十三五"健康服务业发展规划》等一系列文件，已将铁皮石斛列为我省中医药强省战略的首选大品种。

我省铁皮石斛的发展方向还是以栽培为主，以大棚栽培为主，其次是林下仿野生栽培。组培苗工厂化生产主要在上饶市。近年来，随着铁皮石斛组培技术的日趋成熟，浙江、云南、广西、福建等地有大量企业出现，组培苗市场争夺已经相当激烈，严重挤压了铁皮石斛组培苗的利润，瓶苗的价格从 30～50 元 / 瓶已经降至目前的 8～10 元 / 瓶，利润已被严重挤压，已形成了规模化效益的局面。因此，近年来全国各地中小型铁皮石斛组培苗公司大量倒闭，少有新的组培苗工厂的成立。

（二）龙虎山石斛产业

龙虎山是江西省石斛的主要分布地和种植地。龙虎山属丹霞地貌，地处北纬 28°，这里光照充足，四季分明，雨量充沛，森林密布，物种丰富，红色的沉积岩内含有丰富的微量元素，丹霞崖壁上共生菌密布，与崖壁上的"仙草"天然共生，这些独特的环境组分为龙虎山野生铁皮石斛的生存提供了先天条件和天然屏障。

近年来，龙虎山铁皮石斛人工种植迅猛发展，人工栽培布点虽然分散但规模已达 66.7 公顷。在 2000 年以前龙虎山铁皮石斛的消耗以野生铁皮石斛为主，2010 年后随着铁皮石斛需求量的上升，龙虎山的药农开始尝试将野生石斛带回家驯化种植，但产量不高。鹰潭市天元仙斛生物科技有限公司落户江西龙虎山后带来了整套的先进技术，充分发挥龙虎山得天独厚的优势带动部分农民共同种植铁皮石斛，形成了龙虎山道地铁皮石斛人工种植的规模化标准化趋势。

龙虎山是我国野生铁皮石斛重要原产地之一。经科学考证，从龙虎山收集到 36 种野生铁皮石斛，通过 DNA 分子条码技术分析对比，这 36 种基因序列可分为 16 类，其中龙虎山特有的达 7 种之多。

龙虎山是天然的铁皮石斛种质资源宝库，为保护挖掘野生铁皮石斛种质资源，我省林业科研部门、龙头企业通过产学研合作，潜心探索育种难题，利用龙虎山野生铁皮石斛种群，经过多年攻关，成功选育出"龙虎 1 号"等 9 个铁皮石斛良种。

目前，国内以浙江乐清市作为批发销售中心，产品以鲜条、铁皮枫斗、铁皮石斛粉、铁皮石斛花茶、铁皮石斛干条等产品进行销售，江西本地市场尚未完全开发，本地消化产品数量有限。目前，省内各种植户、种植企业也在进行产品初加工，在本地增开产品门市店，加强铁皮石斛宣传等措施，以拓宽产品在本地的销售渠道和提高自身产品的附加值。

江西省铁皮石斛种植品种主要以浙江乐清红杆抗寒品种为主，一般从浙江地区购入组培瓶苗至江西驯化栽培，通过对多个铁皮石斛种植基地的调研来看，无论大棚栽培还是林下仿野生栽培，浙江品种铁皮石斛基本适应整个江西省的自然环境与气候，组培苗的栽培成活率可达 95% 以上，一般种植 3 年可采收。

二、发展优势

（一）气候好，自然资源丰富

江西省地处北回归线附近，属亚热带湿润气候，全省气候温暖、雨量充沛、无霜期长；地形以江南丘陵、山地为主，特别适合铁皮石斛的生长。另外，江西森林资源丰富，盛产松皮与杉木皮，二者是目前铁皮石斛栽培过程中使用最多的栽培基质。作为比较大的松皮与杉木皮的生产与集散地，江西的松皮与杉木皮供给了浙江、安徽、福建、广西、湖南等诸多地区。由于浙江省土地、山林、水源等自然资源的限制，其铁皮石斛大棚种植以及林下仿野生栽培基地已向诸如江西省等气候适宜、自然资源丰富的周边省份扩张或转移，从而带动江西省铁皮石斛种植业的发展。

樟树市自古以来就被冠以"中国药都"的称号，樟树不仅是全国著名的中药材集散地，自古更有"药不过樟树不灵"的说法，讲的就是樟树市自古以来精湛的中药材加工工艺。江西省应该充分利用樟树这一全国重要的集药材集散、加工为一体的优势，发展本省的铁皮石斛加工、销售市场，把铁皮石斛做成江西省自己的产业。

江西拥有丰富的硒矿资源，比如宜春明月山百岁草种植有限公司利用宜春市袁州区温塘镇的富硒山泉水在深山树林中进行铁皮石斛仿野生栽培，充分利用地方特色自然资源种植富硒铁皮石斛达26.67公顷，不仅提高铁皮石斛的质量与品质，更提高了其附加值。

（二）丹霞地貌遍布全省，非常适宜铁皮石斛生长

一是丹霞地貌区数量众多、分布广泛。丹霞地貌区广布于鄱阳湖水系，赣东、赣东南分布最为密集，其中龙虎山是早期丹霞地貌的典型代表。全省累计发现丹霞地貌区151处，数量位居全国第一。二是丹霞地貌区是铁皮石斛生长的理想场所。丹霞地貌区土层浅，碎屑物质多，土壤呈微酸性，非常适合铁皮石斛的生长。附生于丹霞岩壁的铁皮石斛，其药效是大棚种植的数倍。三是龙虎山为野生铁皮石斛种质资源宝库。经科学考证，从龙虎山收集到36种野生铁皮石斛，其中龙虎山特有的达7种之多，占我国已发现的70余种野生铁皮石斛的1/10。

（三）仿野生种植效益高，正在全省范围逐步推广

一是仿野生种植的铁皮石斛品质好、售价高。目前，国内市场上的铁皮石斛主要以大棚种植为主。虽然仿野生种植的铁皮石斛产量低，但有效成分高，每公斤鲜条收购价在2000元以上，比大棚种植高出数十倍。二是铁皮石斛仿野生种植已成为助农增收特色产业。铁皮石斛仿野生种植，既能增加农民收入，又可以美化生态，可以说是"绿色银行"。三是仿野生种植在丹霞地貌区得到成功推广。全省铁皮石斛岩壁仿野生种植面积约1万亩，涉及龙虎山、修水和井冈山等丹霞地貌区，其中龙虎山岩壁种植达2500万株。

（四）产业后劲足、亮点多

一是浙江铁皮石斛企业加速向江西转移。全省铁皮石斛种植企业和基地突破80家，其中60%以上为浙商投资，形成瀚野生物、天元仙斛等一批骨干企业。二是铁皮石斛良种选育取得较大突破。成功选育出"龙虎1号""天元2号"等良种，德兴铁皮石斛入选农业农村部"2016年第一批农产品地理标志登记产品"。三是铁皮石斛研发平台建设成效初显。修水获批设立国家林业和草原局岩壁铁皮石斛工程

研究中心，天元仙斛获批组建省级铁皮石斛工程技术研究中心。四是铁皮石斛示范基地建设稳步推进。天元仙斛被授予全国唯一的铁皮石斛"优质道地药材示范基地"，德兴大目源成为全省最大的铁皮石斛仿野生种植基地。

三、存在问题

（一）缺乏政府引导与资金、政策扶持

通过调研了解到，江西省各个地市农业及其他相关部门未对铁皮石斛的发展引起足够的重视，在项目申报、基地建设、贷款扶持等方面也未能给予铁皮石斛的种植企业、种植户更多有效支持。江西省内铁皮石斛种植与加工企业基本上是以个体投入为主，铁皮石斛又属于前期投入巨大的项目，政府应加强引导、保障与政策推动，以推广和实现铁皮石斛规模化种植。

（二）缺乏本省龙头企业

浙江省拥有多家大型铁皮石斛种植、加工龙头企业，经逐年的积累，逐渐形成了当地乃至全国的产业联盟，基本上掌握我国铁皮石斛市场话语权。企业也在云南、江西等外地建立了许多种植基地，规模越来越大。江西省也应该发展自己的龙头企业，积极加入铁皮石斛产业联盟，引进先进的种植、加工技术等，争取更多的主动权才能促进与保障自身的发展。

（三）江西省本地品种的收集与利用研究不足

1984～1994年全国中药资源普查显示，野生铁皮石斛主要分布于我国广西、贵州、四川、云南、安徽、西藏、湖北、湖南、江西、浙江、福建、台湾、海南等省区。江西的庐山、明月山、龙虎山、井冈山、兴国、万载、萍乡、进贤等地区、县、市均有野生铁皮石斛分布。

江西品种铁皮石斛属软脚种，多生于岩崖石缝间，长约25厘米，茎粗壮，叶片较厚呈红色且前段稍圆，加工成枫斗后品质较优，但是一直以来未能得到重视，缺乏对本省铁皮石斛野生品种的收集与利用等方面的研究。因此，目前省内的铁皮石斛种植品种比较单一，几乎都是引进浙江乐清红杆铁皮石斛。就调研情况来看，雁荡山红杆铁皮石斛品种在江西省产量适中、品质优，但是瓶苗驯化栽培较难、苗抗病虫害力不强等问题影响了铁皮石斛在省内的推广种植，因此急需利用本地野生铁皮石斛品种培育出适合江西省各个地区栽培简单、抗性强、产量高、品质优的品种。

四、发展建议

（一）借鉴成熟发展模式

铁皮石斛产业是一个"高投入、高收益、高风险"的产业。种植的主要问题是前期资金投入大、种植技术要求高、环境要求高等，江西省可效仿云南省开展"企业＋农户"的生产模式，由企业提供技术、农户栽培、企业进行加工与销售，也可培育龙头企业自建生产基地，集铁皮石斛育苗、种植、加工销售于一体，保障产品质量可控。政府也应增加资金投入，同时制定鼓励政策，开展铁皮石斛宣传、种植栽培技术培训、病虫害防治学习、提供铁皮石斛成分鉴定通道等措施来引导铁皮石斛产业的发展。

（二）挖掘保护野生种质资源，从源头上确保铁皮石斛的"道地性"

一要加强对野生种质资源保护。对全省铁皮石斛野生种质资源进行系统调查，摸清其种类、数量及生长环境。在野生铁皮石斛集中分布区建立种质资源保护区，严禁采集稀有野生品种。二要支持铁皮石斛种质资源库建设。依托全省丰富的野生铁皮石斛资源，加快种质资源库建设，开展种质资源的收集和鉴定，确保种源清楚、种质纯正。三要明确适宜推广种植的品种和区域。对铁皮石斛野生种质资源进行组培试验，比较不同品种的药理药效，同时遵循"道地性"规律，确定适宜品种和适种地区，为铁皮石斛的引种驯化和规模化种植提供支撑。

江西省拥有野生铁皮石斛野生种质资源，一直未能得到有效的开发与利用，应加紧进行本省的种质资源的收集与整理，筛选或培育出产量、质量与耐受性等优良的真正适合江西省不同地区栽培的优良品种。

江西省高山峻岭林立，雨量充沛、气温适中、山泉充足，气候好，污染少，利用自然优势大力发展铁皮石斛林下仿野生栽培，积极利用本省的富硒资源，利用"樟树药都"的制药工艺，发展出具有江西省特色的铁皮石斛产业。

（三）针对不同类型种植模式，采取差异化发展策略

一要优先发展岩壁仿野生种植。依托江西独特的丹霞地貌，仿照野外生长环境，将铁皮石斛附生于丹霞岩壁，让其接近纯野生状态自然生长，增强铁皮石斛的市场竞争力。二要大力发展林下原生态种植。依托全省丰富的森林资源，采用活树附生、立体种植方式，让铁皮石斛依附树木原生态生长，或者在林下野生环境自然生长，着力打造林下经济发展"新样板"。三要谨慎发展大棚设施种植。采用大棚设施种植铁皮石斛，尽管生长期短、产量高，但是品质低且产能明显过剩。面对铁皮石斛行业的结构性调整，应谨慎推广大棚设施种植，避免自由泛滥。

（四）突出统筹规划、集聚发展

一要提升壮大鹰潭铁皮石斛产业核心区。以龙虎山和余江为重点，发挥种群资源和产业基础优势，加快推进铁皮石斛良种繁育、规模化种植和新产品开发，做响"龙虎山铁皮石斛"品牌，把鹰潭打造成为全省铁皮石斛产业发展的核心区。二要促进铁皮石斛企业向三大优势片区集聚。以赣东北、赣西北、赣南作为重点区域，培育一批种植、加工科技型龙头企业，推动形成三大优势发展片区。三要打造一批铁皮石斛特色产业基地。以德兴、修水及井冈山等为支点，推进规模化种植、标准化生产和品牌化销售，使其成为全省铁皮石斛产业发展的突出亮点。

（五）打造铁皮石斛全产业链，全面融入大健康产业

一要推进有机、绿色和GAP认证。大力推广铁皮石斛有机、绿色、生态种植，积极开展相关认证及农产品地理标志登记。按中药材GAP标准要求，支持建立规范化种植基地。二要推动铁皮石斛绿色精深加工。严禁使用来源不明或种植不规范的铁皮石斛原料，加快铁皮石斛食品、药品和保健食品等新产品开发，实现从药品到食品、从药房到厨房的跨越。三要促进铁皮石斛与大健康产业有机融合。挖掘龙虎山道教养生文化内涵，开发铁皮石斛养生旅游产品，扩大江西铁皮石斛产品在全国的影响力。支持建设铁皮石斛主题园、文化园、科普馆和特色小镇，提升铁皮石斛在中医药产业中的地位。

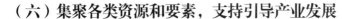

（六）集聚各类资源和要素，支持引导产业发展

一要尽快制定铁皮石斛产业发展规划。把铁皮石斛作为新兴产业加以培育，明确产业布局和主攻方向，从财政、金融、税收和土地等方面出台具体的扶持政策。二要支持开展技术创新和标准制定。组建一批铁皮石斛工程技术研究中心、重点实验室和院士工作站，突破制约产业发展的关键技术。进一步完善铁皮石斛地方性标准，积极参与制定国家行业标准。三要拓展铁皮石斛市场空间。建立铁皮石斛专业市场，构建电子商务平台，支持铁皮石斛鲜条和药材列入省医保目录，培育本地消费文化。四要建立各类专业合作组织及行业协会。引导发展铁皮石斛专业合作社，构建"公司＋基地＋合作组织＋农户"的产业模式。推动建立铁皮石斛行业协会，指导铁皮石斛种植、加工和销售。

第八节　广东省石斛产业报告

一、石斛资源情况

自 2014 年以来，韶关学院、广州中医药大学和华南植物园的石斛团队多次对广东省野生石斛资源进行调查。据初步统计，广东省野生石斛约 18 种，主要种有：铁皮石斛、金钗石斛、细茎石斛、美花石斛、马鞭石斛等。野生石斛主要分布于韶关市（始兴、仁化、武江、浈江、乐昌、曲江、乳源、翁源等）、梅州市（平远县、蕉岭县等）、清远市（英德、阳山等）、潮州市（潮汕）、广州（从化市）等地。研究表明，广东省具有开发前景的石斛种质资源比较丰富，如丹霞铁皮石斛、始兴金钗石斛、乐昌细茎石斛、浈江美花石斛等。

二、石斛产业发展概况

2014 年，韶关市人民政府依托韶关学院编制了《韶关市石斛产业发展规划（2014—2020 年）》，明确了韶关石斛产业发展规划总则、总体布局、发展重点和方向。

近年来，贵州省委、省人民政府将石斛产业列为该省培育发展的 12 个重点特色产业之一，制定了《贵州省发展石斛产业助推脱贫攻坚三年行动方案（2019—2021 年）》，明确提出将"贵州石斛"打造成为继"贵州茅台"第二张名片的品牌发展战略，努力推进实施"三百"工程（兴建"百万亩"石斛基地、打造"百亿级"石斛产业、促进"百万户"林农增收），全省石斛产业发展业绩骄人、产业规模和地位直追云南。

2018 年 8 月，由韶关市科技局批准认定由韶关学院申报的韶关市石斛工程技术研究开发中心。2018 年 12 月，由广州中医药大学、韶关学院、韶关始生元农业科技有限公司、韶关市润斛生态农业有限公司和韶关市禾间堂生态农业有限公司合作，共同成立了韶关市丹霞铁皮石斛研究院，业务主管单位为韶关市科技局。

①主要种植品种：铁皮石斛、马鞭石斛、美花石斛等。

②主要种植区：韶关、潮州、梅州、惠州、珠海、从化、清远、茂名等。

③种植面积：约 8000 亩，其中仿野生种植 6000 亩，大棚种植 2000 亩。

④产量与产值：石斛种苗年产 300 万瓶，石斛鲜条年产量约 30～50 吨，年产值约 3 亿元以上。

⑤研究团队：中国科学院华南植物园石斛研究团队、广东省农科院石斛团队、广州中医药大学石斛研究团队、韶关学院石斛研究团队等。

⑥广东省石斛企业开发的主要产品：石斛鲜条、石斛枫斗、石斛切片、石斛超微粉、石斛茶、石斛汤宝、石斛酒等。

三、主要荣誉和成效

（1）荣获"始兴石斛地理标志产品"。

（2）荣获"中国始兴石斛之乡"。

（3）正在编制"广东省铁皮石斛食品安全地方标准"。

（4）国家森林生态道地药材石斛产业基地、国家石斛林下经济示范基地。

（5）批准成立韶关市石斛工程技术中心、韶关市丹霞铁皮石斛研究院、韶关学院石斛研究所等科研平台。

四、石斛产业发展的几点建议

（1）深入挖掘广东特色石斛资源，打造广东石斛品牌。

（2）力争将丹霞铁皮石斛纳入广东省道地药材目录，并得到更好地保护。

（3）省卫健委尽快发布实施"广东省铁皮石斛药食同源物质生产试点工作方案"。

（4）进一步整合资源（行业组织、高校科研院所、企业、互联网、大数据等），搭建更高的石斛创新产业平台，做好资源共享工作。

（5）通过产学研合作，加快推进高品质、高附加值的石斛产品，并推动上市。

（6）广东省石斛科研院校和企业，需要主动融入粤港澳大湾区和粤澳合作中医药科技产业园，主动参与广东省和韶关市共建的生物医药创新发展基地建设。

第五章　石斛种植模式及差异化特点

第一节　全国石斛基地情况

　　浙江省、云南省是率先实现石斛组织培养育苗、人工栽培、药品和保健食品开发及产业化生产的省份。两省最早是在20世纪90年代开展石斛人工集约化栽培，2008年以后栽培面积迅速增长。经过多年的市场培育，在种苗生产、基质筛选、肥水调控等技术上实现了突破，发展速度快，产业初具规模，区域特色经济布局初显轮廓，经济效益显著，已形成了集科研、种植、加工、销售为一体的石斛产业。全国种植面积从2005年6000亩扩大到目前的近30万亩。通过调查发现，石斛是中国近十年来发展最为迅速的中药资源品种，具有培育为大产业的前景和基础。石斛的适宜种植区也非常广泛，产业发展汇集了大量的龙头企业及资金，产业带清晰，种植技术不断成熟，种植基地迅速扩大，产业效益显著，产业产值快速增长，已经成为中国最富潜力的中药材品种之一。

第二节　不同产地铁皮石斛差异化特点

　　铁皮石斛原植物有红杆、绿杆之分，从生长形态上区分有直立型、倒伏型，从茎杆上看有直条型和茎节弯曲型，茎节间长短有别，有短粗型和细长型，其长度一般不超过35厘米。因气候等原因，部分地区可生长到40厘米，杂交铁皮石斛茎杆长度40～80厘米。

　　红杆铁皮石斛榨汁颜色偏红并稍微浑浊。绿杆铁皮石斛榨汁颜色翠绿、通透，适合做鲜品饮料。除杂交石斛外，石斛质量都符合国家标准，虽然口感稍有差异，质量都有保证。

　　铁皮石斛因不同生长环境、不同种植模式其外观会呈现形态差异。如光照强则石斛茎杆偏红，茎杆短粗；光照弱则茎杆偏绿，茎杆长、茎节也长。

第三节　仿野生种植石斛分布

　　为保持石斛原生态品质，历史上，药农根据野生石斛附生在石头上和活树上，根系裸露在外的习性，尝试将铁皮石斛种植在树木上、石头上。该种植模式生产的铁皮石斛因不需过多人为干预，完全依赖自然环境生长，与野生石斛无明显差别，但其生长慢、产量低、难以看护，成为制约其发展的瓶颈。业内

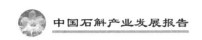

部分人士认为，长在树木上的这种石斛应该叫木斛。据查阅文献分析，木斛中空如禾，石斛中实有肉，木斛因其不含多糖类物质，干品像稻草一样。无论是长在石头上，还是树木上，都体现了石斛的生长特性，那就是气生根的附生性。石斛通过根系吸收空气中的养分来维持生长，是比较耐旱、生命力很强的附生植物，是中国名贵的中药材，喜欢半阴半阳、湿润的生长环境。中医认为，石斛具有很好的滋阴生津价值，被称为"滋阴圣品"。

云南、浙江、贵州、福建等省依托丰富的石斛种质、地理气候、道地品牌等资源优势，转变产业发展模式，稳定发展石斛种植业，大力发展石斛加工业，加快开发石斛生态产品、文化产品，提升石斛产业的加工附加值。贵州等省以石斛林下近野生种植为基础，发展以加工业为主导，集农业观光、休闲旅游、现场购物、科普教育于一体的复合型产业，推动产业结构从以生产为主向生产、加工、流通、服务联动发展转变。

贵州、云南等省最大的资源是山林，最大的优势是气候，山林既是发展的资源，也是发展的困惑和瓶颈。据统计，贵州、云南等省农村人均林地面积 10 亩以上，相当于人均常用耕地面积的 6 倍，丛林覆盖率为 24.2%，有林地和灌木林地覆盖率为 35.2%。由于生物多样性的特殊性和生态保护的重要性，丛林、森林既是宝贵的财富和资源，又成为制约山区发展的负担和困惑。因此，大力发展林下产业，打造林下经济，为实现科学发展、和谐发展、跨越式发展提供了机遇。利用自然适宜的气候和森林资源，科学规划种植林下仿野生石斛是石斛产业发展的最大出路和最佳选择。合理开发利用山林，可以变负担为资源。云南、浙江、福建等石斛主产区主要为床式种植，兼顾林下近野生种植。近年来，贵州省利用山区资源优势，在林下发展石斛产业，种植面积 15 万亩，主要种植金钗石斛和铁皮石斛。

第四节　石斛种苗不同培育模式

一、繁殖方法

（一）有性繁殖

有性繁殖即种子繁殖。石斛种子极小，每个蒴果约有 2000 粒，呈黄色粉状，通常不发芽，野外只在养分充足、湿度适宜、光照适中的条件下才能萌发生长。规模化繁殖多采用组培室内的胚培养。

（二）无性繁殖

1. 分株繁殖

在春季或秋季进行，以 3 月底或 4 月初石斛发芽前为好。选择长势良好、无病虫害、根系发达、萌芽多的 1~2 年生、色泽嫩绿、健壮、萌发多、根系发达及无病虫害的植株作种株，将其连根拔起，除去枯枝和剪掉过长的须根，老根保留 3 厘米左右，按茎数的多少分成若干丛，将株丛切开，分成小丛，每丛带有叶的茎株 5~7 根，即为种茎。

2. 扦插繁殖

在春季或夏季进行，以 5~6 月为好。选取 2~3 年生长健壮的植株，取其饱和湿润的茎段，每段保留 4~5 个节, 长约 15~25 厘米, 插于蛭石或河砂中, 深度以茎不倒为宜, 待其茎上腋芽萌发, 长出白色气生根, 即可移栽。一般在选材时, 多以上部茎段为主, 因顶端优势, 成活率高, 萌芽数多, 生长发育快。

3. 高芽繁殖

多在春季或夏季进行, 以夏季为主。三年生以上的石斛植株, 每年茎上都发腋芽, 也叫高芽, 并长出气生根, 成为小苗, 当其长到 5~7 厘米时, 即可将其割下进行培养。

4. 离体组培繁殖

金钗石斛可采用下述方法组培快繁试管苗。将金钗石斛的叶片、根经常规消毒后, 切成 0.5~1 厘米作外植体, 采用 MS 和 B5 作为基本培养基, 并分别附加激素如 NAA (0.5~1.5mg/L)、IAA (0.2~1.0mg/L)、6-BA (1.0~5.0 mg/L) 等激素组合的多种培养基, 培养基 pH 5.6~6.0, 培养温度 25~28℃, 每天光照 9~10 小时, 光照强度 1800~1900lx 条件下进行组织培养。19 天后, 茎叶处出现小芽点, 约 1 个月后, 小长, 尖端分叉, 2 个月后, 小芽长成高 2.0~2.7 厘米, 具 4~8 个叶片的试管苗。而叶片和切段无变化。并发现, 在培养基不同配方组合中, 与 B5 基本培养基相比, MS 基本培养基的生长速度具有明显变化。

二、种植模式

石斛种植模式有大棚种植、仿野生床式种植、活树附植、观赏盆栽等种植模式。大棚种植又分温控大棚种植、简易大棚种植。仿野生床式种植主要用于紫皮石斛的种植。仿野生种植有野外石上种植, 活树贴树种植, 林下种植。因大棚集约化种植每亩需要种植种苗 3~4 万丛, 而仿野生种植很多地方以种植 3000 丛为一亩的标准, 两种种植模式其产量和经济价值需要分开计算。

(一) 天然林活树附植仿野生种植

选择树种为常绿阔叶灌木或小乔木的天然林, 树种以栎树 (*L. canum*)、杨梅树 (*Myrica rubra*) 为最佳, 要求树干适中、树皮疏松 (有纵裂纹)、易管理。移栽前应先将附主树的细枝、过密枝条和附着于树枝的地衣植物、苔藓、落叶等清除干净, 栽培植株处的树干处最好保持透光度在 25%~35%。定植时将种苗在距地面 50~60 厘米的高度用棉线或稻草绳呈环状固定在树干上, 株行距 (10~15) 厘米 × (20~30) 厘米, 种苗露出茎基, 保护根、芽, 新根尽可能接触树皮。

(二) 移活树附植仿野生种植

选择易移栽成活、胸径 10 厘米以上、适宜石斛附生的, 如油桐树 (*Vernicia fordii*)、八角树 (*Illicium verum*) 等树木按株行距 4.5 米 ×4.5 米, 树干与地面呈 70° 角斜栽, 移栽成活后将种苗在距地面 50~60 厘米的高度用棉线或稻草绳呈螺旋状固定在树干的两侧, 株行距 10~15 厘米, 种苗露出茎基, 注意保护根、芽, 新根尽可能接触树皮。

(三) 槽内圆木种植

栽培时先在木槽内铺垫 4~6 厘米厚的基质, 将选好的圆木 (宜选用刚砍下、较直、树皮生、水分含量高的杉木树) 放置于槽中基质上, 可一槽一棵, 也可一槽多棵, 应根据槽的大小和所选树木而定。将种苗用棉线或稻草绳按 10~15 厘米的株距三角形错位固定在圆木的两侧, 茎基离基质 2~3 厘米。

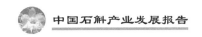

（四）纯基质床式种植

用竹片或木材加工的边皮废料做底，做成床高 10～15 厘米、床宽 100～120 厘米、床长因地而定、支架高 60～80 厘米的栽培床。先在床上铺垫 5～10 厘米的基质，按 20 厘米的行距垒成高 3～5 厘米的墒，将种苗按 10～15 厘米的株距定植在墒上，墒与墒间种苗形成三角形错位，茎基离基质 2～3 厘米。

（五）苗床圆木种植

栽培床制作同上（四），栽培时先在床内铺 4～6 厘米厚的基质，再根据床宽用长 100～120 厘米、直径 5～8 厘米的圆木（圆木宜选用刚砍下、较直、树皮生、水分含量高的杉木树）按 12～15 厘米行距放置。将种苗用棉线或稻草绳按 10～15 厘米的株距三角形错位固定在圆木的两侧，茎基离基质 2～3 厘米，根系紧贴树皮。

第五节　仿野生与大棚栽培的区别

仿野生铁皮石斛种植是指将铁皮石斛种苗种植在自然环境优美、远离城市和工业污染的野外活树或石头上，不施用化肥和农药，依靠空气中的营养物质和干旱季节适当人工补水，经受阳光照射、雨露、霜冻、风吹雨打、昼夜温差等自然环境的洗礼，野外生长期不低于 10 个月而采收的鲜条，也就是必须是用瓶苗或驯化苗、扦插苗种植。

仿野生铁皮石斛与大棚种植石斛区别有几点：

仿野生石斛短、成熟后含水分偏少，表皮不光滑。

野生石斛因为缺少营养，纯天然，茎杆短小，长度 15cm 左右，其多糖含量没有大棚种植的铁皮石斛高，但浸出物指标高于大棚种植。因此，鉴别时用纤维多少、黏度来判断野生、仿野生和大棚种植的铁皮石斛并不准确。

仿野生铁皮石斛特征与大棚种植的铁皮石斛区别不是太大。要购买到真正的仿野生铁皮石斛，目前最好的办法是与有诚信、重质量的企业和种植户合作。

第六节　不同种植模式对质量的影响

石斛的历史文化底蕴深厚，其涉及的知识包括中医文化、生物、化学、人文、地理、环境、农业、质量安全等多学科，还有很多未知领域等待现代科技去解答，全面熟悉和掌握这些知识比较困难，多数石斛企业和石斛行业从业人员都仅了解部分知识，宣传和推广石斛往往带有广告性质，比如，对于石斛多糖的了解就存在误区。

石斛多糖是迄今为止，被检测发现铁皮石斛、紫皮石斛、霍山石斛中含量最丰富的物质，《中华人民共和国药典（2010）》对铁皮石斛多糖含量标准确定为 ≥ 25%，实际检测，铁皮石斛、紫皮石斛几乎都大于这个标准。药典中还规定了甘露糖、石斛碱、浸出物的含量。因石斛多糖具有明显的黏性，研究证明，石斛多糖增强免疫力的效果较好，因此很多人将鉴别石斛优劣标准定性为石斛多糖含量的高低。中药与西药区别在于中药是多靶点的复合体，由多种物质成分共同复合产生作用。目前，也没有研究结

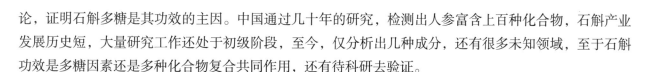

论，证明石斛多糖是其功效的主因。中国通过几十年的研究，检测出人参富含上百种化合物，石斛产业发展历史短，大量研究工作还处于初级阶段，至今，仅分析出几种成分，还有很多未知领域，至于石斛功效是多糖因素还是多种化合物复合共同作用，还有待科研去验证。

色相光谱仪检测发现，石斛也具有上百种化合物成分，每一种成分之间的峰值比高低是当前鉴别石斛品种的比较科学的手段，也就是说，各化合物之间的比例要相对稳定，才能证明该品种质量。

因此，鉴别铁皮石斛、紫皮石斛时多糖不是唯一标准。一些企业检测报告中石斛多糖含量高达50%以上，这并不代表其品质好，只能证明检测的方法和标准不统一而导致的结果差异，如果在统一标准情况下，仍然远高于传统标准，就要考虑该品种本身的问题。

铁皮石斛质量检测中，最关键的指标是浸出物标准，药典规定浸出物≥6.5%，该标准制定得比较早，采用野生铁皮石斛检测报告制定。目前许多人工种植的铁皮石斛浸出物指标无法达到药典标准，无法用于生产铁皮石斛饮片，这就是导致进入药用渠道的铁皮石斛较少的原因。

实践证明，铁皮石斛浸出物指标与种植模式，种植区域的温差、休眠期长短、采收季节都有关系。休眠期长的区域该指标高于休眠期短的地区。

第七节　石斛产地与质量的关系

中国石斛主要产于长江以南、秦岭以南的大部分地区。

原产地是指产品的最初来源，即产品的生产地。中国主要是按照历史传承来区分产地，尤其是动植物类，需要追根溯源作为原产地依据。

道地药材是指在特定自然条件、生态环境的地域内，有较长的生产历史所产的药材，因生产较为集中，栽培技术、采收加工也都有一定的标准，以致较同种药材在其他地区所产者品质佳、疗效好。道地，也就是地道，也即功效地道实在，确切可靠。

根据石斛的生长特性来区分，除了历史记载的大区域产地，还可以根据近年来的仿野生种植技术来进行验证是否适合石斛生长，是否作为道地石斛，最简单的方法就是将该石斛种植在野外，依靠自然环境，无需人工干预能够存活，并有一定的生长量，这样的环境就符合石斛道地性，其品种可以得到保证。一些地方通过人工干预、智能温室大棚、人工光照等技术手段满足石斛生长需要，其产品不符合道地药材标准。

石斛属于附生植物，气生根系发达，依靠气生根吸收空气中的水分和营养物质，因此，石斛种植环境还应该选择远离城市、远离工业污染、远离高速公路，无地下水污染的区域种植，可避免环境对石斛质量的影响。

第八节　采收期

一、紫皮石斛采收期

紫皮石斛成熟的标志是茎杆变为白条，最佳采收期为每年10月15日至次年1月15日。

二、铁皮石斛采收期

根据各地气候差异，植株停止生长，行业称封顶（植株顶部不再生长新的叶片）一个月前后，茎杆表皮部分成白色，俗称白条后进行采收。多数产地在 11 月中下旬至次年 3 月为最佳期。由于市场发生变化，消费者对鲜品越来越青睐，鲜品市场比重逐步增大，为了适应市场需求，延长鲜品供应周期，根据消费者自愿原则，部分采收期从 10 月中旬至次年 10 月，可保持常年鲜品供应。

第九节　铁皮石斛回归种植行动

一、铁皮石斛回归大自然悬崖种植

根据中国中药协会石斛专业委员会在霍山举办的"第七届中国石斛产业发展论坛"大会上，杨明志主任发出的"将野生优质道地石斛种源，实行哪里来回哪里去的种源回归倡议"，2014 年 4 月 25 日，由中国兰花协会、中国兰科植物保育委员会、中科院植物所、国家兰科中心，龙岩市农办、林业局、农业局和连城县人民政府主办了 2014 年"药界大熊猫"冠豸山铁皮石斛回归大自然活动。按原生态的标准，在冠豸山上移栽培植 1 万株以上人工组培铁皮石斛种苗。此后，浙江余姚也采取回归行动并划定了野生铁皮石斛种源保护区域。云南广南、龙陵、德宏，安徽霍山，广东韶关，四川江油，浙江余姚、乐清、天台等地，贵州赤水市、锦屏等地，石斛企业都积极响应，大力推广仿野生种植和种源保护，经过几年的野外自然驯化，品质与野生无异。优质种源回归行动，大幅度恢复了石斛的野生种群，有利于建设长期可持续发展的优质种源基地。

二、种源回归调查情况

2015 年，连城县铁皮石斛种源回归经历了夏秋两季，逾半年之久，连城县组织专业队伍对回归种植的铁皮石斛苗进行调查（表 5-1），逐一记录它的成活率、发芽率、生长率，为第二年继续实施铁皮石斛回归自然提供有益参考。

表 5-1　回归种植铁皮石斛状况调查表

位置	种植数量/株	可见植株/株	成活数量/株	自然死亡/株	成活率/%	发芽数量/株	发芽率/%	平均茎高/cm	平均茎粗	平均节数
东山草堂	1400	104	80	24	76.92	0	0	7.58	0.43	6
灵芝峰	1200	296	192	104	64.86	40	20.83	8.12	0.51	8
石碑	800	8	8	0	100	0	0	6	0.46	5
金字泉背	2960	184	142	42	77.17	20	14.85	9.5	0.49	9
一线天	3680	84	84	0	100	12	14.29	9	0.56	6
拱门	560	0	0	0	0	0	0	0	0	0
合计	10600	730	560	170	76.7	72	9.86			

注：人为盗采现象严重，坡度较平缓，高度较低之处几乎被盗采殆尽。

三、回归生长表现

（一）生长状况良好

回归大自然第一阶段活动，悬崖种植铁皮石斛驯化苗 10600 株，除去被人为盗采和被风吹、雨淋损失，可见植株 730 株，自然死亡 170 株，成活率 76.7%，原驯化苗植株只有大约 6 厘米高，4～5 节，茎粗 3～4 毫米，经半年生长，平均茎高达到 8.5 厘米，6～8 节，茎粗 4.5～5 毫米。有 72 个植株发 1 到 2 个新芽，发芽率分别为：灵芝峰 20.83%，金字泉背面 14.85%，一线天往双顶处 14.29%，总发芽率为 8.86%。可以推测，到第二年春天，每株回归苗都将发芽，而且新芽数量会较多。成活植株总体健硕，叶片青翠、肥厚，叶面光滑、无斑点，与野生铁皮石斛基本无异。由此可见，以野生原种组培的铁皮石斛苗经驯化后，完全适应在自然环境中生长，而且长势良好。铁皮石斛回归大自然活动，不仅能有效保护铁皮石斛野生种源，也能为大面积推广仿野生种植提供非常好的借鉴作用，为石斛产业可持续发展提供优质种源保障。

（二）对环境要求严苛

从成活状况和发芽状况看，铁皮石斛在自然条件下生长，对环境的要求极高，甚至达到严苛的程度。铁皮石斛属于兰科植物，具有兰科植物喜阴不喜湿、忌阳光直射的特点。东山草堂背面和灵芝峰比较向阳，日照时间超过 10 小时，又缺少可遮阴的植被，所栽种铁皮石斛自然死亡较多。东山草堂背面可见种植 104 株，自然死亡 24 株，自然死亡率达到 23%；灵芝峰可见植株 296 株，自然死亡 104 株，自然死亡率高达 35%。而金字泉背面、一线天往双顶处，有地衣等蕨类植物遮阴，悬崖罅隙较深，表面较为湿润，铁皮石斛的成活率和发芽率都很高。金字泉背面可见植株 184 株，成活 142 株，成活率 77.17%，发芽 20 株，发芽率达 14.85%；一线天往双顶处可见植株 84 株，自然死亡 0 株，成活率 100%，发芽 12 株，发芽率达 14.29%。

（三）生命力极端旺盛

除了被盗采，可寻见的铁皮石斛植株共 730 株，成活 560 株，总成活率 76.71%，其中东山草堂背面成活率 76.92%，灵芝峰成活率 64.86%，金字泉背面成活率 77.17%，一线天往双顶处成活率 100%，总体成活率较高。

一线天拱门和"造化钟神秀"石碑处温度、湿度、光照度均十分适宜铁皮石斛生长，如果不是被盗采，成活率将非常高。今年下半年雨水较少，特别是入秋以后，长时间干燥少雨，多数植物退黄、枯死现象极为严重，悬崖上的铁皮石斛却生长良好，从栽种到普查这段时间，虽然不属于铁皮石斛发芽的好时间，但仍有 72 株发了新芽，由此可见，铁皮石斛的生命力极端旺盛。

（四）附生特点明显

从普查情况看，栽种在有地衣或腐殖质上的铁皮石斛，比栽种在没有地衣和腐质物的悬崖罅隙间的铁皮石斛，成活率、发芽率都要高许多，这正体现了铁皮石斛附生和共生的特点。没有附着物，没有共生群落，铁皮石斛的生长状况极不理想，自然死亡现象较为突出。

（五）自然损失难免

普查时，可见的自然死亡植株有一定的比例。除"造化钟神秀"石碑、一线天往双顶处可见植株成活率 100% 外，那些种在裸露的悬崖上，向阳、日照时间长的种苗，死亡率高，东山草堂背面死亡率

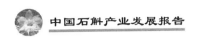

23%,灵芝峰死亡率35%,金字泉背面22.8%。另外,不可见的自然死亡植株也不少,那些栽种在没有地衣、腐质物等附着物上的种苗,在发新根抓牢悬崖前,便经不住风吹、雨淋,被风吹跑,被雨水冲刷掉落了。这方面的损失应该不在少数,只是由于人为盗采率极高,自然死亡率难以推算。

(六)盗采现象严重

一线天拱门处位置低矮,"造化钟神秀"碑也仅有3米多高,东山草堂背面和灵芝峰看上去险要,但悬崖间有较开阔平台,有一定攀岩能力的人只要一根短绳协助,即可到达平台,一线天往双顶处悬崖比较平缓,这几个位置所栽铁皮石斛被严重盗采。拱门栽种560株一株不剩;一线天往双顶处栽种3680株,仅剩84株;"造化钟神秀"碑及周边栽种800株,仅剩8株;其他各处,只要竹竿能够到,借助一定的工具能上去,同样被大量盗采,盗采率达90%左右。

四、延伸成果

铁皮石斛回归大自然活动取得成功后,连天福公司积极总结和吸取经验,着力推广铁皮石斛林下仿野生种植。公司在计划实施的2000亩铁皮石斛林下种植示范基地第一期554亩基地中,采用树栽法、架栽法、篮栽法、床栽法、垄栽法等多种方式种植铁皮石斛,成活率到达100%。并申请欧盟、美国、日本有机认证。制订了《铁皮石斛有机种植手册》《铁皮石斛有机种植管理规程》,建立有机种植管理日志,完全按照有机认证要求进行水肥、光照度、温湿度、防虫防病管理。公司经过深入的调研和认真的分析,拟写了《铁皮石斛万亩林下种植及产业化发展项目可行性研究报告》,向连城县政府提出大力发展铁皮石斛产业的建议,得到积极回应,连城县委书记林英健、县长蓝凯英亲自主持了数场铁皮石斛产业发展座谈会,县政府每年投入数百万元资金用于铁皮石斛产业发展。

五、悬崖回归种植

(一)建立铁皮石斛回归大自然种植保护区

随着铁皮石斛回归大自然活动的逐步深入,在景区的悬崖峭壁间种植的范围将进一步扩大,管护的难度也进一步加大,因此,建议建立铁皮石斛回归大自然种植保护区,并成立由连天福公司、林业部门、风景区管委会有关人员组成的铁皮石斛回归大自然种植保护区工作协调小组,三方相互联动,通报信息,紧密协作,强化对保护区铁皮石斛回归苗的管护。连天福公司派专员定期和不定期上山巡查,并制作警示牌悬挂在醒目的位置,对游客、登山锻炼者及上山民众等进行善意提醒。连天福公司人员、森林公安、护林员、景区保安、导游员、商埠经营者等相互配合,对盗采和损毁保护区内铁皮石斛回归苗行为进行警示、劝阻、制止、举报,并对以采挖中草药贩卖为副业的药农进行摸底登记,实施保护区准入制度,未经申请并获得林业部门批准,一律不得进入保护区采药。

(二)加强执法力度,严惩盗采行为

森林公安、景区公安派出所应适当安排警力,协助景区护林员加强铁皮石斛回归大自然种植区的保护巡逻,发现盗采等不法行为及时制止,晓之以理。对那些置国家植物保护法律法规于不顾,对规劝置若罔闻,不肯收手的,应根据相关法律予以惩处,使盗采铁皮石斛和破坏其他珍贵野生植物的行为得到有效地遏制。

（三）加大宣传力度，增强保护意识

当前，当地群众只知道铁皮石斛珍贵，却缺乏保护的概念和意识，保护的难度大，因此，要加大对国家和地方有关保护珍稀植物的法律法规的宣传力度，增强广大群众和游客的保护意识，可由铁皮石斛回归大自然种植保护区工作协调小组统一部署，通过电视、网络、挂图、小册子、宣传栏等诸多形式，让群众广泛了解铁皮石斛回归大自然活动的公益性和保护铁皮石斛，维护景区植物多样性，繁荣生态文化，建设生态文明的重要意义，营造一种"保护铁皮石斛光荣，盗采铁皮石斛可耻"的良好社会氛围。

（四）大力推进铁皮石斛产业

铁皮石斛品质优异，已被越来越多的人所了解。到连天福公司打探行情、咨询种植要领的人络绎不绝。有关部门要趁此良机通力协作，着力推动铁皮石斛产业发展。按中国、欧盟、日本和美国有机认证的要求实施种植措施，按规范质量标准组培、驯化出大量优质铁皮石斛种苗，及时提供给加盟种植户，并在公司技术人员的指导下栽种，通过种植获取较好的经济回报。让想尝试种植，从中积累栽培经验和通过少量种植以供观赏、自给自足的客户，也能方便购买到种苗并得到指导，从阳台等小范围种植中收获乐趣，让那些想"顺"走回归种植保护区种苗的人，打消"顺手牵羊"的念头。而且，群众的关注度越高，参与的人越多，加上相关部门的引导、扶持，产业发展的动力就越大，铁皮石斛的大面积仿野生种植，必将给连城人民带来显著的经济、社会、生态和文化效益。

（五）控制种源采集数量

在种源回归发起和管理部分，制定区域内回归优质种源的利用规则，有计划地适度采集石斛果荚和茎尖用于当地种苗培育。

六、回归种植可行性

本次回归种植科研调查活动，对种植在一线天等景点的回归苗的成活率、发芽率和生长率进行了认真的记录，经过可靠的数据分析，可得出如下结论：

铁皮石斛回归大自然等仿野生种植是完全可行的。

铁皮石斛的生命力和抗病害能力超强。

铁皮石斛喜阴不喜阳、附生共生、忌阳光直射特点明显，选择种植区域时，要突出遮阳、湿润等先决条件。

铁皮石斛是珍稀名贵药材，是仅有的获得国家农业农村部地理标志保护的两个铁皮石斛品种之一，是大自然赋予连城人民的共有财富，由于以往的乱采滥挖，野生铁皮石斛已濒于灭绝。由于其在野生环境中自我繁殖率极低、生长缓慢，连天福公司将以野生原种组培、驯化的种苗种植回归大自然，是保护铁皮石斛种源的一个必须而良好的手段，也有助于连城铁皮石斛产业有序、健康发展，造福于连城人民。但这项活动不可能毕其功于一役，也不可能仅靠某个单位、某个部门独立完成，而必须群策群力、多方协作、达成共识、齐抓共管，才能把这项工作做实做好。

第六章 石斛功效考证与现代研究

第一节 历代典籍谈石斛

石斛首载于《神农本草经》，列为上品，谓："……味甘，平，无毒。主伤中，除痹，下气，补五脏虚劳，羸瘦，强阴，久服厚肠胃。轻身，延年，长肌肉，逐皮肤邪热，痱气，定志除惊……"其功能与应用范围相当广泛。《神农本草经》以后，历代本草对石斛功效与应用又不断补充与发展。

《名医别录》除摘录《神农本草经》内容以外，还增加了"益精，补内绝不足，平胃气……"《日华子本草》补载："治虚损劣弱，壮筋骨，暖水脏，益智，平胃气，逐虚邪。"《本草衍义》补载："治胃中虚热。"《本草纲目》补载："治发热自汗，痈疽排脓内塞。"《药品化义》补载："治肺气久虚，咳嗽不止。"《本草备要》补载："疗萎遗滑精。"

《本草纲目拾遗》补载："清热解暑醒脾，止渴利水，益人力气。"《中药大辞典》有考记赵学敏的原记载："清胃除虚热，生津，已劳损，以之代茶，开胃健脾，定惊疗风，能镇涎痰，解暑，甘芳降气。"

《本草再新》补载："理胃气，清胃火，除心中烦渴，疗肾经虚热，安神定惊，解盗汗，能散暑。"另《千金方》（《千金翼方》第十六卷）秦王续命八风散，其中石斛的功用注明曰："主风益气，嗜食。"更生丸（《外台》卷17虚劳）原方中石斛剂量为四分，随症加减"若体疼加一倍"。凡热病后期，出现津液缺乏、口干舌燥、心烦、低热不退、余热不清、食欲不振、胃痛干呕、自汗盗汗、头目虚眩、舌干而红、光剥无苔等症，以石斛最为适宜。石斛之功效为补虚益胃、养阴明目、清热生津。其特点在于清中有补、补中有清。石斛还能补肾益精明目，对于久视伤血、年迈体弱、肝肾不足所致的两目昏花、视物模糊，久服大有裨益。

由以上记述来看，石斛的应用与适用范围很广，除可用于消化系统疾病外，还适用于神经系统、生殖系统、呼吸系统及外科、皮肤科等疾病。

陈存仁在《中国药学大辞典》石斛名下，"近人学说"栏目中总结古人对石斛的应用经验后，又总结性地认为："……总之，石斛能清胃生津，胃、肾虚热者最宜。"并指出按《苏沈良方》石斛夜光丸专治目光不敛，神水散下。这是历代本草中最早记载石斛可治眼疾的论述。至于石斛，特别是枫斗，为何为中国南方人士所青睐，可能与赵学敏所谓"极解暑醒脾，止渴利水，益人力气"有关。在《中国药学大辞典》中，关于石斛功效时写道："养胃阴，除虚热，对胃略能促进胃液，帮助消化之不足，至肠能刺激肠蠕动，且能制止其吸收能力，故能使积粪排出，同时亦能使体温下降三度（摄氏度）余，乃作健胃强壮药。"《中国药学大辞典》特别提及霍山石斛，谓："若老人虚弱，胃液不足而不宜太寒者，则霍山石斛为佳……而近时更有所谓绿毛枫斛者，色作淡绿，质柔而软，味浓而又富脂膏，养胃益液，却无清凉凝脾之虑，确为无上妙品……"

第二节　石斛调补阴阳平衡

《中国药典》规定，铁皮石斛多糖含量≥25%，实践中，铁皮石斛多糖含量普遍达到35%～40%，石斛嚼之粘牙滑爽，类似人体形体官窍和隔膜里面的液体。根据中医取象比类的原则，就是很好的生津物质。霍山石斛、紫皮石斛等富含多糖，据分析金钗石斛这类味苦的石斛也含有一定的石斛多糖。

阴阳学说是中国古代的一种哲学思想，在中医的应用十分广泛。《黄帝内经》说："阴阳者，天地之道也，万物之纲纪，变化之父母，生杀之本始，神明之府也，治病必求于本。"阴阳平衡，百毒不侵，阴阳失衡，病毒就会趁虚而入。金元四大家之一，朱丹溪先生提出："火起于妄，变化莫测，无时不有，煎熬真阴，阴虚则病，阴绝则死。"朱丹溪提出了阴气对于人之重要。《素问·阴阳应象大论》说："年四十，而阴气自半也，起居衰矣。"

中医认为阳是指精、气、神，通过锻炼、晒太阳，饮食调理就能够恢复，尤其是阴虚调补正常后，阳虚自然也就恢复。阴是指津液，也称"阴液"，《简明中医辞典》对阴液的解释："近人对精、血、津、液等各种体液成分的通称，因其均属阴分，故名。"津液就是机体一切正常水液的总称，包括各脏腑形体官窍的内在液体及其正常的分泌物，布散于体表的津液能滋润皮毛肌肉，渗入体内的能濡养脏腑，输注于孔窍的能滋润鼻、目、口、耳等官窍，渗注骨、脊、脑的能充养骨髓、脊髓、脑髓，流入骨节的能滋润骨节屈伸等等。

津液的作用有三个方面：一是濡润脏腑器官，对全身的器官进行濡润，类似于汽车的机油，对全身每一个器官，每一个关节的运动起到润滑的作用，确保身体运行自如。二是输送营养、带走垃圾。人们吃下的食物，经过胃的吸收和分拣，部分营养物质由津液循环输送到全身每一个器官、每一个细胞，因血管老化、堵塞、病变导致部分营养物质无法到达的部位，就会首先衰老，甚至发生严重病变，如长斑、长皱纹，长期淤堵就有可能转变为肿瘤。三是维持体温。足够的阴液能够保证人体器官正常运行，并维持体温，如局部阴液不足，该部位就会温度升高，上火发生炎症，或体温升高。就像汽车，如果发动机机油不足，发动机温度就会升高，甚至毁坏发动机。当人体津液不足时，表现出的就是阴虚。症状如汗热而黏、呼吸短促、身畏热、手足温、躁妄不安、渴喜冷饮，或面色潮红、舌红而干、脉细数无力，易发炎症、口渴。如患肩周炎、关节炎等病症时，患病部位时常能听见骨骼摩擦的声音，这有可能就是由于阴虚，关节部位津液不足，无法滋润导致的硬性摩擦。

阴虚分肺阴虚、心阴虚、脾阴虚、胃阴虚、肝阴虚、肾阴虚。这里与《神农本草经》记载石斛功效能补五脏虚劳，厚肠胃完全吻合。"羸瘦"就是因为机体细胞干瘪，体液不足而变得干瘦。年轻人体态丰盈，皮肤有弹性，就是因为阴液足，老年人干瘪了就是阴液少了，干瘦的人如果长期食用石斛，持续补充阴液，就可以慢慢变"胖"。

中医常见的肾虚主要是指肾精不足导致的肾功能下降。肝藏血、肾藏精，肾主骨生髓，髓生免疫力。因此，肾虚会导致骨骼失养，发生骨骼酸痛，易疲劳，免疫力下降。肾虚还会对脑髓失养，导致记忆力减退，反应力下降。肾虚还会导致衰老、色斑等，也与糖尿病、白血病、痛风等有关。

第三节　石斛靶向功效就是强阴

石斛被誉为"中华九大仙草之首"，民间推崇为"仙草"。历史上记载石斛功效的中医药古籍多达几十种。石斛功效比较广泛，归胃经、肾经，强阴、补五脏虚劳，涉及许多疾病。被现代石斛业界解读和延伸后，变成了包治百病的"神药"。导致人们在宣传推广石斛、了解石斛知识方面不知所措。

有专家提出，三七的靶向功能是活血、人参的靶向功能是补气，简单明了。石斛核心靶向功效到底是什么？经过多年探索与研究认为，强阴生津就是石斛的靶向功能。

一、中医古籍记述石斛功效

中国第一部药学专著《神农本草经》记载：石斛，列上品，谓"……味甘，平、无毒。主伤中，除痹，下气，补五脏虚劳，羸瘦，强阴。久服厚肠胃，轻身延年，长肌肉，逐皮肤邪热，痱气，定志除惊……"。

2000多年来，大量的中医药文献，在《神农本草经》基础上，对石斛的功效进行补充和完善。《名医别录》增加"益精"。《日华子本草》补载"治虚损劳弱"。《本草衍义》补载"治胃中虚热"。《药品化义》补载"治肺气久虚，咳嗽不止"。《本草备要》补载"疗萎遗滑精"。《本草纲目拾遗》补载"清热解暑醒脾，止渴利水，益人气力"，"清胃除虚热，生津"。陈存仁在《中国药学大辞典》石斛项下，"近人学说"栏目中，总结古人对石斛的应用经验后，又概括认为"……总之，石斛能清胃生津，胃、肾虚热者最宜"。《中国药典》记载：石斛，益胃生津，滋阴清热。

据以上古籍与文献记载，无论是"益精""治虚损劳弱""治胃中虚热""治肺气久虚"，还是"疗萎遗滑精""清热解暑醒脾"，各种功效皆通过生津来实现，都与"津"密切相关。

二、"津"液内涵

津液在中医基础理论中，是指饮食精微通过胃、脾、肺、三焦等脏腑的作用而化生的营养物质。在脉内的，为组成血液的成分；在脉外的，遍布于组织间隙之中。津和液通常并提，但二者在性质、分布和功能方面，均有不同之处。质地较清稀，流动性较大，布散于体表皮肤、肌肉和孔窍，并能渗入血脉之内，起滋润作用的，称为津；质地较浓稠，流动性较小，灌注于骨节、脏腑、脑、髓等，起濡养作用的，称为液。津液泛指一切体液及其代谢产物。简单说，津液是机体一切正常水液的总称，包括各脏腑形体官窍的内在液体及其正常的分泌物。津液是构成人体和维持生命活动的基本物质之一。津液入脉，成为血液的重要组成部分，还有调节血液浓度的作用。当血液浓度增高时，津液就渗入脉中稀释血液，并补充了血量。

中医认为，阴阳平衡，百毒不侵，阴阳失衡，病毒趁虚而入。《黄帝内经·素问》载"年四十，阴气自半，起居衰亦"。金元四大名医之首的朱丹溪也认为"人，阴常不足，阳常有余；阴虚难治，阳虚易补"。他说明，中年人，阴虚较为普遍。阴虚可引起多个脏器系统组织病变。何谓阴虚？中医认为，阴虚乃阴液不足，不能滋润、不能制阳，引起的一系列病理变化及证候。《简明中医辞典》对阴液的解释为"近人对精、血、津、液等各种体液成分的通称，因其均属阴分，故名"。《医经原旨》讲：五脏化液，心为汗，肺为涕，肝为泪，脾为涎，肾为唾，是为"五液"。

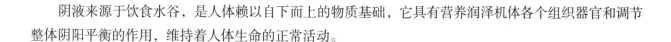

阴液来源于饮食水谷，是人体赖以自下而上的物质基础，它具有营养润泽机体各个组织器官和调节整体阴阳平衡的作用，维持着人体生命的正常活动。

三、石斛生津之功效

津液功效可概述如下：第一，输送营养、带走垃圾。津液是营养物质，通过流动将营养物质输送到全身器官和细胞，循环中将垃圾带出，通过小便排出。第二，濡润脏腑器官。灌注于骨节、脏腑、脑、髓等，起濡养作用。第三，维持体温。气候炎热或体内发热时，津液化为汗液向外排泄以散热，而天气寒冷或体温低下时，津液因腠理闭塞而不外泄，如此则可维持人体体温相对恒定。身体局部阴液不足，不能制阳，就会导致上火发炎，产生炎症。普通炎症长期得不到治疗可演变为疾病。如肝炎会引起肝硬化，肺炎会引起肺癌，肾炎会引起肾衰竭，胃炎会引起胃癌。

人体脏腑器官都被液体滋润，当某个脏腑器官因液体不足，如同挂干鱼般，悬在干燥环境中，类似汽车发动机机油不足，其功能就会受到影响。时间一长，就会产生病变，严重的甚至发生不可逆的坏死。所以，当脏腑器官津液不足，不能滋润，不能制阳，脏腑器官易上火，发生炎症。如肺阴（液）不足，肺功能下降，就会咳嗽，甚至发展为肺炎。肝阴（液）不足，就会导致肝阴虚，肝功能下降，发展成肝炎、肝病。肾阴（液）不足，就会肾虚精亏，肾功能下降。肝藏血、肾藏精，肝血有赖于肾精的滋养，肾又不断得到肝血所化之精的补充。石斛归肾经、胃经。中医认为，肾为先天之本，寓元阴元阳。先天之本是指人立身之本，"人始生，先成精"，而肾藏精，故肾为先天之本。

石斛强阴与生津息息相关。结合《神农本草经》记载的石斛"强阴、补五脏虚劳"的功效非常一致。国医大师金世元老先生认为，石斛"强阴"就是滋阴效果最佳的一味中药，简而言之，滋阴就是补充阴液。补五脏，是补充脏腑器官的阴液。"羸瘦"，因体液不足，导致身体干瘪。"轻身延年"是指通过五脏功能恢复，脏腑器官、关节濡润效果好，身体轻快灵活，呈年轻态。由此，对2000多年来，中医药文献记载石斛的核心功效，就有了明确的指向。

四、中药生津与石斛多糖、免疫力

研究发现，许多植物多糖具有免疫调节作用，是天然的免疫调节剂，具有促进机体免疫器官的生长，激活免疫细胞、激活补体系统及释放细胞因子等免疫调节功能。植物多糖不仅能促进中枢免疫器官的生长，还能协调外周免疫器官的状态，进而维持机体免疫系统平衡。免疫细胞是免疫系统的重要组成部分，在特异性免疫及非特异性免疫中，均起到重要作用。植物多糖能调节多种免疫细胞，包括非特异性免疫中的 NK 细胞、巨噬细胞、DC 细胞，以及特异性免疫中的 B 淋巴细胞、T 淋巴细胞，通过调节这些免疫细胞的生长、分化，进而增强机体的细胞免疫活性。细胞因子是具有生物学活性的蛋白质小分子，能通过结合相应受体调节细胞生长和分化，调控免疫应答。植物多糖通过调节机体内细胞因子的分泌，多角度调节机体应答疾病的能力。

常见的含有多糖的中药多糖含量不等。沙参中所含的主要化学成分为香豆素、木脂素等，不同产地沙参含量具有较大差异，为 6%～21%。玉竹为中国传统中药材，甾体皂苷类和黄酮类化合物是其主要活性成分，多个玉竹种源平均多糖含量达 8.69%，为 6.99%～10.31%。黄芪中皂苷、多糖、黄酮被认为是主要的药理有效成分群，多糖含量分布于 5%～10%。百合活性成分研究多集中于含量较高的皂苷类、多糖类，百合多糖含量为 13.21% ~ 38.40%。麦冬的干燥块根，其中含有甾体皂苷、高异黄酮、糖类等，不同产地麦冬多糖含量 5% ~ 34%。当归多糖主要由葡萄糖、阿拉伯糖、少量糖醛组成，经醇沉后其当归多糖为 10.40%。

从药典中筛选的 8 种富含多糖的药材进行对比（表 6-1），石斛是以甘露糖计，含量 ≥ 25%，实际检测中，铁皮石斛多糖几乎都高于 30%，部分高于 40%，可见其多糖含量是药材中最高的，这也许就是唯一一味被誉为"强阴"中药材的原因。

表 6-1　含多糖类中药的成分与功效比较（中国药典 -2015）

	种名	科属与入药部位	多糖标准 %	功能成分	功效
1	铁皮石斛	兰科干燥茎	25	含石斛多糖以甘露糖计，≥ 25%	益胃生津，滋阴清热。用于热病津伤，口干烦渴，胃阴不足，食少干呕，病后虚热不退，阴虚火旺，骨蒸劳热，目暗不明，筋骨痿软
2	玉竹	百合科植物干燥根茎	1.8	含玉竹多糖以葡萄糖计，≥ 6.0%	养阴润燥，生津止渴。用于肺胃阴伤，燥热咳嗽，咽干口渴，内热消渴
3	灵芝	多孔菌科真菌赤芝或紫芝的干燥子实体	0.9	含灵芝多糖以葡萄糖计，≥ 0.90%	补气安神，止咳平喘。用于心神不宁，失眠心悸，肺虚咳喘，虚劳短气，不思饮食
4	云芝	多孔菌科真菌彩绒革盖菌的干燥子实体	3.2	含云芝多糖以葡萄糖计，≥ 3.2%	健脾利湿，清热解毒。用于湿热黄疸，胁痛，纳差，倦怠乏力
5	枸杞	茄科干燥成熟果实	1.8	含枸杞多糖以葡萄糖计，≥ 1.8%	滋补肝肾，益精明目。用于虚劳精亏，腰膝酸痛，眩晕耳鸣，阳痿遗精，内热消渴，血虚萎黄，目昏不明
6	金樱子	蔷薇科干燥成熟果实	25	含金樱子多糖以葡萄糖计，≥ 25.0%	固精缩尿，固崩止带，涩肠止泻。用于遗精滑精，遗尿尿频，崩漏带下，久泻久痢
7	黄精	百合科干燥根茎	7.0	含黄精多糖以葡萄糖计，≥ 4.0%	补气养阴，健脾，润肺，益肾。用于脾胃气虚，体倦乏力，胃阴不足，口干食少，肺虚燥咳，劳嗽咯血，腰膝酸软，须发早白，内热消渴
8	海藻	马尾藻科海蒿子或羊栖菜的干燥藻体	1.7	含海藻多糖以岩藻糖计，≥ 1.70%	消痰软坚散结，利水消肿。用于瘿瘤，瘰疬，睾丸肿痛，痰饮水肿

注：灵芝中还含有三萜及甾醇以齐墩果酸，枸杞中含甜菜碱。

甘露糖提取出来之后是一种白色的粉末状晶体，很难被人体所吸收，摄入人体之后很快会被人体排出体外，主要是经过肾脏代谢，代谢周期在八个小时左右。摄入甘露糖并不会引起血糖升高，是糖尿病患者可以食用的一种糖。

游离甘露糖存在于许多水果中，如橙子、苹果和桃子和哺乳动物血浆中，含量为 50 ~ 100 μM。常见的甘露糖存在于同质或异质聚合物中，如酵母甘露糖（α - 甘露糖）、葡甘露聚糖（β - 甘露糖）、半乳甘露聚糖等。甘露糖可被酵母代谢利用，但是不能被人体很好的利用，具有一定的抗炎效果，加快伤口愈合等。

五、石斛与生津中药材功效

1. 玉竹归胃、肺经

石斛与玉竹都能养阴，但玉竹味甘多液，性质甘平滋润，能够滋养肺部和胃部，具有补虚清热、生津止渴的功效。而石斛则能够补肾降火，养胃健脾，止烦渴降胃火，达到清中有补、补中有清的效果。

2. 百合归心、肺经

百合甘润滋肺、清心安神，用于治疗肺燥干咳、神志恍惚、失眠多梦等症状。铁皮石斛入胃、肺、肾三经，既能养胃生津，清热润肺，又能益精明目。

3. 麦冬归心、胃经

石斛与麦冬都是清热养阴中药，都可以用于热病伤阴或气阴两虚的症状。然而，麦冬偏于滋阴、润肺，常用于阴虚咯血、阴伤口渴、肠燥便秘。铁皮石斛药性平淡，养胃生津、明目益精，多用于胃阴不足。

4. 生地黄归心、肝、肾经

生地黄和铁皮石斛都可以养胃阴。然而，生地黄能凉血止血，性寒容易妨碍脾胃运化。石斛甘凉性平，更偏于清养。

5. 其他滋阴药种类与功效

沙参养肺阴、胃阴，黄精养肾阴、脾阴、肺阴，枸杞养肾阴、肝阴，石斛养肾阴、胃阴。

六、取象比类与石斛生津

《内经》指出"天地万物，不以数推，以象之谓也""援物比类，化之冥冥""不引比类，是知不明"，就是常讲的"取象比类"。"取象比类"的思维方法是古人的智慧结晶。

清代名医张志聪（1616—1674），著有《张志聪医学全书》，书中提到"用药法象"，这里的"象"即某药之所以有某种功能的依据。吴以岭在《络病学》中提出，虫药通络、藤药通络，认为取象比类是中医临床用药的常用原则。藤类缠绕蔓延，犹如网络，纵横交错，无所不至，其形如络脉。对于久病不愈、邪气入络者，可以服用藤类药物通络散结，如雷公藤、络石藤、忍冬藤、青风藤、鸡血藤等。其他诸如牛膝其节如膝，故能治膝胫之疾，续断多筋而续绝伤，杜仲多筋坚韧能坚筋骨，伸筋草似筋而能舒筋通络，穿山甲具有通络之效，等等。民间有句俗话叫"吃哪补哪"，与取象比类是一个道理。

含多糖类的石斛，最明显的特点是"黏液"多，民间又称"胶质"多，现代医学将其命名为：石斛多糖。据药典标准，铁皮石斛多糖 ≥ 25%。事实上，中国铁皮石斛、紫皮石斛多糖含量普遍在35%~40%。凡曾服用富含多糖类石斛的人士都明白，石斛很黏。这种黏液，非常近似唾液，近似关节里的"骨髓"，即中医说的"津液"。由此可知，石斛滋阴生津，可用取象比类原理解读。《神农本草经》中描述石斛"强阴"，国医大师金世元老先生解读"强阴，就是滋阴效果最好的药材"。在几千年的中医药文献记载中，滋阴、补阴、育阴的药材很多，石斛是独一无二被称之为"强阴"的药材。

铁皮石斛、紫皮石斛、霍山石斛富含石斛多糖，从"取象比类"能够再次证其生津效果。《石斛名医临床与食疗应用》一书，用大量的医案和食疗案例对石斛强阴进行了分析。收录了叶熙春、谢仁昌、王邦才、陈道隆等近现代名医将石斛应用于治疗消渴症的医案，收录了针对糖尿病的三个食疗案例，效果都很好。该书还收录了石斛清肺热，治疗久咳。这都是石斛强阴的最好佐证。

骨髓被现代医学认为是增加免疫力，生血的重要器官。石斛强阴生津直接产生津液，补充骨髓、脑髓。通过补肾精不足，增加肾功能，肾主骨生髓，又刺激骨髓生长。石斛补五脏，让五脏津液充足，功能恢复正常。因此，石斛强阴生津就是增加免疫力的主要因素，强阴生津就是石斛的核心靶向。

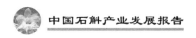

第四节 石斛名家名方

一、补脾清肺

【处方来源】《丹溪心法》。

【药物组成】金钗石斛，每二钱洗净，生姜一片。

【用法】擂细，水荡起，煎沸去渣，食前饮之。

【功效】补脾清肺。

【养生方法】煲汤、药膳、代茶饮、单味石斛鲜榨。

二、补益

1. 养性钟乳散

【处方来源】《备急千金要方》卷二十七。

【药物组成】上党人参、石斛、干姜（各三分），钟乳粉（成炼者）三两。

【用法】上四味，捣三味下筛，与乳合和相得，均分作九帖。平旦空腹温醇酒服一帖，日午后服一帖，黄昏后服一帖，三日后准此服之。

【功效】治虚羸不足，六十以上人瘦弱不能食者，百病方。

【养生方法】①人参配伍石斛（体热者用西洋参，寒凉者加姜少许）。

②煲汤、药膳、代茶饮、酒浸。

【注意事项】可随证加麦冬、茯苓、沙参、枸杞子、生地黄、芍药等。

2. 杜仲圆补之方

【处方来源】《备急千金要方》。

【药物组成】杜仲一两，石斛二分，干姜、干地黄各三分。

【用法】上为末，蜜丸如梧桐子大，每服 20 丸，日再，酒送下。

3. 神仙变白延年十精散

【处方来源】《太平圣惠方》卷九十四。

【药物组成】巴戟天（天精）、云母粉（日精）、甘菊花（月精）、熟干地黄（地精）、菟丝子（人精）、杜仲（山精）、五味子（草精）、钟乳粉（水精）、石斛（石精）、人参（药精）。

【用法】以上各等份，上药捣细，罗为散，每服以酒调下三钱，空心及食前服。

【功效】久服发白再黑，齿落重生，充益肌肤，悦泽颜色，腰脚轻健，耳目聪明，补脑添精，延年却老，其功不可具述。

三、护嗓

著名京剧表演艺术家梅兰芳常饮石斛水护嗓。（载于《申报》1937 年 12 月 1 日，名伶梅兰芳每晨必饮之石斛。为什么石斛有"护嗓"的良效？）

《本草通玄》载："石斛甘可悦脾，咸能入肾。古人以此代茶，甚清上膈。"《本草纲目拾遗》载石斛："以代茶茗，云极解暑醒脾，止渴利水，益人气力……以之代茶，开胃健脾。能镇涎痰，解暑，甘芳降气。"

四、明目

1. 石斛夜光丸

【处方来源】《原机启微》。本书是中医眼科发展史上一本具有划时代意义的专著。原刊本久已失传，现所见者为明代名医薛己校正增补而成。虽以"石斛"命名，其实石斛并非方中主药。

2. 石斛散方

【处方来源】《圣济总录》卷第一百一十《眼目门·雀目》。

【功效】治眼目昼视精明，暮夜昏暗，视不见物，名曰雀目。

【药物组成】石斛（去根）、淫羊藿（锉）各一两，苍术（米泔浸，切，焙）半两。

【用法】上三味，捣罗为散，每服三钱匕，空心米饮调服，日再。

五、骨质增生

【组成】石斛 130g，杜仲、牛膝、钻地风各 45g，金银花（后入）30g，马尾松叶 250g（加水捣碎取汁）。

【主治】骨质增生性骨关节炎，膝肿大。

【用法】除马尾松汁外，加水煎，去渣，再兑马尾松汁。分 2 次服，每日 1 剂。

六、帕金森病

方一：地黄饮子（《宣明论方》）

【组成】生地黄 15g，巴戟天、山茱萸、石斛、肉苁蓉、麦冬、石菖蒲各 10g，五味子、茯苓、炮附子（久煎）、远志、大枣、薄荷各 6g，肉桂、生姜各 3g。

【主治】阴阳双补，兼以息风。主治帕金森阴阳两虚证。症见震颤日久，表情呆板，肢体僵直，行动迟缓，言语困难，日常生活能力严重下降，面色无华，神疲乏力，自汗畏寒，纳呆，失眠。舌淡，脉沉细弱。

【用法】水煎，去渣取汁，分 2 次温服，每日 1 剂。

加减：若心烦失眠，加酸枣仁；智力下降，重用石菖蒲、远志；震颤重，加生龙骨、生牡蛎、珍珠母、全蝎、天麻；动作僵硬、行动迟缓严重，加白芍、续断。

方二：

【组成】地黄 12～15g，白芍 15～30g，肉苁蓉 10～15g，续断、石斛、白蒺藜、炙鳖甲（先煎）各 15g，煅龙骨（先煎）、牡蛎（先煎）各 20g，石决明（先煎）30g，海藻 12g，僵蚕、炮山甲（先煎）各 10 g。

【主治】帕金森病，症见怕热、多汗、烦躁、便秘者。

方三：

【组成】鲜石斛 50g，花生仁 500g，大茴香、山李各 3g，精盐 6g。

【用法】鲜石斛洗净，切成 1 厘米长节，花生仁洗净沥干；锅内加适量清水，加入鲜石斛段、大茴香、

山李、精盐，置武火烧沸，用文火煮 1.5h，捞出花生食用，喝汤。每日 1 次，经常食用。

【主治】帕金森病。

七、甘露饮

生熟地、天麦冬、石斛、黄芩、茵陈、枳实、枇杷、甘草。

消谷善饥：甘露饮、玉竹、黄精。

八、红斑解毒汤

【组成】生玳瑁 6～12g，生地黄 30～60g，金银花炭、玄参、石斛各 15～30g，白茅根 30g，天花粉、黄柏各 15g，牡丹皮、知母各 9g。

【主治】清热解毒，凉血护阴。主治系统性红斑狼疮。症见高热不退，面部或其他部位皮肤出现红斑或者血斑，全身无力，肌肉酸痛，关节疼痛，烦热不眠，精神恍惚，或时神昏，抽搐，吐血，便血，自觉口渴思凉饮。舌质红或紫暗，苔黄白腻，或见光面舌，脉数而软。

【用法】水煎，去渣取汁，分 2 次温服，每日 1 剂。

九、红斑狼疮偏方

【组成】石斛 15g，生地黄 5g，生姜 2 片，大枣 6 枚，白糖 10g。

【主治】系统性红斑狼疮热毒炽盛，阴虚火旺者。

【用法】将前 4 味用 1000ml 水煮取 500ml，去渣取汁。饮用时放入适量白糖。可代茶频饮。

十、陈道隆验方

阴虚于下，火炎于上，肝阳用事，肺胃热灼。脑鸣昏眩，口渴咽干，牙龈浮胀，气冲燥咳，五心烦躁，入暮面红升火，夜间小寐，梦扰汗多，嘈杂难过，大便艰行，此系虚火也。满舌红刺，脉虚弦而小数。用滋阴柔肝，清润肺胃法。

鲜生地 24g，鲜石斛 18g，珍珠母 60g（先煎），破麦冬 12g，黑延胡索 12g，北沙参 12g，川贝母 6g（杵），天花粉 12g，火麻仁 12g，浮小麦 18g，柏子仁 9g，茯神 12g，东白薇 9g，枇杷叶 12g（去毛，包）。

肾与膀胱相表里，肾火蕴结，州都失调，为癃闭不通，为尿血迸泄，为淋漓涓滴。腰脊酸楚，下坠如折，背脊疼痛，牵引如曳，少腹作胀，解尿时则后重欲便。舌苔薄黄，脉沉弦而濡。用清化于下，坚阴通调法。川黄柏 6g，肥知母 6g，白茯苓 12g，车前子 12g（包），川楝子 9g，粉丹皮 6g，焦山栀 9g，冬葵子 12g，淡天冬 12g，泽泻 9g，甘草梢 4.5g，血琥珀 1.8g（分吞），鲜茅根 30g（去心），川石斛 12g。

十一、历代名方串珠

辅助治疗消渴（糖尿病）、中风、清热养阴等功效，建议在医生指导下使用。

1.《肘后备急方》

东晋葛洪著，葛洪（284—364）为东晋道教学者、著名炼丹家、医药学家。卷三·治风毒脚弱痹满

上气方，第二十一　又方：孔公孽二斤，石斛五两。酒二斗浸，服之。

2.《太平惠民和剂局方》

曹公卓钟乳丸。主五劳七伤，肺损气急。疗丈夫衰老，阳气绝，手足冷，心中少气，髓虚腰痛，脚痹体烦，口干不能食。此药下气消食，长肌和中，安五脏，除万病。钟乳粉二两，吴茱萸（汤洗七次，焙干微炒）半两，石斛（去根）、菟丝子（酒浸，捣，焙）各一两，上研为细末，炼蜜和丸，如梧桐子大。每服七丸，空心，温酒或温汤米饮下，日再。服讫行数百步，饮温酒三合，复行二三百步，觉口胸内热稍定，即食干饭豆酱，过一日食如常，须暖将息。不得闻见尸秽等气，亦不可食粗、臭、陈恶食。初服七日内勿为阳事，过七日后任性，然亦不宜伤多。服过半剂觉有效，即相续服三剂，终身更无所忌。

3.《普济本事方》（又名《类证普济本事方》《本事方》）

该书成于许叔微晚年，为其生平历验有效之方、医案和理论心得的汇集之作，取名"本事"，意其所记皆为亲身体验的事实。

①石斛散：治虚劳羸瘦，乏力，不食，倦怠，多惊畏。石斛四钱，牛膝、柏子仁、五味子、远志、木香、杏仁、肉苁蓉、陈橘皮、诃子、人参、熟地黄各三钱，白茯苓、柴胡（炒）、甘草二钱，神曲、麦芽各六钱，干姜一钱半，研为细末，米饮调下，食前，每服二钱，日三服。

②防风汤：治中风内虚，脚弱语謇。石斛（洗去根，一两半），熟干地黄（酒洒，九蒸九曝，焙干，秤）、杜仲（去皮，锉如豆，炒令黑）、丹参各一两一分，防风（去钗股）、川芎（洗）、麦门冬（用水泡去心）、桂枝（不见火）、川独活（黄色如鬼眼者，去芦，洗，焙，秤）各一两，上研为粗末。每服五钱，水一大盏半，枣二枚，同煎八分，去渣温服。

4.《三因极一病证方论》

三阴并合脚气治法，十全丹：治脚气上攻，心肾相系，足心隐痛，小腹不仁，烦渴，小便或秘或利，关节挛痹疼痛，神效不可具述。苁蓉（酒浸）、石斛（酒浸）、狗脊（火去毛）、萆薢、茯苓、牛膝（酒），熟地黄三两、杜仲（去皮，锉炒）三两。上研为末，蜜丸，梧子大。每服50丸，温酒、盐汤任下。

5.《宣明论方》

地黄饮子：治瘖痱，肾虚弱厥逆，语声不出，足废不用。熟干地黄、巴戟（去心）、山茱萸、石斛、肉苁蓉（酒浸，焙）、附子（炮）、五味子、官桂、白茯苓、麦门冬（去心）、菖蒲、远志（去心）各等份。上研为末，每服三钱，水一盏半，生姜五片，枣一枚，薄荷少许，同煎至八分，不计时候。

《医方集解》曰地黄饮子：治中风舌瘖不能言，足废不能行，此少阴气厥不至，名曰风痱，急当温之。此手足少阴、太阴、足厥阴药也。熟地以滋根本之阴，巴戟、苁蓉、官桂、附子以返真元之火，石斛安脾而秘气，山茱萸温肝而固精，菖蒲、远志、茯苓补心而通肾脏，麦冬、五味保肺以滋水源，使水火相交，精气渐旺，而风火自熄矣。

6.《济生方》（又名《严氏济生方》）

宋代严用和撰著该书，据其多年心得，结合临床实际，广采古人可用之方，兼收已验之效方。

①小甘露饮：治脾劳实热，身体眼目悉黄，舌干咽喉痛。黄芩、升麻、茵陈、栀子仁、桔梗（去芦，剉，炒）、生地黄（洗）、石斛（去根）、甘草（炙）各等份。上咀，每服四钱，水一盏半，姜五片煎至八分，去渣温服，不拘时候。

②小草汤：治虚劳忧思过度，遗精白浊，虚烦不安。小草、黄芪（去芦）、麦门冬（去心）、当归（去芦，

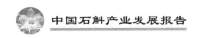

酒浸）、酸枣仁（炒，去壳）各一两，石斛（去根）、人参、甘草（炙）各半两。上咀，每服四钱，水一盏半，姜五片煎至八分，去渣温服，不拘时候。

7.《世医得效方》

治消渴咽干，面赤烦躁。人参（去芦）、生干地黄（洗）、熟干地黄（洗）、黄芪（蜜炙）、天门冬（去心）、麦门冬（去心）、枳壳（去瓤，麸炒）、石斛（去根，炒）、枇杷叶（去毛，炒）、泽泻、甘草（炙）各等份。上锉散，每服三钱，水一盏煎至六分，去滓，食后临卧温服。

此方乃全用二黄丸甘露饮，生精补血，润燥止渴，佐以泽泻、枳壳疏导二腑，使心火下行则小腑清利，肺经润泽，则大腑流畅，宿热既消，其渴自止，造化精深妙无与伦比。

8.《普济方》

①白茯苓丸：治消肾。因消中之后，胃热入肾，消烁肾脂，令肾枯燥，遂致此疾。即两脚渐细，腰脚无力。白茯苓、覆盆子、黄连、人参（去芦头）、栝楼根、熟干地黄、萆薢、玄参各一两，鸡肶胵（微炙）30枚，蛇床子、石斛（去根，锉）三分。上研为末，炼蜜和捣三五百杵，丸如梧桐子大，每于食前磁石汤下30丸。

②人参汤：治脾气久虚，遍身浮肿，四肢不举，腹胀满闷及水，病后气虚未平。人参、石斛（去根）、白术、桂（去粗皮）、泽泻各一两，黄芪、五味子、陈橘皮（汤浸去白焙）、白茯苓（去黑皮）各一两半，草豆蔻（去皮）三枚。上粗捣筛，每服三钱匕，水一盏，生姜三片，枣一枚，擘破，同煎至六分，食前去渣温服。

9.《丹溪心法》

消渴地黄饮子：治消渴咽干，面赤烦躁。甘草（炙）、人参、生地黄、熟地黄、黄芪、天门冬、麦门冬（去心）、泽泻、石斛、枇杷叶各等份。上每服五钱，水煎服。

10.《先醒斋医学广笔记》脾胃又方。

口渴，肩骨疼酸痛，不能饮食者神效。真紫苏子（隔纸焙，研细）、橘红、白茯苓各三钱，竹茹二钱，白芍（药酒炒）四钱，木瓜（忌铁）三钱，石斛（酒蒸）三钱，酸枣仁（炒爆，研）四钱，麦门冬五钱，甘草五分，白豆蔻仁四分。先嚼下饥时服。虚弱，治不眠，以清心火为第一义。麦门冬五钱，茯神、丹参、沙参各三钱，竹茹二钱，炙甘草一钱，竹叶60片，石斛（酒蒸）三钱，远志一钱，生地四钱，枣仁（炒）五钱，五味子八分，有痰者加竹沥。

11.《证治准绳·类方》

①虚劳：石斛汤。治精实极，眼视不明，齿焦发落，通身虚热，甚而胸中烦闷，夜梦遗精。小草、石斛、黄芪、麦门冬（去心）、生地黄（洗）、白茯苓、玄参各一两，甘草（炙）半两。咀，每服四钱，水一盏，姜五片，煎服无时。

②不能食：冲和丸养心扶脾，疏肝开胃。人参、石斛、白豆蔻仁、广陈皮各一两，山楂肉二两。上各取净末和匀，碗盛碟盖，饭上蒸过，候冷方开。此调胃补心，接丹田之气也。

③治肝虚目暗，膜入水轮，眼见黑花如豆，累累数十，或见如飞虫，诸治不瘥。或视物不明，混睛冷泪，翳膜遮障，内外障眼，并皆治之。石斛、枳壳、防风、牛膝各六两，生地黄、熟地黄各一斤半，羌活、杏仁各四两，菊花一斤。上药研末，炼蜜丸，如桐子大。每服30丸，以黑豆三升炒令烟尽为度，淬好酒六升，每用半盏，食前送下，或蒺藜汤下。

12.《张氏医通》石斛清胃散

治麻后呕吐。肾虚不食热滞。石斛、茯苓、橘皮、枳壳、扁豆、藿香、丹皮、赤芍（等份），甘草（减半）为散。每服三四钱。加生姜一片。水煎服之。

13.《时病论》清热保津法

治温热有汗，风热化火，热病伤津，温疟舌苔变黑。连翘（去心）三钱，天花粉二钱，鲜石斛三钱，鲜生地四钱，麦冬（去心）四钱，参叶八分水煎服。此治温热有汗之主方。汗多者，因于里热熏蒸，恐其伤津损液，故用连翘、天花粉，清其上中热；鲜石斛、鲜地黄，保其中下之阴；麦冬退热除烦；参叶生津降火。主治：①热性病后期，由于高热伤阴，以致口干舌燥，烦渴欲饮，津少纳呆，舌红少苔。②温热病伤阴，阴虚内热，低热不退者。③胃病日久，阴液不足，胃口不开（食欲不振或毫不思食）者。

常用量：鲜地黄 15～30g，石斛 6～12g 或鲜品 15～30g。

十二、常用石斛配伍

参考国医大师张大宁编写《天下第一草》。

（1）铁皮石斛配天花粉，治胃热津亏，消渴，虚热舌绛少津。

（2）铁皮石斛配麦冬，治胃阴不足之胃脘不适，干呕，舌红。

（3）铁皮石斛配麦冬、沙参，治热性病口渴。

（4）铁皮石斛配忍冬藤、白薇，治风湿热痹。

（5）铁皮石斛配沙参、枇杷叶，治肺阴不足，干咳气促，舌红口干等症。

（6）铁皮石斛配白薇、知母、白芍，治热病后期，虚热微烦，口干，自汗等症。

（7）铁皮石斛配南沙参、山药、生麦芽，治胃阴不足而见少食干呕，舌上无苔等症。

（8）铁皮石斛配北沙参、麦冬、玉竹，治肺胃虚弱，舌红口干或干咳无痰，呼吸急促。

（9）铁皮石斛配生地黄、玄参、沙参，治热病后期，仍有虚热，微汗，目昏口渴或筋骨酸痛，舌干红，脉软数无力，症状日轻夜重者。

（10）铁皮石斛配生地黄、麦冬、天花粉，治热病胃火炽盛，津液已耗，舌燥，口干或舌苔变黑，口渴思饮。

（11）铁皮石斛配麦冬、天花粉、石膏、知母，治热病早期，热未化燥，但津液已损，有口干烦渴，舌红等症状。

（12）野生铁皮石斛配天花粉、生地黄、知母、沙参，治消渴。

（13）铁皮石斛配生地黄、麦冬、百合、秦艽、银柴胡，治阴虚内热之干咳，盗汗低热口渴舌红脉细数等症。

（14）鲜铁皮石斛配生地黄，治热病伤阴，口干烦渴，或久病阴虚，虚热内灼诸症。

（15）铁皮石斛配生黄芪、焦白术、茯苓、白芍，益气养阴，健脾和肝。治疗慢性肝炎见有面黄、消瘦、乏力、气短、口干苦、便溏等气阴两伤、脾胃虚弱者。

（16）石斛配生地黄、当归、白芍、丹参、枸杞子、沙参，有养血柔肝的功效，可用于肝阴肝血不足，症见面色萎黄，肝区隐痛，劳后加重，目眩目干，视物不清，或见夜盲，身倦肢麻。失眠，妇女月经涩少或经闭，唇舌色淡，脉沉细。

（17）鲜石斛配生地黄、天麦冬、牛膝、菊花，养阴清热，涵阳息风。治疗阴虚内热、虚阳上扰眩晕、头痛。

（18）铁皮石斛配生地黄、当归、白芍、夜交藤、木瓜（或加知母），养血柔肝，缓急舒筋。治疗肝血虚所致晕厥、痉挛、抽搐等。

（19）铁皮石斛配生黄芪、淫羊藿、仙茅、白芍，益气养阴，阴阳双补，不腻不燥。用于阴阳（气阴）两虚，兼夹痰湿者。

（20）铁皮石斛配制何首乌育阴，合四物汤滋阴养血。

第七章 石斛科研成果

第一节 石斛新品种

中国石斛新品种选育工作起步较晚，新品种数量相对不足。2006年浙江首次认定铁皮石斛新品种天斛1号，15年来全国8省区注册登记、审（认、鉴）定石斛新品种80个（表7-1）。目前石斛新品种以药用为主，主要集中在铁皮石斛、霍山石斛等少量石斛资源，区域布局主要集中在云、皖、粤等少数省份。

表7-1 2006～2020年石斛审定新品种

序号	年份	品种名	省份	品种编号	种类	用途
1	2006	天斛1号	浙江	浙认药2006001	铁皮石斛	药用
2	2008	森山1号	浙江	浙品认2008051	铁皮石斛	药用
3		仙斛1号	浙江	浙认药2008003	铁皮石斛	药用
4	2010	川科斛1号	四川	川审药2010002	叠鞘石斛	药用
5		金米斛2号	安徽	皖品鉴字第106008	霍山石斛	药用
6	2011	皖斛1号	安徽	皖品鉴登字第11006004	霍山石斛	药用
7		皖斛2号	安徽	皖品鉴登字第11006005	霍山石斛	药用
8		中科1号	广东	粤审药2011001	铁皮石斛	药用
9		仙斛2号	浙江	浙（非）审药2011001	铁皮石斛	药用
10	2012	绿宝石	云南	20120017	铁皮石斛	药用
11		彩云明珠	云南	20120018	铁皮石斛	药用
12		普洱铁皮1号	云南	20120014	铁皮石斛	药用
13		普洱铁皮2号	云南	20120015	铁皮石斛	药用
14		桂斛1号	广西	桂审药2012001	铁皮石斛	药用
15		桂斛2号	广西	桂审药2012002	铁皮石斛	药用
16		神元1号	江苏	苏鉴花2012018	铁皮石斛	观赏

续表

序号	年份	品种名	省份	品种编号	种类	用途
17	2013	青谷1号	云南	20130003	铁皮石斛	药用
18		山里红1号	云南	20130004	齿瓣石斛	药用
19		山里红2号	云南	20130005	齿瓣石斛	药用
20		龙紫1号	云南	20130038	齿瓣石斛	药用
21		霍山石斛1号	安徽	皖品鉴字第1306014	霍山石斛	药用
22		霍山石斛2号	安徽	皖品鉴字第1306015	霍山石斛	药用
23		双晖1号	广东	粤审药2013001	铁皮石斛	药用
24		中科从都	广东	粤审药2013002	铁皮石斛	药用
25	2014	昆植1号	云南	20140038	铁皮石斛	药用
26		滇铁皮1号	云南	20140019	铁皮石斛	药用
27		高山铁皮1号	云南	20140020	铁皮石斛	药用
28		高山铁皮2号	云南	20140021	铁皮石斛	药用
29		金鼓紫槌	云南	20140045	鼓槌石斛	药用
30		瑞丽兜斛1号	云南	20140046	兜唇石斛	药用
31		银凤金钗	云南	20140044	金钗石斛	药用
32		紫茎球花	云南	20140047	球花石斛	药用
33		霍山石斛3号	安徽	皖品鉴字第1406003	霍山石斛	药用
34		霍山石斛4号	安徽	皖品鉴字第1406004	霍山石斛	药用
35		九仙尊1号	安徽	皖品鉴字第1406002	霍山石斛	药用
36		九仙尊2号	安徽	皖品鉴字第1406003	霍山石斛	药用
37		金米斛1号	安徽	皖品鉴字第1406007	霍山石斛	药用
38	2015	红鑫5号	云南	20150041	霍山石斛	药用
39		红鑫6号	云南	20150042	霍山石斛	药用
40		滇铁皮2号	云南	20150019	霍山石斛	药用
41		滇铁皮3号	云南	20150020	霍山石斛	药用
42		高山铁皮3号	云南	20150021	霍山石斛	药用
43		高山铁皮4号	云南	20150022	霍山石斛	药用
44		光明1号	云南	20150004	霍山石斛	药用
45		光明2号	云南	20150005	霍山石斛	药用
46		中科从都2号	广东	粤审药2015001	铁皮石斛	药用
47		雁吹雪3号	广东	粤审药2015002	铁皮石斛	药用
48		桂经斛001号	广西	桂登（药）20150017号	铁皮石斛	药用
49		桂经斛002号	广西	桂登（药）20150018号	铁皮石斛	药用
50		仙斛3号	浙江	浙（非）审药2015001	铁皮石斛	药用
51		神元2号	江苏	苏鉴花2015005	铁皮石斛	观赏用

续表

序号	年份	品种名	省份	品种编号	种类	用途
52	2016	黑金1号	云南	20160019	齿瓣石斛	药用
53		皖斛3号	云南	皖品鉴登字第1606001	霍山石斛	药用
54		皖斛4号	云南	皖品鉴登字第1606002	霍山石斛	药用
55		中科3号	广东	粤审药20160002	铁皮石斛	药用
56		中科4号	广东	奥审药20160003	铁皮石斛	药用
57		圣晖1号	广东	粤中药20160001	霍山石斛	药用
58		白石山1号	广西	桂审药2016001号	铁皮石斛	药用
59		白石山2号	广西	桂审药2016002号	铁皮石斛	药用
60		乐斛1号	四川	川审药2016008	叠鞘石斛	药用
61		福斛1号	福建	闽认药2016001	铁皮石斛	药用
62	2017	康源铁皮1号	云南	20170056	铁皮石斛	药用
63		康源铁皮2号	云南	20170057	铁皮石斛	药用
64		紫缘	云南	20170018	铁皮石斛	药用
65		山里红3号	云南	20170010	齿瓣石斛	药用
66		龙紫2号	云南	20170045	齿瓣石斛	药用
67		龙紫4号	云南	20170046	齿瓣石斛	药用
68		铜皮石斛	云南	20170058	细茎石斛	药用
69		黄雀	云南	20170017	细茎石斛	药用
70		九臻1号	安徽	皖品鉴登字第1706009	霍山石斛	药用
71		九臻2号	安徽	皖品鉴登字第1706010	霍山石斛	药用
72	2018	龙紫5号	云南	20180045	齿瓣石斛	药用
73		中科5号	广东	粤市药20180002	铁皮石斛	药用
74		中科双春1号	广东	粤审药20180003	铁皮石斛	药用
75		永生源1号	广东	粤审药20180001	铁皮石斛	药用
76	2019	皖斛5号	安徽	皖品鉴登字第1906001	霍山石斛	药用
77		皖斛6号	安徽	皖品鉴登字第1906002	霍山石斛	药用
78	2020	云淞1号	云南	20200017	鼓槌石斛	药用
79		紫霞石斛兰	广东	粤评花20200010	铁皮石斛	观赏用
80		梦夏石斛兰	广东	粤评花20200027	铁皮石斛	观赏用

注：摘自杨红旗等（中国种业，2021）。

第二节　石斛文献与石斛产业关联

石斛属（Dendrobium）是兰科较大的属之一。石斛是集药用、保健、食用和观赏为一体的珍稀名贵中药材，全球有1100多种，中国有92种，主要分布于浙江、安徽、云南、贵州、广西、广东、海南和台湾等地。石斛属植物是兰科附生植物，常附生于海拔500～1800米林中树干上或湿润岩石上，喜温暖湿润气候、喜半阴的环境。

石斛属植物是中国传统的名贵中药材，其药用最早在《神农本草经》中即有记载，此外在明代李时珍的《本草纲目》中也有详细记载。除具有药用价值外，石斛属植物也是重要的花卉植物，在石斛属植物野生种中，约有 1/4 可供观赏。蝴蝶兰、大花蕙兰、石斛兰、卡特兰是兰科植物中观赏价值较高的四大名兰。

科技文献是科技成果的表现形式之一，文献计量是一种成熟的文献分析和信息挖掘方法。以文献体系和文献计量特征为研究对象，研究它的增长与分布，可反映出该研究领域的现状及发展方向，进而反映出学科领域的研究现状和发展趋势。从文献计量的角度，分析石斛属植物的研究历史与进展，了解研究发展趋势，可为后续科研工作的开展指明方向，具有重要的理论指导作用。

由于石斛用途广泛且价格昂贵，近年来在国家的大力支持下，广大科技工作者对其进行了广泛而深入的研究，涉及种苗快繁、人工栽培、生物学特性、化学和药理等多个领域。本文采用文献计量学方法，对中国石斛属植物的文献进行系统分析，揭示其研究现状和规律，为石斛产业的研究发展提供科学依据。

1. 石斛研究种类比较

以中国现有石斛种的名称、别名作为主题词检索，载文数量较多的石斛种如表 7-2 所示。可见石斛属植物研究对象相对集中。以铁皮石斛为代表，不论是文献量还是学位论文都远远超过其他种。同时铁皮石斛、金钗石斛、霍山石斛为研究较早的石斛种，载文数量也相对较多。10 种石斛中，载文量排名靠前的铁皮石斛、金钗石斛、霍山石斛、鼓槌石斛以及流苏石斛为《中国药典》（2020 年版）中记载的石斛种，日常保健和临床治疗中应用较为广泛。

10 种石斛由于含有物质的不同其应用与功效也各不相同，如铁皮石斛、细茎石斛以及兜唇石斛为多糖含量较为丰富的种，具有免疫调节、抗氧化以及降血压血脂等功效；金钗石斛、美花石斛生物碱含量较多，可以抗炎、抗肿瘤等；鼓槌石斛则富含毛兰素，可以用于防治非酒精性脂肪性肝病。另外，这些石斛在产地上也有一定的差异，铁皮石斛与金钗石斛多分布在贵州，霍山石斛分布在安徽，紫皮石斛较多分布在云南，叠鞘石斛的产地则以四川为主。通过对不同种石斛的载文数量的统计，可直观清晰地了解到石斛属植物的开发利用现状，进而增加石斛属植物研究范围的全面性。

表 7-2 石斛种类与载文数量

序号	种名	拉丁文	文献量	学位论文	博士
1	铁皮石斛（黑节草）	D. officinale	4638	652	61
2	金钗石斛	D. nobile	708	107	11
3	霍山石斛（米斛）	D. huoshanense	592	89	7
4	鼓槌石斛	D. chrysotoxum	228	42	5
5	流苏石斛（马鞭石斛）	D. fimbriatum	121	28	4
6	紫皮石斛（齿瓣石斛）	D. devonianum	77	2	0
7	叠鞘石斛	D. denneanum	57	14	1
8	细茎石斛（铜皮石斛）	D. moniliforme	55	13	4
9	美花石斛（环草石斛）	D. loddigesii	46	8	1
10	兜唇石斛	D. aphyllum	40	7	2

2. 石斛载文量及其年度分析

中国知网数据库中最早的关于石斛属植物研究的文献可以追溯到 1956 年，截至 2020 年共有石斛相关国内文献 9377 篇，包含学位论文 1140 篇，学术期刊 6504 篇，会议论文 350 篇，报纸 399 篇，标准 9 个，成果 479 个。博士学位论文 128 篇，硕士学位论文 1012 篇。

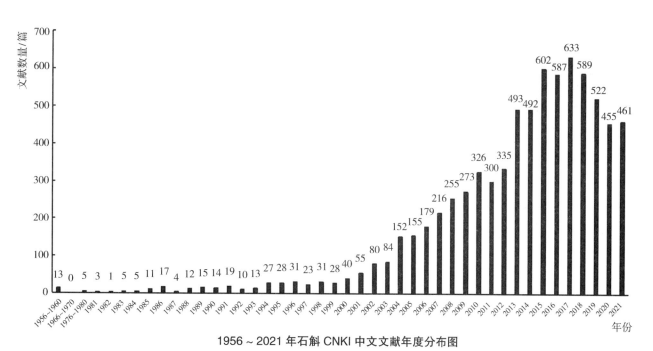

1956～2021 年石斛 CNKI 中文文献年度分布图

总体而言，1956～2021 年这 66 年间，石斛文献呈现逐年增加的趋势。石斛属植物研究论文的发表，与石斛产业的形成、发展的趋势相吻合。1956～1984 年发文数量较少，年平均均不超过 5 篇；1985～1993 年发文数量有了缓慢增加，年均发文数量 10 篇以上，是石斛研究的萌芽阶段。1994～1999 年，年平均文献数量 20～30 篇；表明 20 世纪 90 年代后期石斛的研究和文献量有了逐渐增加。在 20 世纪的后期，中国石斛科研人员经过了艰苦卓绝的努力，逐步攻克和解决中国石斛的繁殖和种植难题，立足于把石斛从悬崖峭壁和参天大树上，种植到田间地头，逐步完成了石斛的繁殖、种植难题。从 1956～1999 年的 34 年间，石斛发文数量总计为 315 篇。

进入 21 世纪以来，经过了 20 世纪几十年的石斛繁殖和种植等生产技术的萌芽和逐渐积累，石斛产业迅速起步，进入快速发展的时期。2000～2003 年间，石斛文献发表数量分别为 40、55、80、84 篇。在石斛组培快繁的种苗繁殖批量生产后，石斛种植也在大踏步前进。石斛研究的增加，有利于解决石斛生产当中的繁殖和技术等问题，推动和促进石斛产业的起步、发展。2004 年石斛的发文数量由 2003 年的 84 篇，飞速增加到 152 篇。2004～2010 年的 7 年间，每年石斛发文数量都在 100 篇以上，这是石斛迅猛发展的 7 年，到 2010 年时，石斛文献数量已经达到 326 篇。

2011～2015 年的五年间，是石斛历史以来文献发展最为迅猛的 5 年。2011 年石斛发文数量为 300 篇，而 2015 年就翻番，达到 602 篇。2013 年以后，每年发文数量达 400～600 篇。2016～2021 年则是进入了平台期。2017 年，为石斛文献发表最多的年份，文献数达到 633 篇。

从文献数量可知，1956 年开始有石斛相关文献，至 1993 年的三十多年间，石斛研究较为少见，为萌芽期；1994～1999 年为石斛产业的起步期，2000～2006 年为石斛产业的缓慢发展期，2007～2015 年为石斛产业快速发展期，2016 年至今为石斛产业稳定发展平台期。

3. 石斛文献发表机构比较

对载文的发文机构进行检索分析，发现作者单位主要集中在各类大学中（表 7-3）。石斛文献的发表还带有一定的地域性。例如，中国霍山石斛的分布地安徽，合肥工业大学发表文献有 119 篇，安徽农业大学有 105 篇，还有皖西学院、安徽中医药大学也有一定数量的文献发表；中国金钗石斛分布地贵州，遵义医学院发表文献有 117 篇，贵州师范大学、贵州大学、遵义医科大学也均有超过 50 篇的石斛文献发表；云南地区作为紫皮石斛和铁皮石斛的主要分布地之一，云南农业大学有 115 篇文献发表，云南省德宏州热带农林科学研究所有 83 篇文献发表；浙江省有丰富的铁皮石斛资源，浙江农林大学、浙江大学、中国药科大学发表文献均超过 100 篇。中国广东也是中国石斛种植较多的省份，广州中医药大学以 192 篇的文章排名第一，还有华南师范大学、华南农业大学、韶关学院也发表了较多数量的文献；这些数据表明，地域的加持对石斛水平的提高起了重要的推动作用。除了地域分布，农林类与医药类大学占研究机构的绝大多数。在 32 个发表石斛文献的机构中，农林类机构有 9 所，包括 7 所大学，2 所科研单位；医药类机构有 13 所，包括 10 所大学，3 所科研单位。石斛生产、加工、消费主要地域周围的石斛文献发表较为集中。

表 7-3　石斛发表文献较多的科研机构排名

序号	科研机构	刊文数量/篇	占比 %
1	广州中医药大学	192	2.05
2	浙江农林大学	160	1.71
3	海南大学	136	1.45
4	合肥工业大学	119	1.26
5	遵义医学院	117	1.24
6	云南农业大学	115	1.23
7	安徽农业大学	105	1.12
8	浙江大学	104	1.11
9	中国药科大学	103	1.11
10	皖西学院	101	1.08
11	北京协和医学院药用植物研究所	98	1.05
12	北京中医药大学	96	1.02
13	浙江中医药大学	96	1.02
14	福建农林大学	90	0.96
15	福建中医药大学	90	0.96
16	成都中医药大学	87	0.93
17	贵州师范大学	86	0.92
18	云南省德宏州热带农林科学研究所	83	0.89
19	南京师范大学	81	0.86
20	北京林业大学	81	0.86
21	安徽中医药大学	67	0.71
22	华南师范大学	67	0.71
23	四川农业大学	64	0.68
24	中国医学科学院	63	0.64
25	广西大学	62	0.66
26	贵州大学	62	0.66
27	中国林业科学研究院林业研究所	56	0.58
28	上海中医药大学	54	0.57
29	华南农业大学	54	0.57
30	韶关学院	54	0.57
31	重庆市中药研究所	53	0.56
32	遵义医科大学	51	0.54

4. 石斛主要科研人员分析

对石斛载文的研究人员进行检索，发文数量排名前20的研究人员及单位（表7-4），中国医学科学院郭顺星教授署名的文献最多，达118篇，占石斛发表文献总数的1.25%。在石斛发展进程中，浙江农林大学斯金平教授，上海中医药大学中药研究所王峥涛，云南省德宏州热带农林科学研究所白燕冰研究员等，都对石斛研究水平的提高起了重要的推动作用，署名的文献以及指导发表的学生论文均占有一定的数量。

从研究人员的地域分布来看，作为中国石斛的主要分布地，云南省与浙江省各占4人，尤其是云南地区研究人员有4位来自云南省德宏州热带农林科学研究所，研究力量较强；中国云南德宏是中国石斛的集中分布地，云南德宏以及附近保山的龙陵，是石斛的主要种植区县。南京有中国药科大学徐珞珊和南京师范大学的丁小余教授，都是石斛研究的中坚力量。北京也占4人，这说明石斛的研究范围慢慢扩展到经济文化中心；另外安徽、广东、上海、南京、贵州等地也均有人员分布，从一定程度上说明了全国各地均有石斛研究人员的分布。

表7-4　石斛发表文献较多的研究人员及其机构

序号	研究人员	所属科研机构	刊文数量 / 篇	占比 /%
1	郭顺星	北京协和医学院药用植物研究所	118	1.25
2	施 红	福建中医药大学	94	1.00
3	斯金平	浙江农林大学	77	0.82
4	王峥涛	上海中医药大学中药研究所	75	0.80
5	徐珞珊	中国药科大学	64	0.68
6	罗建平	合肥工业大学	60	0.64
7	李泽生	云南省德宏州热带农林科学研究所	59	0.63
8	白燕冰	云南省德宏州热带农林科学研究所	55	0.59
9	王 雁	中国林业科学研究院	52	0.55
10	白 音	韶关学院	51	0.54
11	李振坚	中国林业科学研究院	49	0.52
12	蔡永萍	安徽农业大学	48	0.51
13	丁小余	南京师范大学	46	0.49
14	吕圭源	浙江中医药大学	46	0.49
15	李桂琳	云南省德宏州热带农林科学研究所	44	0.47
16	高 燕	云南省德宏州热带农林科学研究所	42	0.45
17	陈素红	浙江工业大学	41	0.44
18	乙 引	贵州师范大学	40	0.43
19	孙志蓉	北京中医药大学	38	0.41
20	魏 刚	广州中医药大学	37	0.39

5. 石斛学位论文研究机构分布

对学位论文发表的研究可了解人们对石斛研究的重视程度以及开发利用情况。石斛研究发表学位论文共1140篇,其中博士学位论文128篇,硕士学位论文1012篇。各个单位侧重的石斛种并不相同。例如,铁皮石斛有多个单位发表学位论文进行研究,如浙江农林大学、西南交通大学、福建农林大学、南京师范大学、浙江大学、南昌大学等;贵州作为金钗石斛的主要分布地,遵义医学院、贵州大学等以金钗石斛为主,同时金钗石斛作为国内石斛研究较早的种,在非金钗石斛的主要分布地也有一定的研究基础,如广州中医药大学、中国林业科学研究院、北京林业大学、四川农业大学等,都有一定数量的金钗石斛学位论文发表;而霍山石斛的相关学位论文发表主要以安徽地区的单位为主,如合肥工业大学、安徽农业大学、安徽中医药大学等;成都中医药大学位于四川,学位论文的石斛种以当地原产的叠鞘石斛为主。

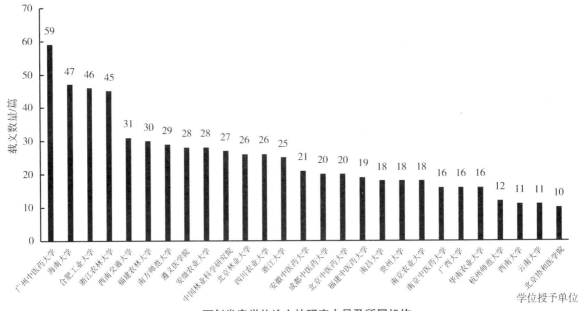

石斛发表学位论文的研究人员及所属机构

除此之外还有一些单位侧重于开发未被完全研究的石斛种,如广州中医药大学包含铁皮石斛、金钗石斛、霍山石斛、细茎石斛、美花石斛、齿瓣石斛等,中国林业科学研究院发表的学位论文还包括玫瑰石斛、肿节石斛、春石斛等,而海南大学学位论文以华石斛为主。由此可知,随着近年来栽培技术的成熟,对石斛多样性研究有增长趋势,这也有利于增加人们在石斛资源研究利用方面的全面性。

6. 石斛载文期刊分析

分析发表相关论文较多的30种期刊,通过比较分析,刊载石斛文献的核心期刊种类较多,这表明石斛研究越来越受到各领域学者的广泛关注。核心期刊有《中国中药杂志》《中草药》《中药材》3个杂志刊文量最多,达100篇以上,为中国科学引文数据库期刊(CSCD期刊);同样发表石斛文献较多的为《中国药学杂志》77篇;同为核心期刊的还有《热带作物学报》《中国实验方剂学杂志》《中成药》《药学学报》《园艺学报》《天然产物研究与开发》等共计10个期刊。CSCD核心期刊共发表石斛文献643篇,占总发表论文量的6.85%。但所属核心期刊的文献量占文献总量的比例较小,可见石斛的总体研究水平还有待进一步提升。仅普通期刊《安徽农业科学》发表了162篇,在期刊中居首,《时珍国医国药》发表85篇。

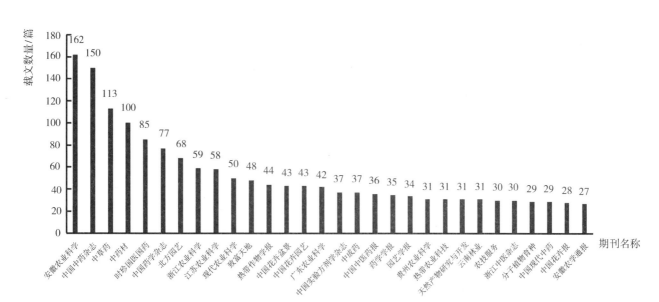

石斛发表文献较多的期刊

7. 石斛研究学科布局

通过对 1956～2020 年各类期刊发表的石斛属植物研究载文的学科分类情况进行检索分析,发现其学科分类广泛,如图所示。学科分类集中在农作物(3177 篇,占 32.79%)、中药学(2501 篇,占 25.81%)和园艺(957 篇,占 9.88%)等学科。其他学科载文量相对较少。通过对不同研究领域的整理分析,可以了解不同领域对石斛的研究进程。由图可知,目前石斛的研究多为农作物、中医药与园艺方面,仍需要进一步开展各研究领域的交流,带动其他领域,使石斛研究向纵深化方向发展。

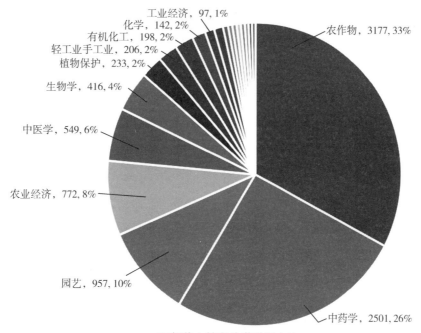

石斛载文较多的学科及占比

8. 总结

通过对 1956～2020 年发表的石斛文献进行研究,探讨了中国近 65 年来石斛研究在时间上的变化趋势、作者以及载文机构、学位论文发表量、载文期刊、载文学科以及载文较多的石斛种等,总结分析了中国石斛资源的研究进展，从而得出了相关领域的研究现状。

（1）从载文数量及时间分布来看，1956年开始有石斛相关文献，至1993年的三十多年间，石斛研究较为少见，为萌芽期；1994~1999年为石斛产业的起步期，2000~2006年为石斛产业的缓慢发展期，2007~2015年石斛产业快速发展期，2016年至今为石斛产业稳定发展平台期。

（2）研究机构与研究人员多集中在石斛主要分布地云南、贵州、安徽、浙江等地，石斛产业的发展对当地科研人员的研究有积极的促进作用。高校与科研院所，其中以农林类和医药类大学为主，地域在一定程度上为石斛研究提供了较好的平台。

（3）刊载石斛文献的期刊、载文学科分类集中在农作物、中药学和园艺方面。在刊载石斛文献的期刊中有一定数量的核心期刊，但文献量占文献总量的比例较小。由此可见，石斛研究受到了广泛关注，但总体研究水平还有待提高。

（4）从载文较多的石斛种类来看，目前中国石斛研究主要集中在铁皮石斛、金钗石斛和霍山石斛等研究对象上。石斛用途广泛，可应用的种类较多，多个石斛种还可以进一步开发研究。

第八章　全国石斛产业现状

第一节　全国石斛产业统计数据

2007 年首届中国石斛论坛召开以后，中国石斛人工种植逐步实现了产业化发展，种植范围从云南、浙江延伸至整个南方地区，产业延伸最北边到了河南的南阳。石斛人工种植产业的兴起，极大缓解了石斛稀缺的现状，石斛从珍稀濒危药材变为大众养生食材。

2021 年，石斛专委会在各级主产地政府、石斛协会、石斛龙头企业、石斛专家等全力协助下，完成了中国石斛产业第二次统计（表 8-1）。铁皮石斛大棚种植 9.75 万亩，仿野生栽培 11.55 万亩，合计 21.30 万亩；紫皮石斛以保山市为主，90% 以上在龙陵县，芒市、耿马也有少量种植，合计种植面积约 3.9 万亩，总产值 47 亿元；霍山石斛种植面积约 1.5 万亩，大部分在安徽霍山县，从业企业 1900 余家，从业人员超万人，产值 35 亿元；金钗石斛仿野生种植面积 15 万亩，主要是林下贴石仿生栽培，赤水市 10 万亩，四川泸州等地有 4.5 万多亩，云南种植 0.5 万亩，合计产值 16.5 亿元；鼓槌石斛种植面积 2 万亩，主要种植在普洱市；叠鞘石斛主要种植在四川的乐山、眉山，云南的文山等地，面积为 1.5 万亩。其他石斛种植 0.5 万亩。中国各类石斛鲜品总产量 8.2 万吨，产值 244.3 亿元。合计加工、商贸流通等环节等产业链，综合产值超过 500 亿。

表 8-1　2021 年中国石斛种植面积和产值统计表

区域	品　种	面积（万亩）	省份汇总面积（万亩）	总产量（吨）	产值（亿）	总产值（亿）
云南	苗床栽培铁皮石斛	4.0	12.1	20000	20	80.0
	仿野生种植铁皮石斛	2.0		1000	10	
	苗床栽培紫皮石斛	3.1		7500	40	
	仿野生栽培紫皮石斛	0.5		411		
	鼓槌石斛	2.0		8000	8	
	其他石斛	0.5		2000	2	
浙江	苗床栽培铁皮石斛	3.0	3.6	9000	56.5	60.0
	仿野生铁皮石斛	0.6		480	3.5	
贵州	仿野生铁皮石斛	6.0	16.0	4800	6	18.0
	仿野生栽培金钗石斛	10.0		8000	12	
四川	苗床栽培铁皮石斛	0.2	6.7	600	4.8	16.1
	仿野生栽培金钗石斛	5.0		4000	4.5	
	仿野生栽培叠鞘石斛	1.5		4500	6.8	

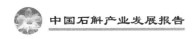

续表

区域	品种	面积（万亩）	省份汇总面积（万亩）	总产量（吨）	产值（亿）	总产值（亿）
福建	苗床栽培铁皮石斛	0.35	1.8	1400	5.6	11.4
	仿野生铁皮石斛	1.45		725	5.8	
江西	苗床栽培铁皮石斛	0.50	1.4	1500	3.00	6.3
	仿野生栽培铁皮石斛	0.85		390	3.15	
	霍山石斛等	0.05		25	0.15	
安徽	大棚霍山石斛	0.8	1.2	2400	32.5	40.0
	林下霍山石斛	0.3		150	2.5	
	大棚铁皮石斛	0.1		300	5.0	
广东	苗床栽培铁皮石斛	0.2	0.8	400	1.2	5.4
	仿野生种植铁皮石斛	0.6		520	4.2	
广西	苗床栽培铁皮石斛	0.65	0.65	1200	4.8	4.8
山东	苗床栽培铁皮石斛	0.5	0.5	1000	0.7	0.7
江苏	大棚铁皮石斛	0.5	0.5	1200	0.8	0.8
海南	金钗石斛	0.1	0.15	300	0.08	0.8
	铁皮石斛	0.05		200	0.72	
合计			45.4	82001		244.3

注：中国中药协会石斛专业委员会统计。仿野生种植密度不统一，大部分地区按照3000丛为一亩计算，相当于大棚苗床种植的1/10～1/8；金钗石斛花产值总占比大，但未统计；未达到采收期、丰产期的石斛面积未统计产量。石斛产业综合产值逾500亿元。

第二节　石斛种植面积与我国大宗中药种植面积比较

我国对石斛的应用历史悠久，因野生资源稀缺，数量稀少，民间知名度不高。石斛人工种植时间不长，但发展迅猛，不到20年时间，已扩大到南方各省市，成为南方特色生物产业，形成"北人参，南石斛"两大滋补类药材格局。

2020年据我国中药材种植面积统计数据，9种中药材种植面积达100万亩以上（表8-2），乔木、灌木（藤本）、草本各占3个；16种中药材种植面积在50～100万亩；6种中药材面积介于40万亩左右。其中，石斛种植面积为43.7万亩（中国中药协会石斛专委会2021年统计数据）。按照种植面积，石斛在草本中草药中排第21名。

表8-2　石斛与中国主要中药生产面积比较

序号	类别	常见中药种类（面积）/万亩	面积（万亩）
1	灌木	连翘（470），枸杞（150），金银花（159）	>100
2	草本	人参（386），黄芪（151），黄芩（112）	
3	乔木	杜仲（251），厚朴（154），黄柏（119）	
4	草本	肉苁蓉（99），砂仁（93），党参（86），柴胡（78），丹参（77），莲子（75），当归（71），艾叶（69），板蓝根（62），桔梗（60），黄精（59），红花（55），黄连（52），三七（50），大黄（50）	50～99
5	乔木	山茱萸（81）	

续表

序号	类别	常见中药种类（面积）/万亩	面积（万亩）
6	草本	白芍（48），石斛（43.7），天麻（42），甘草（40），苦参（40）	40～49
7	乔木	红豆杉（46）	
8	草本	重楼（29），白及（27），玉竹（26），西洋参（20），茯苓（18）	10～39
9		百合（18），川芎（18），地黄（15）	
10	草本	麦冬（9.2），天冬（5.8），北沙参（3.3），乌头（1.7），平贝母（0.9）	＜10

注：主要数据来源于《全国中药材生产统计报告》（2020）。

第三节　石斛的市场特点

石斛与其他中药材不同，从珍稀濒危到大众养生，仅仅用了10余年时间。总体上看，石斛与其他药材相比，种植规模和产量都差距甚大，但是，石斛的销售却始终是行业的痛点。为什么被称为"仙草""贡品"，曾贵过黄金的稀缺药材会出现这种尴尬的现象，这主要有几个方面原因。

一、石斛的知名度

石斛虽然在中医古籍、历代本草中都被名医推崇，也长期作为皇室专供。因其数量稀少，老百姓无缘得见，大量中医无缘应用，导致民间对石斛知之甚少。当石斛在民间的供应从无到大量上市后，老百姓不了解石斛到底有什么用，好在哪里，持观望和"瞻仰"的心态，因种植成本高，石斛售价也确实比其他药材高，很多人就不会轻易尝试。

二、石斛功效复杂

仅《神农本草经》对石斛功效的描述补五脏虚劳、强阴，就涉及了许多疾病，功效太过于复杂，以至于石斛行业从业人员很难说清石斛具体功效，缺乏重点，很容易被宣传成"包治百病"的"神药"，让老百姓更是雾里看花，不明就里。

三、石斛与医药渠道

是药材不用于治病，长期作为食材，又没有合法身份，这就是石斛的另外一个尴尬之处。15年前，石斛的野生资源枯竭，人工种植才起步。铁皮石斛价格居高不下，一千克铁皮石斛枫斗售价在五万元以上。中国大部分中药材都被开发成不同配方、不同功效的中成药，药厂对原料需求巨大，成为助推中药材产业的坚强后盾。过去是石斛数量稀少，价格昂贵，药厂不敢用于研发以石斛为原料的中成药。现在，药厂研发一款新药，需要长达10年以上漫长时间，需要上亿的资金投入，周期长，投入大，药厂仍然不愿意用石斛研发新药，或者有企业在研发，但短期内很难投入应用。这就导致了石斛无法进入药厂作为药品原料，就失去了大宗采购客户，被迫只能直接面对消费者。

目前，有石斛夜光丸、立钻牌枫斗晶、脉络宁注射液以石斛为主要原料，石斛夜光丸、脉络宁注射

液是用普通石斛作为原料，如叠鞘石斛、流苏石斛等，甚至采购泰国鲜切花被丢弃的石斛茎为原料。立钻牌枫斗晶年销售 10 亿左右，但其有自己的原料种植基地。

四、中医与石斛应用

因历史上铁皮石斛、霍山石斛等名贵石斛属于珍稀药材，长期被列为"贡品"，绝大部分中医只能接触到最普通的石斛品种，这些普通石斛不含石斛多糖，或者含量很低，"嚼之如禾草"，它的功效无法与富含多糖的石斛相比，导致中医认为：石斛功效不过如此，没有特别明显的特点，价格较高，担心患者误会，就不会在处方中使用这类石斛。

目前，仅浙江、上海的中医临床中普遍应用铁皮石斛作为处方，效果良好，但一服中药几百元，甚至上千元的费用，还是让中医谨慎使用。

第四节　产业发展趋势与特点

一、产业发展趋势

石斛产业的总体形势为大棚种植呈减少趋势，仿野生种植增速快，尤其是贵州省委省政府对石斛产业的重视和强力推动，未来几年，贵州仿野生石斛发展会迅速增长，有占据行业仿野生石斛原料基地趋势。

云南因气候和资源优势，产量高、成本低，竞争优势明显，浙江种植户逐渐向云南转移。云南作为铁皮石斛、紫皮石斛、鼓槌石斛的主要原料供应基地得到进一步巩固。云南省德宏傣族景颇族自治州作为石斛论坛的发起地，中国石斛之乡，其气候优势、品牌优势日益显现。德宏州芒市风平镇、龙陵的河头村等地已经形成全国石斛交易集散地，德宏州作为铁皮石斛的交易集散地正在形成。德宏州芒市风平镇、龙陵县河头村已形成石斛交易市场，吸引了全国的石斛种植户、收购商进行交易。

浙江、安徽、福建、广东、四川、广西、重庆、上海的石斛种植面积保持稳定，甚至略有减少。林下仿野生种植发展增速较快，总产量变化不大。贵州充分利用丰富的山区森林资源，石头多的地形特点，发展仿野生种植，跃升为全国石斛仿野生种植大省。

新冠肺炎疫情发生以来，人们对健康的重视，对增强免疫力的重视，中药材市场利好，石斛的市场也得到大幅拓展，价格止跌上扬，连续两年石斛鲜品价格涨幅超过 20%。

石斛消费人群稳步增长，市场在不断扩大，但增速缓慢。

石斛产业中科技应用普遍。石斛微粉、冻干、提取、成分分析、质量检测应用普遍。制约产品研发的溶解性得到解决，方便食用产品越来越多。

农户种植石斛收益高于其他农作物，但企业种植、管理、运营成本高，效益普遍不佳。

二、19 省市发展石斛

石斛种植区域不但涵盖了南方所有省份，并拓展到河南、山东、山西、陕西等地，涉及 19 省市区。

人工种植的 10 余种石斛中，云南品种最多，除了霍山石斛、曲茎石斛没有种植，其他石斛均有种植。

全国铁皮石斛大棚种植面积 9.75 万亩，云南约占 43%，仿野生栽培 11.55 万亩。

紫皮石斛种植主要以云南省保山市为主，普洱市有部分种植，龙陵县作为中国紫皮石斛之乡，种植面积约 3.6 万亩，占全国、全省面积的 90%。

安徽省霍山县大棚种植米斛 8000 亩，林下种植约 3000 亩，年产鲜品 2550 吨。

金钗石斛总面积约 15 万亩，主要种植在贵州赤水市、四川合江县，以林下贴石仿生栽培种植在丹霞石上，其中赤水市 10 万亩，四川合江有 5 万多亩。2017 年北京市与十堰市开展对口协作在郧西县建设了 1.36 万平方米植物工厂生产金钗石斛种苗。鼓槌石斛主要种植在云南省普洱市，约 2 万亩。

兜唇石斛、梳唇石斛、马鞭石斛等也都种植在云南。

四川省除了金钗石斛、铁皮石斛还有 1.5 万亩叠鞘石斛，占全国叠鞘石斛 90% 以上，主要种植在乐山夹江县。

三、三个转变

1. 企业模式转变

目前的石斛产业模式为：企业种植＋加工＋销售＋品牌＋文化旅游。因企业种植成本远高于农户种植，导致经营成本过高，效益不佳。因此，石斛产业模式正在转变为：企业标准＋示范种植＋农户种植＋收购＋研发加工（第三方）＋销售＋品牌。

2. 发展区域转变

浙江作为石斛大省受自然灾害、台风、种植成本高等多种因素影响，种植环节正逐步向云南转移。广东、福建、广西、四川等地受种植成本高、产量低等因素影响，面积增速较慢，甚至呈现减少趋势。云南作为石斛大省，主产地地位会进一步巩固。但云南打造石斛优质品牌还需要做大量工作，很可能会成为食用石斛的主要产区。仿野生石斛作为药用和高品质铁皮石斛发展提速，贵州有可能会后来居上，成为仿野生种植主产省。

3. 种植主体转变

企业种植成本远高于农户种植，缺乏市场竞争力，也影响企业效益。随着产业发展，以企业种植为主将转变为农户种植、企业收购、研发、销售。

四、五个专业化

随着产业分工越来越明确、越来越细化，石斛产业将实现农户、合作社专业化种植，企业从事研发和品牌打造，共享工厂专注生产，营销公司专业销售，部分园区转化为乡村旅游企业，助力乡村振兴。行业分工明确，既实现资源整合，避免重复投资，又实现更加专业化的分工，走上专、精、深产业发展新路。

五、产业瓶颈

石斛产业呈现"四少"现状：企业效益少、手续齐全的产品少、用于药品原料少、医生应用的少。这四个问题是当前产业发展的核心问题。

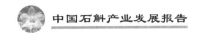

石斛作为既治已病又治未病一味最好的强阴药,从濒危珍稀品种,大众高不可攀,到服务大众养生,中间最迫切的就是药食两用政策的调整,这是从事石斛产业的企业10多年坚持、坚守的最大希望和期盼。目前,云南、贵州、四川、广东、江西、湖北、广西七省市已下发了铁皮石斛试点通知。试点方案要求只能对石斛采取物理加工,不得采取提取等工艺,也限制了石斛产业向更精深化研发。相信未来石斛产品会越来越丰富多样,但作为药品原料和推广中医应用仍然是任重道远。

第五节　石斛的产品开发现状

石斛作为一味强阴生津的名贵优质上品药材,目前,有80%以上都被用作大众养生食材、养生食品(民间自用)。其作为药物的身份,仅在浙江、上海、广东等地区得到体现,有部分中医临床应用。以石斛为主要原料开发的中成药仅有石斛夜光丸、脉络宁注射液、立钻牌枫斗晶。石斛产业化以后,种植规模的大幅增加、原料供应量的增加,逼着企业不得不多方寻找市场突破口,适应市场需求。目前市场上,石斛产品形态有以下几种。

一、石斛枫斗

药农将鲜石斛剪切成5厘米左右的段,放在炭火上烘烤软后,用手反复揉搓定型,成为颗粒状,然后烤干,这就是石斛枫斗。枫斗易于保存,与烘干条相比香味更浓,在过去科技不发达的时代,枫斗可以保存几年。因历史传承习惯,江浙一带的老百姓对枫斗有一种情怀。200多年来,浙江乐清市双峰乡的药农在南方各地采集、收购野生石斛,将其加工成枫斗,销往浙江、上海,在老百姓心中形成了一种枫斗文化。随着科技进步,石斛有了许多更先进更好的加工方法,枫斗因其浸泡和炖煮都很难将其营养成分完全释放,浪费较大,需要人工手搓加工成本高等弊端,将逐步被淘汰,但在江浙一带,许多老百姓仍然喜欢食用枫斗。

二、石斛保健食品

据查询,截至2021年11月,中国已经获得以石斛为主要原料的保健食品批文138个,其中有石斛含片、口服液、冲剂、饮料、胶囊、石斛酒。功能主要是增加免疫力、辅助修复化学性肝损伤、降血糖、抗疲劳等方面。随着国家对保健食品的严格管理,申报周期越来越长,有企业申报长达八年之久还未能拿到批文。目前,拿到的石斛保健食品批文仅有少部分在生产销售,获得市场认可的产品则少之又少。这其中的原因是盲目申报,企业对行情不了解,定位不准确,当初认为只要有个保健品批号就能销售,忽略了市场接受的前提是什么,消费者看重的不是批号,更看重的是效果和口感。一些企业全权委托第三方申报,而第三方机构的目的是申报成功,拿到批文,并不关心市场,甚至对石斛市场也不是很了解。双方都忽略了一个核心,那就是配方问题,配方决定着功效和口感,也就决定着这个批号的前途和命运。正因为忽略了关键核心要素,导致大部分的石斛保健品生产出来以后,消费者不认可,营销比较困难。

三、石斛食品开发

紫皮石斛、霍山石斛尚未列入药典，经过云南省龙陵县政府、安徽省霍山县政府的努力推动，云南省发布了《云南省食品安全标准　紫皮石斛》、安徽省发布了《安徽省食品安全标准　霍山石斛》两个地方特色食品安全标准。这两种石斛在当地可作为食品应用，云南品斛堂生物科技有限公司和四川壹原草生物科技有限公司合作开发了"紫皮石斛、人参、覆盆子复合颗粒固体饮料"，安徽开发了霍山石斛麦片、霍山石斛浸膏、霍山石斛阿胶膏、石斛酒、石斛代用茶、石斛固体饮料等食品。浙江、云南、福建、广西发布了铁皮石斛花、叶的食品安全地方标准，贵州省发布了金钗石斛花、叶的食品安全地方标准，推动了这些地区石斛叶和花的食品开发。

随着铁皮石斛的药食同源试点工作的开展，石斛啤酒、石斛饮料、石斛口服液等不同种类的石斛食品将陆续上市。

四、石斛日化品开发

铁皮石斛作为药材，过去不能作为食品，企业为了寻找市场突破口，不断创新研发了石斛面膜、石斛护手霜、石斛牙膏等日化品，市场反响较好。有一款用于蚊虫叮咬的外用品，缓解蚊虫叮咬发痒、红肿等症状效果明显，见效快。

第六节　全国石斛龙头企业名单

浙江天皇药业有限公司
浙江健九鹤药业集团有限公司
浙江寿仙谷医药股份有限公司
浙江森宇控股集团有限公司
云南品斛堂生物科技有限公司
云南云斛生物科技有限公司
广南县凌垭原生铁皮石斛有限公司
云南天泉生物科技股份有限公司
广南药王谷生物科技有限公司
龙陵县富民石斛专业合作社
福建塔斯曼生物工程科技有限公司
福建本草春生物科技有限公司
福建连天福生物科技有限公司
福建连城冠江铁皮石斛有限公司
武夷山兰谷铁皮石斛开发有限公司
四川壹原草生物科技有限公司
四川省峰上生物科技有限公司

合江县福森种养专业合作社

赤水市瑞康中药材开发有限公司

赤水市信天中药产业开发有限公司

赤水芝绿金钗石斛生态园开发有限公司

贵州铁枫堂生态石斛有限公司

贵州省赤水市金钗石斛产业开发有限公司

赤水国礼金钗石斛发展有限公司

安徽大别山霍斛科技有限公司

霍山县天下泽雨生物科技发展有限公司

中国中药霍山石斛开发有限公司

九仙尊霍山石斛股份有限公司

河南联源生物科技有限公司

上海磊宏科技有限公司

梅州绿盛林业科技有限公司

韶关市禾间堂生态农业有限公司

韶关市润斛生态农业有限公司

韶关车八岭农业科技有限公司

重庆裕品堂生物科技有限公司

垫江县仙草园生态农业旅游开发有限公司

广西健宝石斛科技有限公司

江西翰野农业开发有限责任公司

鹰潭市天元仙斛生物科技有限公司

山东北斛生物科技有限公司

山西凌云生物科技有限公司

江苏云梯仙草生物科技有限公司

瑞丽市岭瑞农业开发有限公司

云南久丽康源石斛开发有限公司

第九章 中国石斛标准体系现状

第一节 中国石斛标准发布情况

中国目前已制定颁布的铁皮石斛相关标准总计86项。从标准层级来看，国家标准1项，行业标准8项（其中林业标准5项，农业农村部行业标准2项，供销行业标准1项），地方标准52项，卫健委发布的食品安全地方标准13项，团体标准12项。

国际标准共1项：《ISO 21370:2019 中医药—铁皮石斛》

行业标准共8项，详见表9-1。

表9-1　石斛相关行业标准

序号	类型	标准名称
1	林业行业标准	LY/T 2820-2017 齿瓣石斛培育技术规程
2	林业行业标准	LY/T 2675-2016 石斛种质鉴定技术规范
3	林业行业标准	LY/T 2547-2015 铁皮石斛栽培技术规程
4	林业行业标准	LY/T 2449-2015 霍山石斛种苗繁育技术规程
5	林业行业标准	LY/T 2448-2015 霍山石斛栽培技术规程
6	农业行业标准	铁皮石斛质量等级（正在制定）
7	农业行业标准	NY/T 2758-2015 植物新品种特异性、一致性和稳定性测试指南　石斛属
8	供销行业标准	石斛质量等级（正在制定）

中国已制定的石斛有关的地方标准共52项（卫健委发布的食品标准单独统计）。详见表9-2。

表9-2　石斛相关地方标准

序号	省市	标准名称
1	云南	DB53/T 903-2019 金钗石斛组培育苗技术规程
2	云南	DB53/T 711-2015 地理标志产品　广南铁皮石斛
3	云南	DB53/T 534-2013 云南铁皮石斛
4	云南	DB5308/T 14.4-2013 铁皮石斛人工集约化种植综合标准　第4部分：质量安全要求
5	云南	DB53/T 290.1-2013 紫皮石斛　第1部分：产地环境
6	云南	DB53/T 290.2-2013 紫皮石斛　第2部分：种苗培育
7	云南	DB53/T 290.3-2013 紫皮石斛　第3部分：生产技术规程
8	云南	DB53/T 853-2017 铁皮石斛仿野生栽培技术规程
9	云南	DB53/T 616-2014 齿瓣石斛种苗组培快繁技术规程

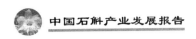
序号	省市	标准名称
10	云南	DB53/T 589-2014 地理标志产品　龙陵紫皮石斛
11	云南曲靖市	DB5303/T 8.1-2015 师宗铁皮石斛种植综合标准　第1部分：种植环境
12	云南曲靖市	DB5303/T 8.2-2015 师宗铁皮石斛种植综合标准　第2部分：种子种苗培养
13	云南普洱市	DB5308/T 14.1-2013 铁皮石斛人工集约化种植综合标准　第1部分：产地环境
14	云南普洱市	DB5308/T 14.2-2013 铁皮石斛人工集约化种植综合标准　第2部分：种子种苗培育
15	云南普洱市	DB5308/T 14.3-2013 铁皮石斛人工集约化种植综合标准　第3部分：生产技术规程
16	云南普洱市	DB5308/T 14.4-2013 铁皮石斛人工集约化种植综合标准　第4部分：质量安全要求
17	安徽	DB34/T 3153-2018 霍山石斛基原植物鉴定技术规程
18	安徽	DB34/T 3152-2018 铁皮石斛基原植物鉴定技术规程
19	安徽	DB34/T 3043-2017 霍山石斛原生态种植技术规程
20	安徽	DB34/T 2941-2017 霍山石斛鲜条加工技术规程
21	安徽	DB34/T 2940-2017 霍山石斛原种保护技术规程
22	安徽	DB34/T 2939-2017 霍山铁皮石斛枫斗加工技术规程
23	安徽	DB34/T 2938-2017 霍山石斛枫斗质量检测技术规程
24	安徽	DB34/T 2937-2017 霍山铁皮石斛枫斗质量检测技术规程
25	安徽	DB34/T 2936-2017 霍山石斛花干制技术规程
26	安徽	DB34/T 3244-2018 霍山石斛分子鉴定技术规程
27	安徽	DB34/T 2646-2016 霍山石斛仿野生栽培技术规程
28	安徽	DB34/T 486-2016 霍山石斛
29	安徽	DB34/T 2426-2015 霍山石斛枫斗加工技术规程
30	安徽	DB34/T 2367-2015 霍山石斛种子生产技术规程
31	安徽	DB34/T 1770-2012 铁皮石斛种苗繁殖技术规程
32	广西	DB45/T 1822-2018 铁皮石斛鲜花采收及干燥技术规程
33	广西	DB45/T 1533-2017 铁皮石斛采收与采后商品化处理技术规程
34	广西	DB45/T 1532-2017 铁皮石斛种苗组培快繁技术规程
35	广西	DB45/T 1231-2015 地理标志产品　雅长铁皮石斛
36	广西	DB45/T 1459-2016 马鞭石斛组培苗生产技术规程
37	广西	DB45/T 860-2012 无公害铁皮石斛栽培技术规程
38	广西	DB45/T 646-2009 药用植物金钗石斛种质资源描述及数据规范
39	江苏	DB32/T 2736-2015 铁皮石斛无菌播种苗生产技术规程
40	江苏	DB32/T 2737-2015 铁皮石斛种植技术规程
41	江苏	DB32/T 3652-2019 铁皮石斛嫩茎液体培育生产技术规程
42	福建	DB35/T 1707-2017 地理标志产品　泰宁铁皮石斛
43	广东	DB44/T 2055-2017 地理标志产品　始兴石斛
44	广东韶关市	DB4402/T 06-2020 地理标志产品　始兴石斛
45	广东	DB44/T 1304.3-2014 无公害农产品　铁皮石斛　第3部分：生产技术规程
46	贵州	DB5223/T 7-2020 地理标志产品　安龙石斛
47	河南	DB41/T 1810-2019 曲茎石斛培养基播种育苗技术规程

序号	省市	标准名称
48	浙江	DB33/T 635-2015　铁皮石斛生产技术规程
49	湖北	DB42/T 1054-2015　铁皮石斛大棚栽培技术规程
50	湖北	DB42/T 1405-2018　湖北主要药用植物石斛组培育苗技术规程
51	湖北恩施市	DB4228/T 031-2019　铁皮石斛仿生态种植技术规程
52	福建	DB35/T 1707-2017　地理标志产品　泰宁铁皮石斛

卫健委发布的食品安全地方标准13项，见表9-3。

表9-3　卫健委发布的食品安全地方标准

序号	省份	标准名称
1	云南	DBS 53/027-2018　食品安全地方标准　紫皮石斛
2	云南	DBS 53/030-2021　食品安全地方标准　干制铁皮石斛花
3	云南	DBS 53/031-2021　食品安全地方标准　干制铁皮石斛叶
4	贵州	DBS 52/048-2020　食品安全地方标准　铁皮石斛茎
5	贵州	DBS 35/001-2020　食品安全地方标准　铁皮石斛花
6	贵州	DBS 52/ 042-2020　食品安全地方标准　铁皮石斛叶（干叶）
7	贵州	DBS 52/ 049-2021　食品安全地方标准　金钗石斛花（干制品）
8	贵州	DBS 52/ 050-2021　食品安全地方标准　金钗石斛叶（干制品）
9	浙江	DB 33/3011-2020　食品安全地方标准　干制铁皮石斛花
10	浙江	DB 33/3012-2020　食品安全地方标准　干制铁皮石斛叶
11	福建	DBS 35/002-2020　食品安全地方标准　铁皮石斛叶
12	福建	DBS 35/001-2020　食品安全地方标准　铁皮石斛花
13	广西	DBS 45-062-2019　食品安全地方标准　铁皮石斛花

已备案的石斛相关的企业标准约数百项，主要以云南、浙江、安徽、贵州、福建等为主，部分标准见表9-4。

表9-4　部分备案的石斛相关企业标准

序号	企业名称	标准名称
1	云南千年铁皮石斛开发有限公司	Q/YQN 0001 S-2014 千年牌铁皮枫斗晶
2	云南林洋生物科技有限公司	Q/YLY 0003 S-2013 林兰花牌金钗石斛胶囊
3	光明食品集团云南石斛生物科技开发有限公司	Q/YSH 0004 S-2013 仙枫斗牌颐元颗粒
4	云南英茂花卉产业有限公司	Q/YYM 09-2018《石斛种苗》
5	安徽省一壶收农业科技有限公司	Q/YHSH 001-2017《铁皮石斛》
6	贵州天齐野生资源开发保护研究中心	Q/TQ 04-2019《铁皮石斛》
7	龙宝参茸股份有限公司	Q/LBSR 0011S-2018《石斛制品》
8	绍兴霞辉健康管理有限公司	Q/SXXHJK 001-2020《铁皮石斛》
9	义乌市森宇农业科技有限公司	Q/YSY 0002S-2020《铁皮石斛》
10	贵州一心兴邦药业有限公司	Q/YXXB 004-2020《铁皮石斛》
11	贵州省药材有限责任公司	Q/SYC 01-2020《铁皮石斛》
12	安龙县西城秀树农林有限责任公司	Q/XSNL 01-2020《铁皮石斛》

已经正式发布实施的相关团体标准12项。详见表9-5。

表9-5 发布的石斛相关团体标准

序号	团体名称	标准名称
1	云南省标准化协会	T/YNBX 022—2020 石斛中柚皮素、石斛酚和毛兰素的测定 高效液相色谱法
2	中华中医药学会	T/CACM 1027.104—2018 铁皮石斛 PCR 鉴定
3	中华中医药学会	T/CACM 1021.113—2018 中药材商品规格等级 石斛
4	中华中医药学会	T/CACM 1020.151—2019 道地药材 第151部分：铁皮石斛
5	中华中医药学会	T/CACM 1020.87—2019 道地药材 第87部分：霍山石斛
6	贵州省地理标志研究会	T/GGI 041—2018 赤水金钗石斛 第五部分：质量要求
7	贵州省地理标志研究会	T/GGI 040—2018 赤水金钗石斛 第四部分：仿生种植技术规程
8	贵州省地理标志研究会	T/GGI 039—2018 赤水金钗石斛 第三部分：种子种苗质量
9	贵州省地理标志研究会	T/GGI 038—2018 赤水金钗石斛 第二部分：种苗生产技术规程
10	贵州省地理标志研究会	T/GGI 037—2018 赤水金钗石斛 第一部分：产地环境
11	中华中医药学会	T/CACM 1021.12—2018 中药材商品规格等级 铁皮石斛
12	浙江农产品质量安全学会	T/ZNZ 006—2018 铁皮石斛病虫害综合防治规范

第二节 铁皮石斛药食同源政策落地情况

铁皮石斛茎因收录进《中国药典》，按规定需按照药材管理，只能用作药品或者保健食品生产原料，不能用作食品加工原料，因药用市场需求有限，给石斛产业发展、产业链拓展、深加工开发带来一定的局限，严重制约了石斛产业的更好发展。在中国传统饮食文化中，铁皮石斛在民间往往作为食材广泛食用，主要方法为即食、煲汤、入菜、榨汁、泡茶、传统方式泡酒等。把铁皮石斛茎列入药食同源目录是行业一直以来的期盼。

为打通铁皮石斛作为普通食品的政策瓶颈，早在2008年就开始铁皮石斛原球茎国家新食品原料的研究和申报工作。2012年11月22日至12月22日，卫生部办公厅关于征求拟批准铁皮石斛原球茎等为新资源食品意见的函（卫办监督函〔2012〕1050号），公开征求意见；2019年11月25日国家风险评估中心网站又对铁皮石斛原球茎国家新食品原料进行了公示，但是公示结束后还没有后续结果。

2013年开始，主产区云南、浙江开始铁皮石斛花、茎、叶新食品原料的研究和申报工作，铁皮石斛花于2017年11月通过国家风险评估中心的技术评审，公开征求意见。铁皮石斛叶于2017年年底，作为新食品原料公开征求意见。之后，铁皮石斛花、叶终止审查，国家卫健委批准同意其作为地方特色食品管理，各地根据食用情况，制定标准实施。至此浙江、云南、贵州、福建、广西等省（自治区）相继制定了各省的铁皮石斛花、叶食品安全地方标准，打开了铁皮石斛花、叶作为食品加工利用的政策瓶颈。

铁皮石斛药食同源进展一直备受关注，2010年以来，从国家到地方卫健委、市场监管局，石斛专委会、各地政府、企业一直在努力推进，2016年中国中药协会石斛专业委员会专门向国家卫健委报送了《关于将铁皮石斛列为新食品原料的请求》。2018年1月11日～1月26日，国家卫计委食品司发布了《关于就党参、铁皮石斛等九种物质作为按照传统既是食品又是中药材物质开展试生产征求意见的函》，2019年11月25日国家卫生健康委，国家市场监管总局《关于对党参等9种物质开展按照传统既是食品又是中药材的物质管理试点工作的通知》（国卫食品函〔2019〕311号）正式下发，终于迈出了最关键的一步，明确开展生产经营试点工作，各省级卫生健康委会同市场监管局根据辖区实际，提出具体的试点方案，试点方案应当包括拟开展试点的食药物质种类、风险监测计划和配套监管措施等，报请省级人民政府同意后，报国家卫生健康委与国家市场监管总局核定。根据各地试点实施情况，国家卫生健康委将会同国家市场监管总局，研究论证将九种物质纳入食药物质目录管理的可行性。截至2021年底，已经开始药食同源试点的铁皮石斛的省份主要有云南省、贵州省、四川省、广西壮族自治区、广东省、湖北省、江西省等。

2020年12月10日，国家市场监督管理总局下发通知，对试点工作做了详细的要求：必须按照传统的加工和食用方法开展试点，试点方案应当包括试点工作的时限、开展试点的具体食品类别和试点食品经营的范围、销售方式等内容，针对食用农产品、餐饮等试点食品类别特点，制定相应的配套监管措施，明确监督抽检的产品质量要求和食品安全指标及其检测方法。拟开展试点工作的省（市、区）市场监管部门与卫生行政部门修改完善试点方案，并按照要求重新报送。在执行过程中，云南、贵州、四川等省快速反应，组织试点管理申报工作，九种物质中根据各省应用实际进行申报，如：云南、贵州九种物质都报了，最后批复同意试点3种，即铁皮石斛、灵芝、天麻。

按照此通知要求，各省对试点方案进行了修改并重新报送，广西于2021年1月18日印发了《广西对铁皮石斛、灵芝、杜仲叶开展按照传统既是食品又是中药材的物质管理试点方案》的通知，云南省于2021年11月17日印发了《云南省铁皮石斛、灵芝、天麻按照传统既是食品又是中药材的物质管理试点方案》的通知，四川省于2021年12月3日印发了《四川省开展天麻、铁皮石斛、灵芝按照传统既是食品又是中药材的物质管理试点方案》的通知，之后各省陆续印发试点方案，目前贵州、云南、浙江、广东、山东、广西等地的几百家企业正在开展试点生产。

第三节　石斛与新食品原料、新资源食品

中国是世界上较早制定新食品原料管理制度的国家，利用新资源生产的食品必须经卫生部门审批，由此确定了中国新资源食品管理的基本制度。1987年新资源食品实行审批制度，2009年的《食品安全法》把"新资源食品"概念更改为"新的食品原料"，于2013年10月1日正式实施。从此，中国新资源食品的概念才正式被新食品原料的概念所取代。在法规的推动和市场的发展下，从新资源食品到新食品原料，从具体产品到食品成分。

石斛，素有"救命仙草"美誉，一直是保健食品界的宠儿，石斛是非常名贵稀有的中药材，历代医家都将其尊崇为上品。《神农本草经》《本草纲目》《中药大辞典》等多部古今药学典籍中都记载了它的药用功能。在淘宝、微商、药店等平台都可看到其身影。市场上流通的石斛兰主要品种有铁皮石斛、紫山石斛、霍山石斛、金钗石斛等。截至2016年底，全国各类石斛总产值约200亿元。石斛的销售遍布各类平台，仅淘宝上就有2000家店铺在经营石斛，天猫店铺有900种石斛商品。种植面积的扩大、网店的迅速发展、产值规模的可观足见石斛目前在市场的火爆程度。

随着科技进步，石斛从野生资源发展到人工产业化种植，使石斛产业一度迅猛发展。石斛从高端消费的奢侈品突然转向成为大众养生品，大众消费习惯还未形成、认知度不高，以及产品深加工等因素影响。为扩大市场，大部分企业有意将石斛应用到普通食品领域，对它通过新食品原料审批的期待显得极

为迫切。石斛产业的发展，主要包括种植、加工、营销三个环节。种植是石斛产业的基础，成品加工是产业发展的核心，营销是产业持续发展的保证。

中国对于石斛的定位，目前既是中药也是保健品。有些企业将石斛产品应用到普通食品领域，如石斛颗粒冲剂、茶、酒、纯粉、饮片、饮料等产品，但却很难申请到生产许可证，目前只在试行阶段。给石斛一个普通食品"身份"，是所有石斛企业人的心声也是石斛产业大发展和上台阶的瓶颈所在。如今石斛产业的发展，已不能满足于其作为药材和保健食品的市场规模，让其有个普通食品的身份，就可以扩大应用范围，做强石斛产业。药用植物申报新食品原料是有一定难度的，要出具对人体无毒无害的证明。有些中药材应用历史悠久，但提供不出安全性证据，所以其相关安全性研究工作非常重要，相关部门审批可能需要一段时间。

从加工环节来看，石斛已被原卫生部列入《可用于保健食品的物品名单》。然而申报一个保健食品许可门槛高、费用高、时间长，让本就弱小的石斛企业望而却步，况且石斛保健食品对整个产业原料消耗发挥的作用有限，严重制约了石斛产业向深度发展。所以，当前批准石斛作为新食品原料对行业来说显得尤为迫切。

实际上，石斛在中国已有2000多年的食用历史，一直以"药食同源"的身份被广泛应用于药品和普通食品领域。在民间，人们一直将石斛用来榨汁、泡酒、煲汤、熬茶，甚至做成面条等形式食用。

据了解，铁皮石斛、铁皮石斛原球茎等早在2012年就开始申报新食品原料，目前仅有铁皮石斛叶作为地方特色食品使用。专家认为，铁皮石斛作为近几年热捧产品，有较大的市场需求，一旦申请为新食品原料，将更大规模地满足公众的日常需求，最大程度地推动石斛产业的深度发展。

原来的新资源食品是指在中国新研制、新发现、新引进的无食用习惯的、符合食品基本要求的食品，如今转变为新食品原料，仅是指在中国无传统食用习惯条件的物品，包括从植物中分离的成分；原有结构发生改变的食品成分和其他新研制的食品原料。可见，从食品的形式上来说，新食品原料的食品形式只有食品原料一种，而新资源食品的食品形式包括食品原料和食品成品两种。

新食品原料，主要可作为食品原料、保健食品原料、特殊医学用途配方食品原料等使用。其中，特别需要说明的是，新食品原料在保健食品中的应用。对于掌握天然原料及原料工艺的企业来说，申报成功一种新食品原料，可促使一系列健康产品上市，抢占健康市场先机。

需要关注的是，国家对于食品、保健食品、新食品原料的监管措施不同。根据《新食品原料安全性审查管理办法》，新食品原料还有转为普通食品或是与认定为新食品原料具有实质等同性的风险，所以对于申报新食品原料的企业，一定要在原料成分上下足功夫。

目前，新食品原料和保健食品原料存在交叉，但是随着国家对保健食品目录逐渐明晰，"不以提供营养物质为目的的保健功效原料，应当按照保健食品原料进行管理，不得申请作为新的食品原料。保健食品外的其他食品不得使用仅可用于保健食品的原料"。就是说列为保健食品原料目录的食品，不能申报新食品原料，仅用于生产保健食品。而新食品原料可以根据实际情况应用到保健食品中，需要执行注册管理。

同时，食品企业也需要去关注并适应新食品原料制度的变化，按照新规定的要求开展新食品原料的研发和生产，推动食品大健康产业的快速发展。

第四节 石斛产业存在问题分析

一、功效定位不明

目前人工种植的石斛有铁皮石斛、紫皮石斛、霍山石斛、金钗石斛、鼓槌石斛、梳唇石斛、叠鞘石斛等品种，根据现有成果，石斛主要富含多糖类和生物碱类，多糖类成分靶向治疗是强阴生津，生物碱类成分主要是清热消炎等功效，还有许多石斛外观形态、生长环境都不同，口感也有差异，尚未明确其化学成分，无法确定其功效和治疗范围。《中华人民共和国药典》记载，石斛的功效基本一致，以致产品开发和中医临床应用都易混淆，导致业内恶性竞争，既产生不必要内耗，又无法真正发挥不同石斛的应有功效，影响了产业的健康发展。

二、市场无序发展

石斛是中药材中比较复杂甚至是最复杂的一味药，同一品种石斛不同种植模式、不同种植区域、不同采收季节，其外观形态、化学指标都有较大差异。加工成枫斗或粉碎以后，行家也难鉴别。淘宝数据显示，铁皮石斛售价为每克 0.3～30 元。霍山石斛每克售价从几元到上百元，消费者实在难以区分。石斛市场的复杂和无序，让消费者难以甄别，影响消费信心。

三、药食地位尴尬

药典将石斛列为药材，中医却很少应用，制药企业因为没有以石斛为原料的批准文号，也不需要石斛做原料。每年数万吨石斛鲜品，大部分石斛又被老百姓作为食品食用，形成了是药不入药、不是食品却主要被当作食品消费的尴尬现状。虽然铁皮石斛已作为药食同源试点，未来可期，但金钗石斛、鼓槌石斛等其他石斛仍然面临尴尬，短期内难以改变。

第五节 几点建议

目前，大健康产品正处于快速发展期，老龄化、城镇化以及消费升级成为中国大健康产业发展的推动力。然而，如何在大健康产业中做出好产品，赢得市场与用户的肯定呢？

1. 树立做品牌就是做文化，做产品就是做需求的理念

品牌的形成需要长期的经营：一方面，企业要为品牌注入文化；另一方面，企业必须不断进行技术研发和创新，以生产出更好的产品来满足消费者的需求。在销售上，可在石斛基地引入不同的石斛种，与当地的旅游资源、培训集会、节日活动相结合，使消费者在欣赏石斛花，了解不同石斛品种的愉悦心情中愉快地购买相关产品！

2. 避免同质化产品，提升产品竞争力

物以稀为贵，稀缺、独特往往暗示着珍贵，相同则意味着普通。虽然无法完全消除"同质化"，但可以通过运用独特的文化、应用不同的配伍、精心处理产品细节、注重商品包装设计差异化、提供人性化增值服务等来使产品"差异化"。不断差异化产品内容和服务，与此同时优化运营流程，降低运营成本，形成竞争壁垒。

研发适合本地食用习惯、生活习惯的产品，唯有那些做出与众不同产品的企业才能够胜出。建议企业研发的产品向石斛专委会报备，研发前通过石斛专委会查询，了解类似产品的研发现状，避免同质化竞争。

3. 建立石斛行业的共享工厂

共享工厂对于建厂企业来说可以充分利用闲置的生产设备，降低企业成本。对于中小型企业而言可以不用再去购买价格昂贵的设备，节约企业宝贵的现金流，全身心投入到新型产品研发和品牌市场推广当中。在铁皮石斛药食同源试点政策即将落地之际，建设行业共享工厂意义更加重大，如果大家一哄而上，都建设生产线，那么设备大量闲置，将会导致企业资金回收困难，陷入困境！很多生产线到更新换代时成本都难于回收。

建立共享工厂的企业需要探索为合作伙伴提升管理能力、营销技巧、挖掘潜力、新品研发、专业培训服务等能力。让利给合作伙伴，帮助他们提升利润空间。最终实现帮助合作企业赚钱，实现双赢，让药食同源政策落地的红利惠及各石斛企业，推动石斛产业健康稳步发展。

第六节　发挥石斛在治未病方面的作用

一、定位准确：理清思路、做好定位

目前，全国石斛产业多个品种齐头并进，同步发展。其中，不同品种其外观形态、化学成分、口感都不相同。受科技和研究进度因素影响，尚未对各类石斛成分含量、适应人群，治疗病症进行深入研究。当前，药典规定所有石斛效果都是一致的，但可以明确的是，不同的石斛种其化学成分、应用人群、功效是有区别的，这方面需要进一步研究。不同石斛品种要找到各自的突出优势，针对不同人群，采用不同的营销方法，找准各自市场定位，形成优势互补。

二、市场重点：中医应用必不可少

《神农本草经》对石斛功效做了很好的描述，2000多年来，历代中医文献又对石斛功效进行了补充，大量名医医案记载了治疗过程和效果。国医大师、中央保健医生张大宁老师，在治疗肾病中就普遍使用，称石斛为"肾药"。但大部分中医对石斛尤其是对铁皮石斛这类富含多糖的石斛了解不够深入，临床应用很少，还需要针对中医加大宣传推广，让中医将其作为常用处方药材，才能实现石斛产业可持续发展，实现有效传承。

产地要确定各自定位和地方品牌，加大研究、宣传、品牌投入，将石斛做成有地方特色的品牌优势，从政策引导中重视终端市场的研究。

主要参考文献

［1］魏刚，顺庆生，杨明志. 石斛求真［M］. 成都：四川科学技术出版社，2014.

［2］陈晓梅，郭顺星. 石斛属植物化学成分和药理作用的研究进展［J］. 天然产物研究与开发，2001（1）：70-75.

［3］罗在柒，龙启德，姜运力，等. 全国石斛产业现状及贵州发展石斛产业的思考[J]. 贵州林业科技，2021，49（1）：42-47.

［4］赵菊润，孙永玉. 紫皮石斛产业的现状与发展对策［J］. 中国农业信息，2016（22）：153-155.

［5］李振坚，王元成，韩彬，等. 石斛属植物生物碱成分研究进展［J］. 中草药，2019，50（13）:3246-3254.

［6］李桂琳，李泽生，高燕，等. 云南德宏石斛产业及可持续发展［J］. 热带农业科技，2020，43（2）：24-28+33.

［7］杨明志. 石斛产业静中谋变［J］. 中医健康养生，2015（10）：21.

［8］赵菊润，张治国. 铁皮石斛产业发展现状与对策［J］. 中国现代中药，2014，16（4）：277-279，286.

［9］吕朝燕，彭新华，郑城钦，等. 基于文献计量的石斛属植物研究进展分析［J］. 南方农业，2017，11（15）：45-46.

［10］戴亚峰，李诚，王诗文，等. 霍山石斛产业发展现状［J］. 安徽农业科学，2018，46（27）：202-204.

［11］李桂琳，胡永亮，周侯光，等. 瑞丽石斛资源调查及产业发展现状［J］. 中国热带农业，2012（4）：28-31.

［12］张明，刘宏源. 药用石斛产业的发展现状及前景［J］. 中国现代中药，2010，12（10）：8-11.

［13］杨明志. 云南石斛产业发展之我见［J］. 致富天地，2013（11）：66-67.

［14］杨明志. 石斛养生［M］. 成都：四川科学技术出版社，2011.

［15］冉懋雄，刘家保. 云南龙陵紫皮石斛产业发展的思考与建议［J］. 中国现代中药，2010，12（2）：11-13.

［16］苗婷婷. 石斛古今功效及运用文献研究［D］. 南京中医药大学，2017.

［17］王雁，李振坚，彭红明，等. 石斛兰资源·生产·应用［M］. 北京：中国林业出版社，2007.

［18］林平. 石斛的功用的文献研究与应用开发探讨［J］. 海峡药学，2015，27（11）：31-33.

［19］曲卫玲，刘焕兰，尚子义. 从历代文献探究石斛的发展脉络［J］. 亚太传统医药，2011，7（5）：133-134.

［20］明兴加，伍淳操，钟国跃，等. 中国石斛属植物文献计量研究［J］. 中国实验方剂学杂志，2010，16（14）：221-224.

［21］杨明志，顺庆生．中国药用石斛标准研究与应用［M］．成都：四川科学技术出版社，2012.

［22］杨明志．中国石斛图鉴［M］．成都：四川科学技术出版社，2015.

［23］李博然，明兴加．基于地方文献的重庆石斛考［J］．中药材，2016，39（8）：1911–1914.

［24］李燕．铁皮石斛化学成分的研究［D］．中国协和医科大学，2009.

［25］白音，包英华，金家兴，等．中国药用石斛资源调查研究［J］．中草药，2006（9）：1440–1442.

［26］丁小余，王峥涛，徐红，等．枫斗类石斛rDNA ITS区的全序列数据库及其序列分析鉴别［J］．药学学报，2002（7）：567–573.

［27］王康正，高文远．石斛属药用植物研究进展［J］．中草药，1997（10）：633–635.

［28］杨明志，赵菊润，何伟，等．石斛名医临床与食疗应用［M］．成都：四川科学技术出版社，2018.

鸣谢

中国林业科学研究院

霍山县中药材产业发展中心

福建塔斯曼生物工程科技有限公司

赤水市瑞康中药材开发有限公司

福建连天福生物科技有限公司

福建连城冠江铁皮石斛有限公司

安徽大别山霍斛科技有限公司

云南天泉生物科技股份有限公司

浙江天皇药业有限公司

贵州铁枫堂生态石斛有限公司

云南品斛堂生物科技有限公司

德宏州热带作物研究所

广南县凌垭原生铁皮石斛有限公司

浙江韵芝堂生物科技有限公司

武夷山兰谷铁皮石斛开发有限公司

成都时珍治未病研究院

本草今（成都）信息技术咨询有限公司

中国中药协会石斛专业委员会

2011年，由中国中药协会报经民政部批准，成立中国中药协会石斛专业委员会（民政部社证字4595-5号）。2011年11月18日在云南省龙陵县召开的"第五届中国石斛产业发展论坛"上，由时任中国中药协会执行副会长王瑛宣读民政部批文和中国中药协会同意成立"中国中药协会石斛专业委员会"文件，时任房书亭会长向杨明志主任委员授牌。

1. 宗旨

挖掘弘扬传统中医药文化，以全国石斛产业科学可持续发展为核心，服务大众健康，带动产地农民增收致富，助力乡村振兴，服务产地经济社会发展。

2. 业务范围

召开论坛、信息交流、专业培训、展览展示、行业自律、书刊编辑、国际合作，咨询服务。

3. 组织石斛论坛

2006年杨明志报请云南省德宏傣族景颇族自治州人民政府批准，发起召开以"保护濒危植物，发展名贵中药材"为主题的"首届中国石斛产业发展论坛"，并于2007年9月在芒市成功召开。引起了长期从事石斛研究的科研人员、从事石斛枫斗（各类野生石斛）经营的浙江商家，野生驯化变家种、试管苗企业高度关注，也让云南、浙江一些县市政府看到产业前景，农户看到了商机。首届论坛揭开了濒危珍稀药材——石斛的神秘面纱，许多人第一次知道了石斛。"石斛产业"首次被公开宣传，掀起了一股发展石斛种植热潮。

2008年第二届石斛论坛在云南芒市召开，主题是"探讨石斛产业发展政策及种植技术"；2009年第三届石斛论坛在云南昆明召开，主题是"石斛新产品开发与市场拓展"，论坛期间成立了"中国乡村经济网石斛联盟"和石斛专家组；2010年第四届论坛在浙江温州雁荡山召开，主题是"有机栽培·标准"；2011年第五届论坛在云南龙陵召开，主题为"品种与品牌，产品与营销"；2011年石斛行情达到最高峰，云南个别农户每亩年收入接近百万元。云南、浙江、广西、福建新建上百家组培工厂，用于培育铁皮石斛种苗；2012年第六届石斛论坛在云南德宏召开，主题为"品质·市场·规则"，会上由中国中药协会发布了《中国药用铁皮石斛标准》试行版。

2013年第七届石斛论坛在安徽霍山县召开，主题为"资源·应用·规范—石斛产业可持续发展"，受国家宏观调控和政策影响，2013年底采收季节，石斛消费人群由公费变为民间消费，价格迅速下滑，市场售价下跌50%甚至更多。本届论坛上，杨明志倡议保护优质石斛种源，有条件的地方，实行哪里来回哪里去，将优质石斛种苗种植到曾经采收的地方，恢复野外石斛种群。2014年，福建省连城县率先组织了优质铁皮石斛种源回归活动，逐步恢复了冠豸山的野生石斛种群。2014年第八届论坛在浙江奉化召开，主题为"质量·文化·市场—石斛产业服务现代养生"；2015年第九届论坛在福建厦门召开，主题为"互联网＋石斛＋养生品牌"，开启了石斛的互联网销售时代；2016年第十届石斛论坛在云南龙陵举行，以"弘扬国医文化·应用现代管理·加快产业升级"为主题，将石斛作为国医文化的一部分进行弘扬，并倡导以文化引领产业，走可持续发展。受新冠肺炎疫情影响，2021年1月23日，第十一届中国石斛产业发展论坛暨中国中药协会石斛专委会二届四次理事会，以视频方式隆重召开。论坛由中国中药协会主办，石斛专委会承办，全国七个地方石斛协会协办，全国设11个分会场，共计上千人参会，并通过微信视频号进行了直播，大家通过远程视频济济一堂，共享行业盛宴，彰显疫情期间石斛的魅力。中国中药协会濮传文副会长、中国中药协会王桂华秘书长出席会议，展现了中国中药协会对石斛产业的重视。2014成功取得"石斛论坛"商标。

4. 学术成果丰硕

组织召开各类研讨会、交流会、交易会近百场次。组织编辑出版《石斛养生》《中国药用铁皮石斛标准研究与应用》《石斛求真》《中国石斛图鉴》《石斛名医临床与食疗应用》等10多部专著。组织制定了《中国药用铁皮石斛标准（试行）》。

5. 助力产地品牌建设

石斛专委会培育并协助申报，参与评审，由中国中药协会授予云南芒市"中国石斛之乡"、云南龙陵县"中国紫皮石斛之乡"、云南广南县"中国广南铁皮石斛之乡"、广西容县"中国铁皮石斛之乡"、广东韶关"中国始兴石斛之乡"，安徽霍山县太平畈乡"中国石斛文化小镇"等称号。凡举办过石斛论坛，被评为石斛之乡的产地，石斛产业都带动了当地社会经济发展，为脱贫攻坚做出了贡献，也为当地乡村振兴创造了特色产业，被当地老百姓誉为"黄金产业"。

经过石斛专委会全体成员的共同努力，10多年的时间，将濒危名贵中药材——石斛，发展成南方优势特色生物产业，形成"北人参，南石斛"两大滋补类药材格局。挖掘整理了2000多年石斛养生文化，将其大力弘扬并传承发展，解决逾百万人就业，成为数十个县农民脱贫增收致富的明星产业。

中国中药协会石斛专业委员会
组织架构

名誉主任委员：陈立钻

主 任 委 员：杨明志

秘 书 长：李振坚

副主任委员

虞伟康　卢绍基　蔡水泳　姚国祥　于白音　胡生朝　陈 淬　陈兆东　周艺畅
徐 亮　刘志霞

副秘书长

胡东南　张国武　罗在柒　蒋 伟　潘大仁　王业才　陈树蓉

常务委员

戴亚峰　李新峰　陈永恩　宋仙水　何 伟　张丽芬　江仁辉　何祥林　沈孝明
李祖宏　廖晓康　陈圣敏　泮存权　苏 林　张廷刚　王金海

专家委员

顺庆生　杨生朝　张 明　郭顺星　段 俊　魏 刚　徐延安　赵菊润　陈良沛
陈乃富　刘守金　黄瑞平　张朝凤　陈晓梅　李 霄　顾明东　廖俊龙　何芋岐
沈 佳　符 格　明兴加　万闰兰　吴文彪　杨旺利　周 莹　廖勤昌

团体委员单位

广西石斛协会

福建省中药材产业协会石斛分会

赤水市金钗石斛行业协会

韶关市石斛产业协会

余姚市石斛产业文化促进会

龙陵县石斛协会

霍山县石斛产业协会

绿春大兴石斛协会

主编介绍

杨明志

资深媒体人、江油市十九届人大代表、农工党党员、中国中药协会石斛专业委员会主任委员、石斛产地政府顾问。2007年发起召开"首届中国石斛产业发展论坛",至2021年已组织11届石斛论坛;主持制定了《中国药用铁皮石斛标准(试行)》;主编《石斛养生》《中国药用铁皮石斛标准研究与应用》《中国石斛图鉴》《石斛名医临床与食疗应用》《石斛求真》等专著;发表《中国石斛产业发展现状分析与考量》《石斛产业静中谋变》《3种铁皮石斛种源HPLC特征图谱比较研究》《将石斛做成构建和谐、建成小康社会的农民致富产业》《发展石斛要遵循"道地性"原则》等石斛文章近百篇。获西部优秀科技图书一等奖、三等奖。

研发石斛复合颗粒、石斛护肤品、石斛酒等多个产品,策划《赤水市金钗石斛产业项目》《广南县六郎城中医药旅游文化项目》《江油市壹原草中医药文化旅游项目》《求药方中医药优质资源信息共享平台》等多个项目。

赵菊润

教授级正高级工程师,龙陵县石斛研究所副所长,长期从事石斛等中药材种源收集、品种选育、石斛标准制定和产业发展研究,入选中共中央组织部"西部之光"访问学者,师从黄璐琦院士,云南省"万人计划"云岭产业技术领军人才,获云南省政府特殊津贴。选育紫皮石斛、梳唇石斛系列良种和新品种;制定了中国石斛领域的首个食品标准《云南省食品安全地方标准 紫皮石斛》,修订了《云南省紫皮石斛中药材标准》;制定标准9个,选育品种19个,申报国家专利22件,出版专著5部,发表论文22篇,获云南省政府科学技术进步特等奖。任中国中药协会石斛专委会专家委员、中国中药材检测认证技术专委会专家。

李振坚

副研究员,中国林科院硕导,博士后,中国中药协会石斛专委会秘书长。博士期间师从中国园林界泰斗陈俊愉院士从事南梅北移研究。2007年出版石斛专著《石斛兰资源生产应用》,发表石斛相关科研论文50余篇。入选南京市2017年高层次创业人才引进计划,获国家林草局石斛成果3项,获国家专利局授权专利12项,获2019世园会兰花展金奖。从事石斛科研和开发近20年,主要从事观赏和药用石斛种质资源引种、开发;药用石斛种质创新和代谢组学研究。

于白音

博士,教授,硕士生导师,中共党员,广东省"扬帆计划"高层次人才。现任韶关学院石斛研究所

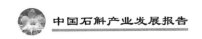

所长，韶关市石斛工程技术研究中心主任。兼任中国中药协会石斛专业委员会副主任委员，韶关市石斛产业协会会长，广东省药学会岭南中草药专业委员会委员，广东省植物学会常务理事。

主持科技部国家科技基础条件平台建设项目 3 项、国家财政部和国家中医药局公共卫生服务补助资金专项"全国第四次中药资源普查"项目 2 项、中央财政支持地方高校专项 1 项、省级课题 4 项、市级课题 3 项、横向课题 20 多项；发表论文 30 余篇，著作 6 部，编写教材 1 部，申请专利 5 件，注册商标 6 件。主要论著：《新编中国药材学》《中国芳香植物》《中华枫斗》《海南岛天然本草图鉴》《石斛名医临床与食疗应用》《中药资源学》等。

姚国祥

工商硕士，高级经济师，中国中药协会石斛专业委员会副主任委员，宁波舜韵集团有限公司董事长。浙江省工商联合会执行委员、宁波市工商联常委，余姚市政协委员，余姚市社科联副主席，余姚市劳动模范，泗门镇侨联主席。

获得国家授权发明专利 3 项，实用新型专利 2 项；种植基地通过 GAP 和有机认证，主导开发出多个铁皮石斛养生保健产品；主持参与国家重大科技研发项目——铁皮石斛大健康产品研发项目；主导建立全国首个野生铁皮石斛自然保护小区，"余姚铁皮石斛"地标产品发起单位，余姚市铁皮石斛文化促进会会长单位。

刘志霞

中国中药协会石斛专业委员会副主任，广东省药学会岭南中草药资源专业委员，北京中医药大学大健康总裁班学员，医药产业 2019 年度新锐人物，2020 年抗疫突出贡献企业家，芝绿大健康（广州）科技有限公司总经理，赤水芝绿金钗石斛生态园开发有限公司创始人。

参与主编《中国石斛类药材 HPLC 特征图谱》《石斛名医临床与食疗应用》等多部石斛相关书籍。

拥有近 20 年的大健康行业经验和丰富的行业资源，深谙行业现状和未来发展趋势。2013 年投身石斛产业，成立赤水芝绿金钗石斛生态园，专注于石斛种植、加工、销售及石斛系列产品研发和服务等。经过多年的行业经验积累及市场调研，联合业内专家研发出御石宫斛酒、金斛茶之柑、金钗石斛花茶、金钗石斛花酒、石斛膏方等多款广受市场好评的石斛系列产品。

陈兆东

迎驾集团董事、安徽大别山霍斛科技有限公司总经理，专注地方特色药材霍山石斛的研究，现任中国中药协会石斛专业委员会副主任委员，霍山县霍山石斛协会副会长。参与了《霍山石斛茎（人工种植）》安徽省地方食品安全标准的前期起草，主持了《霍山石斛新品种推广和产品深加工》省重大科技专项申报项目和《霍山石斛厚肠胃作用机制及其厚肠胃相关功能产品研发》在研省重大科技专项。工作期间主导研究申报发明专利 5 项，实用新型专利近 30 项；主编企业标准 8 项；提出并践行"坚持三地种植，做道地霍山石斛"理念，组建安徽省食安县唯一霍山石斛示范基地。

中国药用铁皮石斛标准

（中国中药协会 2012 年 11 月发布试行）

中国中药协会石斛专业委员会制定

目　录

第1部分：铁皮石斛产地环境

铁皮石斛是重要的中药材，为规范指导中国铁皮石斛的生产，促进这一新兴产业的发展，特制订本标准。

铁皮石斛系列标准按部分发布，分为六个部分：

——第1部分：铁皮石斛产地环境；

——第2部分：铁皮石斛种子种苗；

——第3部分：铁皮石斛生产技术规程；

——第4部分：铁皮石斛鲜品（鲜茎）商品规格；

——第5部分：枫斗的商品规格及等级标准；

——第6部分：铁皮石斛质量安全要求。

本部分为铁皮石斛系列标准的第1部分。

本部分由中国中药协会石斛专业委员会提出并归口。

本部分起草单位：四川壹原草生物科技有限公司

浙江天皇药业有限公司

福建省连城冠江铁皮石斛有限公司

本部分主要起草人：杨明志　冯德强　陈立钻　江仁辉　李振坚

1 范围

本部分规定了铁皮石斛的定义、产地选择要求、产地空气、土壤、灌溉水等环境质量的要求、试验采样等检测方法。

本部分适用于铁皮石斛产地的选择和基地建立。

2 规范性引用文件

下列文件中的条款通过本部分的引用而成为本部分的条款。凡是注日期的引用文件，其随后所有的修改单（不包括勘误的内容）或修订版均不适用于本部分，然而，鼓励根据本部分达成协议的各方研究是否可使用这些文件的最新版本。凡是不注日期的引用文件，其最新版本适用于本部分。

GB/T 5750（所有部分） 生活饮用水标准检验法

GB/T 6920 水质 pH 值的测定 玻璃电极法

GB/T 7467 水质 六价铬的测定 二苯碳酰二肼分光光度法

GB/T 7468 水质 总汞的测定 冷原子吸收分光光度法

GB/T 7475 水质 铜、锌、铅、镉的测定 原子吸收分光光度法

GB/T 7484 水质 氟化物的测定 离子选择电极法

GB/T 7485 水质 总砷的测定 二乙基二硫代氨基甲酸银分光光度法

GB/T 7487 水质 氰化物的测定 第二部分 氰化物的测定

GB/T 7490 水质 挥发酚的测定 蒸馏后 4– 氨基安替比林分光光度法

GB/T 8170 数值修约规则

GB/T 11914 水质 化学需氧量的测定 重铬酸盐法

GB/T 14550 土壤中六六六和滴滴涕测定的气相色谱法

GB/T 15262 环境空气 二氧化硫的测定 甲醛吸收 – 副玫瑰苯胺 分光光度法

GB/T 15432 环境空气 总悬浮颗粒物的测定 重量法

GB/T 15434 环境空气 氟化物的测定 滤膜 . 氟离子选择电极法

GB/T 16488 水质 石油类和动植物油的测定 红外光度法

GB/T 17134 栽培基质 总砷的测定 二乙基二硫代氨基甲酸银分光光度法

GB/T 17136 栽培基质 总汞的测定 冷原子吸收分光光度法

GB/T 17137 栽培基质 总铬的测定 火焰原子吸收分光光度法

GB/T 17138 栽培基质 铜、锌的测定火焰原子吸收分光光度法

GB/T 17141 栽培基质 铅、镉的测定 石墨炉原子吸收分光光度法

NY/T 395 农田土壤环境质量监测技术规范

NY/T 396 农用水源环境质量监测技术规范

NY/T 397 农区环境空气质量监测技术规范

DB33/ 635.4—2007 铁皮石斛 第 5 部分：安全质量要求

3 术语和定义

下列术语和定义适用于本部分。

铁皮石斛 在标准生产环境条件下，按特定的生产方式生产，其农药残留、重金属等限量指标均符合 DB 33/635.4—2007 规定的铁皮石斛。

4 环境质量要求

4.1 大气环境质量

铁皮石斛产地大气中污染物的含量应符合表 1 要求。

表 1 大气污染物浓度二级标准限值空气质量指标

项 目		Ⅱ级指标	
		日平均	1 小时平均
总悬浮颗粒物（TSP）（标准状态），mg/m³	≤	0.3	–
二氧化硫（SO_2）（标准状态），mg/m³	≤	0.15	0.5
氮氧化物（NOx）（标准状态），mg/m³	≤	0.1	0.15
氟化物（F）（标准状态），μg/m³	≤	7	20
铅（Pb）（标准状态），μg/m³	≤	季平均 1.50	

注：标准状态是指温度为 273 K，压力为 101.325 kPa 时的状态。日平均指任何一日的平均浓度，1 小时平均指任何一小时的平均浓度，季平均指任何一季的日平均浓度的算术均值。

4.2 土壤环境质量

铁皮石斛产地土壤环境质量应符合表 2 要求。

表 2 土壤环境质量指标

项 目		指 标	
		pH < 6.5	pH 6.5~7.5
总汞，mg/kg	≤	0.3	0.5
总砷，mg/kg	≤	40	30
总铅，mg/kg	≤	250	300
总镉，mg/kg	≤	0.3	0.6
总铬，mg/kg	≤	150	200
六六六，mg/kg	≤	0.5	0.5
滴滴涕，mg/kg	≤	0.5	0.5

注：本表所列除六六六、滴滴涕外，其余各含量限值适用于阳离子交换量＞5cmol/kg 的土壤，若≤5cmol/kg，其标准值为表内数值的半数。

4.3 农田灌溉水质量

铁皮石斛产地灌溉水中各项污染物含量应符合表 3 要求。

表 3 农田灌溉水质标准

项 目		指 标
pH 值		5.5~7.5
总汞，mg/L	≤	0.001
总镉，mg/L	≤	0.005

项 目		指 标
总砷，mg/L	≤	0.05
铬（六价），mg/L	≤	0.1
总铅，mg/L	≤	0.1
总铜，mg/L	≤	1.0
氟化物，mg/L	≤	3.0
氰化物，mg/L	≤	0.5
挥发酚，mg/L	≤	1.0
石油类，mg/L	≤	10
大肠菌群数，个/L	≤	10000

5 产地选择要求

5.1 铁皮石斛产地，应选择距离交通主干道 200m 以外的生态环境良好，不受污染源影响或污染源限量控制在允许范围内，并具有可持续生产能力的生产区域。

5.2 铁皮石斛产地环境质量要求必须符合本标准第 4 部分的规定。

5.3 铁皮石斛产地应设立明显的标志，标明范围及防污警示。

6 检测方法

6.1 环境空气质量

6.1.1 总悬浮颗粒物的测定：按 GB/T 15432 的规定执行。

6.1.2 氟化物的测定：按 GB/T 15434 的规定执行。

6.1.3 二氧化硫的测定：按 GB/T 15262 的规定执行

6.1.4 铅的测定：按 GB/T 15264 规定执行

6.2 土壤环境质量

6.2.1 总砷的测定：按 GB/T 17134 的规定执行。

6.2.2 总汞的测定：按 GB/T 17136 的规定执行。

6.2.3 总铬的测定：按 GB/T 17137 的规定执行。

6.2.4 总铜的测定：按 GB/T 17138 的规定执行。

6.2.5 总铅、总镉的测定：按 GB/T 17141 的规定执行。

6.2.6 六六六和滴滴涕的测定：按 GB/T 14550 的规定执行。

6.3 农田灌溉水质量

6.3.1 pH 值的测定：按 GB/T 6920 的规定执行。

6.3.2 化学需氧量的测定：按 GB/T 11914 的规定执行。

6.3.3 总汞的测定：按 GB/T 7468 的规定执行。

6.3.4 总砷的测定：按 GB/T 7485 的规定执行。

6.3.5 总铜的测定：按 GB/T 7475 的规定执行。

6.3.6 总铅、总镉的测定：按 GB/T 7475 的规定执行。

6.3.7 六价铬的测定：按 GB/T 7467 的规定执行。

6.3.8 氰化物的测定：按 GB/T 7487 的规定执行。

6.3.9 氟化物的测定：按 GB/T 7484 的规定执行。

6.3.10 石油类的测定：按 GB/T 16488 的规定执行。

6.3.11 挥发酚的测定：按 GB/T 7490 的规定执行。

6.3.12 大肠菌群数的测定：按 GB/T 5750 的规定执行。

6.4 采样方法

6.4.1 环境空气质量的监测采样方法按 NY/T 397 的规定执行。

6.4.2 灌溉水质量的监测采样方法按 NY/T 396 的规定执行。

6.4.3 土壤环境质量的监测采样方法按 NY/T 395 的规定执行。

6.5 数值修约

按照 GB/T 8170 的规定进行。

第2部分：铁皮石斛种子种苗

铁皮石斛是重要的中药材，为规范指导中国铁皮石斛的生产，促进这一新兴产业的发展，特制订本标准。

铁皮石斛系列标准按部分发布，分为六个部分：

——第1部分：铁皮石斛产地环境；

——第2部分：铁皮石斛种子种苗；

——第3部分：铁皮石斛生产技术规程；

——第4部分：铁皮石斛鲜品（鲜茎）商品规格；

——第5部分：枫斗的商品规格及等级标准；

——第6部分：铁皮石斛质量安全要求。

本部分为铁皮石斛系列标准的第2部分。

本部分由中国中药协会石斛专业委员会提出并归口。

本部分起草单位：福建省连城冠江铁皮石斛有限公司

四川壹原草生物科技有限公司

浙江天皇药业有限公司

云南英茂生物农业有限公司

福建塔斯曼生物工程有限公司

本部分主要起草人：杨明志　张　川　张治国　冯德强　卢绍基

潘大仁　黄瑞平　陈菁瑛　陈立钻　江仁辉

李振坚

1 范围

本部分规定了铁皮石斛种子种苗的获得、质量、出苗、检验方法、规则、标签、包装、贮运及假植等要求。

本部分适用于设施培育的铁皮石斛种子种苗。

2 规范性引用文件

下列文件中的条款通过本部分的引用而构成本部分的条款。凡是注日期的引用文件，其随后所有的修改单（不包括勘误的内容）或修订版均不适用于本部分。但鼓励根据本部分达成协议的各方研究是否可使用这些文件的最新版本。凡是不注日期的引用文件，其最新版本适用于本部分。

GB/T 3543.2　农作物种子检验规程 扦样

GB 15569　农业植物调运检疫规程

3 术语和定义

3.1 实生苗

通过种子在无菌或自然环境下萌发生长得到的种苗。

3.2 原球茎

组织培养中由根、茎、芽或其它组织器官脱分化形成的细胞团。

3.3 组培苗

是根据植物细胞具有全能性的理论，利用植物体离体的根、茎、叶、茎尖、花、果实等器官，形成层、表皮、皮层、髓部细胞、胚乳等组织或大孢子、小孢子、体细胞等细胞，以及原生质体，在无菌和适宜的人工培养基及光照、温度等人工条件下，能诱导出愈伤组织、不定芽、不定根，最后形成的完整的植株。

3.4 铁皮石斛瓶苗

利用组培技术，使用玻璃瓶或者塑料瓶为器具培养出的铁皮石斛种苗，未在大田定植驯化，从瓶内取出直接用于栽培的种苗。

3.5 不定芽

凡从叶、根、茎节间等通常不形成芽的部位生出的芽。

3.6 丛

铁皮石斛组培苗、驯化苗计量单位，铁皮石斛具有共生性，多株丛生在一起，每丛 ≥ 3 株。

3.7 炼苗

将铁皮石斛组培瓶苗从无菌温室移到大棚等仿自然环境，进行一定时间的锻炼，使其逐步适应大棚生长环境，以提高移栽成活率。

3.8 驯化苗

将铁皮石斛组培瓶苗栽培到大棚内基质上进行人工管理，经过 3 个月以上生长，种苗生长健壮，完全适应大棚生长环境，然后在进行第二次移栽，这种铁皮石斛苗叫驯化苗。

4 要求

4.1 种子获得

4.1.1 原植物应该符合《中国高等植物图谱》收载的兰科植物铁皮石斛的植物特征，经过鉴定确认。

4.1.2 留种地方圆 1km 内无其它种类石斛。

4.1.3 留种株应该选择品种特性纯正、生长健壮的植株。

4.1.4 在 6 月份盛花期，进行授粉，母本在授粉后立即摘除唇瓣，及时挂牌标志。

4.1.5 授粉当年 10 月份以后，蒴果开始转黄时，选择饱满的果实连茎一起采收。

4.2 播种和保存

4.2.1 采收的蒴果经后熟，采用酒精 + 次氯酸钠消毒后进行无菌播种。

4.2.2 剩余的蒴果保存在 4℃冰箱中。

4.3 组培育苗

4.3.1 叶片质量

质地厚实、浓绿、无黄化、少灼伤。

4.3.2 原苗高

合格苗：主茎高≥ 2.5cm，茎粗（中部测量）≥ 0.2cm。

优质苗：主茎高 5~8cm，最长不超 10cm，茎粗（中部测量）≥ 0.3cm。

4.3.3 苗株数

≥ 3 株 / 丛。

4.3.4 根系

≥ 3 根 / 株，根长平均不短于 3cm（每瓶）。

4.3.5 污染情况

瓶内无杂菌污染，无原球菌。

4.3.6 生根炼苗时间

1~1.5 万 lx 光照下炼足 2.5~3 个月。

4.3.7 叶片

叶片长势均匀、大小均匀、无变异。

4.3.8 整体外观

苗体壮实，根系发达，苗色浓绿，具蘖芽，均匀度、饱满度好。

4.3.9 繁育代数

实生苗 6~8 代。

4.4 出苗

4.4.1 组培苗须小心取出，经清水充分冲洗后，晾干至根部微白。

4.4.2 作为商品用苗，应出具检验证书，出具种源来源、品种证明，贴上合格标签。

5 驯化苗

5.1 驯化苗周期

正常季节 3 个月，冬季、酷暑休眠季节 5 个月。

5.2 整体表现

每丛苗均匀度基本一致。

5.3 苗高、粗

合格苗：主茎高 ≥ 2.5cm，茎粗（中部测量）≥ 0.2cm。

优质苗：主茎高 ≥ 5cm，茎粗（中部测量）≥ 0.3cm。

5.4 苗色

叶片浓绿色，冬季有少量出现黄色。

5.5 苗株数

≥ 3株/丛。

5.6 根系

≥ 3根/株，根长平均不短于3cm（每丛）。

根系发达，新根具备粗、硬、白特征，发育良好。

5.7 整株特征

长势良好旺盛。

6 标签、包装

6.1 标签

每批苗应挂有标签，标明品种、生产单位、苗龄、（实生苗或原球茎诱导苗）、等级、数量、出苗日期、批号、标准号、苗木检验证书号等。

6.2 包装和运输

6.2.1 包装

铁皮石斛苗在经过处理后，单层直立放置在塑料筐或纸箱中，包装箱应该结实牢固并设有透气孔，装箱后附上标签。

7 检验方法

7.1 外观

采用目测、计数方法进行。

7.2 长度、直径

长度用分度值1mm的直尺测量，直径用游标卡尺测量。

8 检验规则

8.1 交收检验

每批产品交收前，生产单位都要进行交收检验。交收检验内容包括苗的质量、标志和包装。检验合格并附合格证后方可验收。

8.2 组批规则

同一生产单位、同一品种、同一包装日期的种苗作为一个检验批次。

8.3 抽样

扦样执行 GB/T 3543.2。

8.4 判定规则

若检验结果符合本标准"4.4 出苗"指标要求,则判该批种苗为合格苗或优质苗。若检验结果不符合本4章指标要求的,允许对不合格项目重新取样复测,复测仍有一项不合格的,则判该批产品为不合格。

9 检疫、运输

9.1 检疫检验

按 GB 15569 规定进行检验,跨县级行政区域调运铁皮石斛苗应按有关规定办理出运手续,并应附有植物检疫证书。

9.2 运输

装运的车厢应该有空调,温度调节至 25℃,不低于 5℃,到目的地后应立即进行种植或假植。

第 3 部分：铁皮石斛生产技术规程

铁皮石斛是重要的中药材，为规范指导中国铁皮石斛的生产，促进这一新兴产业的发展，特制订本标准。

铁皮石斛系列标准按部分发布，分为六个部分：

——第 1 部分：铁皮石斛产地环境；

——第 2 部分：铁皮石斛种子种苗；

——第 3 部分：铁皮石斛生产技术规程；

——第 4 部分：铁皮石斛鲜品（鲜茎）商品规格；

——第 5 部分：枫斗的商品规格及等级标准；

——第 6 部分：铁皮石斛质量安全要求。

本部分为铁皮石斛系列标准的第 3 部分。

本部分由中国中药协会石斛专业委员会提出并归口。

本部分起草单位：浙江天皇药业有限公司

福建省连城冠江铁皮石斛有限公司

四川壹原草生物科技有限公司

本部分主要起草人：杨明志　陈立钻　江仁辉　李振坚　冉懋雄

叶其斌　张　川　虞伟康　陈　淬　高爱群

俞鸿翔　王振国　李立雷　周　军　胡勇军

刘宏源　朱建平　刘穗金

1 范围

《铁皮石斛生产技术规程》（以下简称"本规程"）系遵照我国《中药材生产质量管理规范（试行）》（以下简称"中药材GAP"）的有关规定要求，提出了铁皮石斛规范化种植与生产基地的种植场地选择、种植基质、种子种苗、光热水肥管理、病虫害防治、采收、初加工和建立生产管理、质量管理、文件档案管理等生产技术标准要求，以作为铁皮石斛生产技术的指导原则。

本原则适用于铁皮石斛规范化种植及其生产基地建设。

2 名词解释

2.1 床栽

离地40~80cm，用钢架或者空心砖等搭建苗床，将基质铺在苗床上，然后种植铁皮石斛。此法适合夏季气温高，湿度大的地方，有利于通风透气。

2.2 地栽

直接在地上整理成规则的种植床，上面铺碎石等滤水材料，然后再铺基质，将铁皮石斛苗种植在基质上。此法适合冬季温度低的地方，便于保温。

2.3 生态铁皮石斛

在适合铁皮石斛野外生长，无空气、水质污染的自然环境，将纯正优质铁皮石斛种苗用天然生态材料将其固定在石头或活树上，完全依靠自然环境中的风、光、湿、露的滋养，吸收大地日月之精华，不浇水、不施肥，不经任何人工管理，野外生长时间不少于18个月，长度不找过20cm，检测指标与野生铁皮石斛无任何差别，无农残，重金属含量等于或低于有机铁皮石斛指标。

2.4 仿野生铁皮石斛

远离城市和工业污染的地区，选择经驯化3~6个月，植株健壮、根系发达、生长旺盛、无病虫害的种源纯正的优质铁皮石斛种苗，固定在野外树干或者石头上，旱季可适当补水，野外生长时间不少于10个月，经历春夏秋冬四季自然气候洗礼的铁皮石斛，长度不超过25cm，鲜品烘干比重低于5：1，等于或高于有机铁皮石斛标准。

3 规范性引用文件

下列文件中的条款通过本部分的引用而成为本标准的条款。凡是注日期的引用文件，其随后所有的修改单（不包括勘误的内容）或修订版均不适用于本标准，然而，鼓励根据本部分达成协议的各方研究是否可使用这些文件的最新版本。凡是不注日期的引用文件，其最新版本适用于本部分。

3.1 GB 18877 有机–无机复混肥料

3.2 NY 525 有机肥

3.3 《中国高等植物图谱》

3.4 《中国植物志》

3.5 国家食品药品监督管理局《中药材生产质量管理规范（GAP）》（试行）

3.6 《中华人民共和国药典》（2010年版一部）

3.7 《中华人民共和国药典》（2010年版第一增补版）

3.8 《中华人民共和国药典》（2010年版第二增补版）

3.9 中华人民共和国对外贸易经济合作部 WM/T 2—2004《药用植物及制剂进出口绿色行业标准》

4 种植场地选择与生产基地建设

铁皮石斛人工种植场地的选择，应根据铁皮石斛的生长习性和中药材 GAP 要求，按产地适宜优化原则，因地制宜、合理布局，选定生产区域和规范化生产基地建设。

4.1 基地环境质量检（监）测与评价

铁皮石斛种植基地必须有良好的生态环境条件。按照中药材 GAP 要求，种植基地的大气环境应达到国家大气质量 GB 3095—1996 二级以上标准；灌溉水质量应达到国家农田灌溉水质标准 GB 5084—1992 二级以上标准；土壤质量应达到国家土壤质量 GB 15618—1995 二级以上标准。

铁皮石斛种植基地周围 5km 内无污染源，无"三废"污染。距主干公路 200m 以上。交通便利，社会环境良好等。

4.2 类（拟）原球茎

组织培养中由芽、茎或其它外植体脱分化形成的细胞团。

4.3 立地条件

四周开阔，光照充足，通风良好，地势较为平坦，自然落差在千分之五至千分之十之间。地下水位 0.5m 以下。

4.4 水利条件

有可提供灌溉的水源，能达到旱时不断水，雨时不积水。场地内建有水池（水塘）、进水渠道及排水渠道等设施。

4.5 基质条件

铁皮石斛不直接种植在地表，一般采取地面铺设种植基质或搭建种植床覆盖基质栽种；其基质层才是铁皮石斛根系的生长层。铁皮石斛种植基质要求富含有机质，pH 在 5.5~6.5 之间，透气、疏水性好。

5 种植技术

5.1 栽前准备

按铁皮石斛生物学特性、野生生态环境的要求，模仿生态环境，营造适地种植条件与最佳生长环境，以满足铁皮石斛生长发育需求。

5.1.1 产地选择

保证药用铁皮石斛品质，最好能选择传统地道产区种植，选择有历史记载或自然出产地域为最宜。如新址应宜选择生态条件良好，水源清洁，排水良好，立地开阔，通风、向阳的坡地，要求周围 5km 内无工业厂矿、无"三废"污染、无垃圾场等其它污染源，并距离交通主干道 200m 以外的生产区域。

5.1.2 建好排灌系统

结合铁皮石斛生产基地实地，合理划分区块，布置大棚、道路及排水系统；并应确保沟渠配套，沟沟相通，有利排水。

配建微（喷或滴）灌设施，安装由水泵、管道、喷头组成的微（喷或滴）灌设施系统，并应确保土壤与空气具有适宜的湿度。

5.1.3 搭建棚架

采用钢架或竹木架搭建棚架（大棚），棚上应覆盖遮阳网或塑料薄膜加遮阳网，棚四周应覆盖活动式的裙膜（网），并应根据不同季节和铁皮石斛不同生长阶段进行人工调节。种植基地的大棚内，应合理配置温度计、相对湿度计、照度计等装置设施，并做好观测记录。

5.1.4 种植基质

选择适合铁皮石斛生长的种植基质，应采用既能吸水又能排水，既能透气又有养分的材料。常用的材料有树皮、木屑、碎石等（一种或多种材料混合配制），并应将有机物与无机物合理混用，有机物必须经堆制发酵或高温灭菌处理，达到无害化要求后使用。

5.1.5 整畦作床

5.1.6 地栽模式

适合冬季气温偏低的浙江、安徽、江苏、江西、湖北、湖南等地区。棚内地面整理成种植（畦）床，畦宽 1.2~1.5m，长度不大于 40m，畦面呈公路形，畦高 15cm，开好畦沟、围沟，沟宽 25cm，并与外排水沟连接。在畦面上铺 10cm 以上碎石层，再在上面铺 2~5cm 的有机种植基质。

5.1.7 离地床栽模式

离地 40~60cm 搭建架空种植（苗）床，用塑料网、木板、竹片等透气性材料作为底板，上铺种植基质 8~10cm。

5.2 种子种苗

5.2.1 选用良种

选用的铁皮石斛必须经准确鉴定，质量稳定、抗病性强、高产并适合本地种植的铁皮石斛。提倡应用推广经提纯复壮的种子种苗。其药材产品应符合《中华人民共和国药典》（2010 年版一部）铁皮石斛项下规定的质量标准要求。

5.2.2 选用壮苗

选用的铁皮石斛种苗为组培苗者，应符合本标准第 2 部分规定要求，并应选用优质苗和合格苗。

5.3 移栽

5.3.1 种苗处理

组培苗出瓶后，经清水冲洗干净，晾干至根部发白待栽。剩余的蒴果可在 4℃冰箱中短期保存。

5.3.2 适时移植

根据当地气候条件和铁皮石斛生长习性，确定其具体移植时间。

气温稳定在 12℃以上时，可进行组培苗移栽，但以温度 25~35℃最佳；移植时间一般以 3 月下旬至 6 月下旬为宜。

5.3.3 种植密度

按照铁皮石斛种植方式、种植年限及采收用途，确定其不同种植密度。一般采收年限短、生长期短的偏北地区的可密种，移栽株行距为 10cm×10cm；采收年限长、年均温度高、生长期长的南方地区的可疏种，移栽株行距为 20cm×15cm。种植方式以丛栽为宜，每丛 3~5 株。

5.4 除草

当种植铁皮石斛的田间出现杂草时，应及时人工拔除。

5.5 摘蕾

铁皮石斛种植后第二年开花，为减少植株营养消耗，对不需作留种者，应及时摘除铁皮石斛花蕾。摘除花蕾的时间，应在铁皮石斛现蕾初至开花前进行。

摘除的铁皮石斛花蕾，应装入干净的专用食品（篮）袋内，并另行加工。

5.6 灌溉及排水

按照铁皮石斛种植与生产基地规模，合理规划营建铁皮石斛规范化生产基地的灌溉与排水设施，并以采用机械喷灌或滴灌为佳。

5.6.1 灌溉

5.6.1.1 灌溉方式

移栽至成活期，当天气干燥时，宜微喷；在连续晴天，当种植基质干时，宜微喷。若采用雾状喷灌方式，可有效增加土壤及空气湿度。

若采用人工浇水方式，必须注意均匀、适量。

5.6.1.2 灌溉时间

夏秋高温期，应在早晨或傍晚时喷（微）灌；春冬时，应在温度稍高的中午前后喷（微）灌。

5.6.1.3 灌溉程度

以种植基质适当湿润与润透为度。

5.6.2 排水

经常清理排水沟，雨后应及时排水，疏通水沟，保持排水通畅，防止田间积水。

暴雨期间，应加强田间检查，防止塌方淤积堵塞，尤应及时排涝。

5.7 光照、湿度、温度调控管理

根据铁皮石斛生长习性，结合生产基地条件，通过棚膜及遮阳网的揭盖、喷（微）灌等措施与管理，人为合理调节光照、温度、湿度，促进铁皮石斛生长发育。小苗期大棚须盖有 70% 遮阴度以上的遮阴网，以防强光曝晒导致幼苗萎蔫，生长期的铁皮石斛遮阴度以 60% 左右为宜。

5.7.1 冬春季节（11~4 月）调控管理

遮去 30%~50% 左右的光照。春季通风降湿，冬季保温，温度尽量保持在 5℃ 以上。种植基质应保持湿润，切忌过湿。空气湿度保持 40%~60%。

5.7.2 夏秋季节（5~10 月）调控管理

遮去 60%~70% 左右的光照，结合通风、增湿（微喷或微灌）与降温，棚内气温控制在 35℃ 以下（切勿超过 40℃）。种植基质忌干燥，在不积水的前提下保持湿润。空气相对湿度保持 80% 左右。

5.8 施肥

铁皮石斛的生长发育，需要肥料供给。合理施肥能促进其植株生长、改善品质和提高产量。施肥应以有机肥料为主，适当配施无机肥。并根据铁皮石斛不同生长阶段对肥料的需求特点，科学合理搭配施用肥料的种类、数量，有针对性施用肥料。

5.8.1 禁止使用肥料

未经国家或省级农业部门登记的化肥或生物肥料。

禁止使用未腐熟的有机肥。严禁施用城市生活垃圾、工业垃圾及医院垃圾和粪便。

5.8.2 可施用肥料

5.8.2.1 有机肥：堆肥、微生物堆肥必须经堆制发酵、高温灭菌达到无害化后使用。

5.8.2.2 无机肥：钙镁磷肥、N.P.K 复合肥等。

5.8.3. 施肥方法

5.8.3.1 基肥

在铁皮石斛种植前，基肥与种植基质材料，应充分拌和施入。

5.8.3.2 追肥

在铁皮石斛移栽成活后，当年 5~10 月，应结合喷（微）灌施入 0.05%N、P、K（15、15、15）复合肥营养液，7~10 天一次，每次折合复合肥 0.2kg/667m²。

第 2~5 年的 3~10 月，结合喷灌施入 0.1%N、P、K（15、15、15）复合肥营养液，每 7~10 天一次，每次折合复合肥 0.4kg/667m²。

6 病虫害防治

6.1 病虫害防治原则

贯彻预防为主，综合防治的植保总方针。以农业防治为基础，通过培育壮苗，合理种植管理等农艺措施的综合运用，促进铁皮石斛植株生长健壮，增强抗病虫害能力。并应合理运用生物防治、物理防治、适量的化学防治等措施，经济、安全、有效控制病虫害，达到高产、优质、低成本和无公害的目的。

坚持"预防为主、综合防治"的原则，加强农业、物理、生物防治，为求少用化学农药。在必须施用化学农药时，严格执行中药材规范化生产农药使用原则，严格掌握用药量和用药时期，优先使用植物源、矿物源及生物源农药，选用几种不同类农药品种进行交替使用，避免长期使用单一农药品种。禁止使用除草剂及高毒、高残留农药，禁止使用农药的种类见附录 B。农药安全使用标准和农药合理使用准则参照 GB 4285 和 GB/T 8321（所有部分）执行。

6.1.1 病虫害预测

加强病虫害的预测预报，及时采取有效预防措施。

6.1.2 农业防治

加强田间管理。改善田间生态环境，经常疏通沟渠，雨后清沟，以利排水。加强通风，调节田间温湿度，抑制病虫害的滋生和蔓延。

合理施用肥料。适量施用氮、磷、钾肥，使铁皮石斛植株生长健壮，增加植株抗病能力。

清洁田园，搞好种植场地的环境卫生。在铁皮石斛生产过程中，应及时摘除病叶，清除病株，集中烧毁或深埋。拔除田间（边）杂草，减少病虫害寄主。

前作收获后，应将残根、落叶、杂物集中烧毁。如发现有土传病虫害，应更换种植基质。

6.1.3 物理防治

进行场地预处理、清理场地周围的杂物，实行清洁化管理，棚内外用防虫网隔离。适时通风、降湿，开展以竹醋液、石灰及杀虫灯、黄板、信息素诱捕器诱杀害虫等农业、物理防治技术措施。

竹醋液防治方法为：原液稀释 300~500 倍，每周进行叶面喷施，可以改善叶片光合作用，有效防治病害，并对害虫有趋避效果。

6.1.4 化学防治

合理选用农药。根据铁皮石斛有害生物的发生与为害实际对症用药，应根据防治对象，农药性能以及抗药性程度而选择最合适的农药施用。能挑治的不普治，并根据防治指标适期防治。

选用合理的施药器械和施药方法，最大限度地发挥药效。尽量减少农药使用次数和用药量，以尽量减少对铁皮石斛药材和环境的污染。

在必须施用农药时，应严格按照《中华人民共和国农药管理条例》的规定，采用最小有效剂量选用高效、低毒、低残留量农药。其选用品种、使用次数、使用方法和安全间隔期，应按 GB 8321 的规定严格执行。具体施用时，可参照 GB 4285—1989 农药安全使用标准及 NY/T—393—2000 生产的农药使用准则。

铁皮石斛种植过程中，严禁使用各类激素、生长素、除草剂和高毒、剧毒、高残留农药。在遮阳条件下，如毒死蜱（乐斯本）等农药分解比较缓慢，亦不能使用。

采收前三个月，禁止使用任何化学合成农药。

7 生态种植

7.1 环境选择

保证药用铁皮石斛品质，最好能选择传统地道产区种植，选择有历史记载或自然出产地域为最宜。新址应选择适合铁皮石斛生长的自然环境，年最低温度零下 10℃以上，最低湿度 50% 以上，日光照时间长，半阴半阳的环境。

7.2 树栽选择

树皮粗糙、含水分重，生长较快的树种，高原地区年日照时间长，需要常绿阔叶树，伞型矮化树种最佳。

7.3 石上栽培

选择开阔平地，主要以石头为基质，提高品质，是仿野生一种选择。

7.4 林下石块种植

先将林下杂草除尽，清除周边虫卵，将大小不等石块铺设在林下。

7.5 种苗选择

选择经驯化 3~6 个月，植株健壮、无病虫害的优质种苗。

7.6 种植方法

用稻草、麻绳、石块等不含化学物质或金属成分的材料。

7.7 种植要领

使用少量苔藓植物或者水草等材料，压在根系上，让种苗根系充分贴附在石头或者树干上。

7.8 日常管理

加强周边环境监控，雨后注意检查蜗牛危害。旱季可适当增加喷雾，增加空气湿度。可用沼气液或农家肥水稀释后喷雾补肥，禁用化肥和农药。

8 采收与初加工

8.1 采收时间和方法

铁皮石斛适宜采收时间为 12 月至翌年 3 月。采收方式一般有采旧留新和全草采收两种方式。

8.2 鲜品分级

按照《铁皮石斛鲜条标准》进行分级。

8.3 验收与鲜品贮藏

铁皮石斛采收后，应及时除去杂质，剪去部分须根；称量；取样依法检测水分、多糖等，并应符合《中华人民共和国药典》（2010年版一部）铁皮石斛项下规定的质量标准要求；对不符合质量标准的产品，应及时处理，不得药用。

铁皮石斛鲜品，可置阴凉通风处，防冻贮藏。

8.4 烘干与干品贮存

铁皮石斛鲜品通过除杂、清洗后，切段、50~85℃以下低温烘培至软化，并在软化过程中尽可能除去残留叶鞘；称量；取样依法检测水分、多糖等，并应符合《中华人民共和国药典》（2010年版一部）铁皮石斛项下规定的质量标准要求；对不符合质量标准的产品，应及时处理，不得药用。

铁皮石斛干品，置于通风干燥处，防潮贮藏。

9 质量标准与检测

铁皮石斛药材，按《中华人民共和国药典》（2010年版一部）铁皮石斛项下质量标准规定进行检测，并做好其质量追溯与监督服务工作。

铁皮石斛药材，若供出口尚应按照中华人民共和国对外贸易经济合作部 WM/T 2—2004《药用植物及制剂进出口绿色行业标准》规定进行检测，并做好其质量追溯与监督服务工作。

10 生产管理、质量管理与文件管理

按照《中药材生产质量管理规范（GAP）》（试行）的规定要求，研究建立并进行铁皮石斛生产全过程的生产管理、质量管理与文件管理。

附件：

禁止使用的农药

种　类	农药名称	禁用原因
有机汞杀菌剂	氯化乙基汞（西力生）、醋酸苯汞（赛力散）	剧毒、高残毒
氟制剂	氟化钙、氟化钠、氟乙酸钠、氟铝酸胺、氟硅酸钠	剧毒、高毒、易产生药害
有机磷杀菌剂	稻瘟净、导师稻瘟净（异嗅米）	高毒
取代苯类杀菌剂	五氯硝基苯、稻瘟醇（五氯苯甲醇）	致癌、高残毒
有机氯杀虫剂	滴滴涕、六六六、林丹、艾氏剂、狄氏剂	高残毒
有机砷杀虫剂	甲机砷酸锌（稻脚青）、甲机砷酸钙胂（稻宁）、甲机砷酸铁铵（田安）、福美甲砷、福美砷	高残毒
卤代烷类 熏蒸杀虫剂	二溴乙烷、环氧乙烷、二溴氯丙烷、溴甲烷	致癌、致畸、 高毒
无机砷杀虫剂	砷酸钙、砷酸铅	高毒
有机磷杀虫剂	甲拌磷、乙拌磷、久效磷、甲基对硫磷、甲胺磷、甲基异柳磷、治螟磷、氧化乐果、磷胺、地虫硫磷、灭克磷（益收宝）、水胺硫磷、氯唑磷、硫线磷、杀扑磷、特丁硫磷、克线丹、苯线磷、甲基硫环磷	剧毒、高毒
氨基甲酸酯杀虫剂	涕灭威、克百威、灭多威、丁硫克百威、丙硫克百威	高毒、剧毒或代谢物高毒
二甲基甲脒类杀虫杀螨剂	杀虫脒	慢性毒性、致癌
有机氯杀螨剂	三氯杀螨醇	我国产品中含滴滴涕

注：附件二参照农业部《农药管理条例》执行。

第4部分：铁皮石斛鲜品（鲜茎）商品规格

铁皮石斛是重要的中药材，为规范指导中国铁皮石斛的生产，促进这一新兴产业的发展，特制订本标准。

铁皮石斛系列标准按部分发布，分为六个部分：

——第1部分：铁皮石斛产地环境；

——第2部分：铁皮石斛种子种苗；

——第3部分：铁皮石斛生产技术规程；

——第4部分：铁皮石斛鲜品（鲜茎）商品规格；

——第5部分：枫斗的商品规格及等级标准；

——第6部分：铁皮石斛质量安全要求。

本部分为铁皮石斛系列标准的第4部分。

本部分由中国中药协会石斛专业委员会提出并归口。

本部分起草单位：四川壹原草生物科技有限公司

浙江天皇药业有限公司

福建省连城冠江铁皮石斛有限公司

本部分主要起草人：张　明　黄世金　杨明志　江仁辉　李振坚

袁玉美　任国敏　赖桂勇　郑　鑫　张丽芬

马式禹　余亚林　陈立钻　陈　淬　杨兵勋

沈春香

1 范围

鲜条是铁皮石斛产品的一种形式，也是进行其它石斛加工及深加工的原料。必须贯彻有关食品的一些要求和标准。本标准包含的内容有感官指标、理化指标、重金属及有害物质指标、农药残留指标、检测方法和规则、包装、运输、储存、档案建立及管理等多个方面。

枫斗的加工分级，试验方法，检测规则、包装、储运等要求及适用内容中涉及九个石斛品种。

2 规范性引用文件

本部分引用本标准第五部分《铁皮石斛质量安全要求》的条款和引用的标准。

3 术语和定义

3.1 本品为兰科植物铁皮石斛 *Dendrobium officinale* Kimura et Migo. 的新鲜茎。

3.2 有特殊加工要求的可保留少量根须及叶片。

3.3 封顶

铁皮石斛茎生长到一定阶段后，秆顶部两叶片之间不在生新芽，称封顶。

3.4 白条

铁皮石斛茎秆封顶 1~3 个月后，表皮纤维全部变成白色，这是铁皮石斛成熟标志。

3.5 下列术语和定义适用于《中国石斛行业标准》的本部分。

3.6 枫斗，是一种利用兰科石斛属植物中的一些植株形体比较矮小、茎肉质粗壮、质地柔软又富含膏滋（黏液成分为多糖）的铁皮石斛茎采用传统工艺加工而成，是一种品质优良的天然中药。

3.7 龙头凤尾，特指铁皮石斛、霍山米斛枫斗中的优质品。采摘 5~7cm 的铁皮石斛整株成熟鲜条，根部和茎尖部保留完整，烘干后经手工扭曲定型，一般有 2.5~3.5 圈，造型优美，不断柱，经水冲泡后像龙型，头尾分明。

4 鲜条（鲜茎）的感官标准及外观

4.1 性状

圆柱形，横断面圆形，节明显，节间微胖，节间长 1.3~3.0cm，不分枝；茎中段直径在 3~8mm，有包茎的叶鞘，叶及叶鞘为互生，叶鞘有纵向纹条；由于铁皮石斛种内的来源地不同形成了不同的形态特征，本品的新鲜叶及包着叶鞘的茎秆鲜时颜色呈绿色、或带有紫色斑点、或呈紫色，表面较干时叶鞘颜色变浅或呈灰白色；茎秆总长度 5~35cm。

铁皮石斛因来源地不同形成的多个形态特征，涉及在植株形态、叶形叶色、茎秆颜色、长短粗细、节间粗细、纤维含量、多糖含量等方面的差异。

4.2 生态铁皮石斛鲜品

生态铁皮石斛鲜品，除具备上述 4 的特点外，外观上比大棚种植铁皮石斛鲜条水分少，偏干。仔细观察，表皮有少许绒毛，长度不超过 30cm。

4.3 色泽

叶鞘包裹的鲜条多呈叶鞘的颜色，剥开叶鞘，茎多呈绿色或呈紫色，节间色较深。

4.4 气味及味道

外表无气味或略带青草气味。嚼之有青草气味，味道淡或微甜；嚼之初有滑腻感及黏稠感，继有浓稠黏滞感。

4.5 显微鉴别及理化鉴别

（1）本品横切面：表皮细胞 1 列，扁平，外壁及侧壁稍增厚、微木化，外被绿色角质层，有的外层可见无色或紫色的薄壁细胞组成的叶鞘层。基本薄壁细胞多角形，大小相似，期间散在着较多维管束，略排成 4~5 圈，维管束外韧型，外围排列有厚壁的纤维束，有的外侧小型薄壁细胞中含有硅质块。含草酸钙叶晶束的黏液细胞多见于近表皮处。

（2）取本品烘干的粉末 1g，加甲醇 50ml，超声处理 30 分钟，滤过，滤液蒸干，残渣加水 15ml 使溶解，用石油醚（60~90℃）洗涤 2 次，每次 20ml，弃去石油醚液，水液用乙酸乙酯洗涤 2 次，每次 20ml，弃去洗液，用水饱和的正丁醇振摇提取 2 次，每次 20ml，合并正丁醇液，蒸干，残渣加甲醇 1ml 使溶解，作为供试品溶液。另取铁皮石斛对照药材 1g，同法制成对照药材溶液。照薄层色谱法试验，吸取上述两种溶液各 2~5μl，分别点于同一聚酰胺薄膜上，是成条状，以乙醇 – 丁酮 – 乙酰丙酮 – 水（15：15：5：85）为展开剂，展开，取出，烘干，喷以三氯化铝试液，在 105℃烘约 3 分钟，置紫光灯（365nm）下检视。供试品色谱中，在与对照药材色谱相应的位置上，显相同颜色的荧光斑点。

4.6 采收

4.6.1 铁皮石斛每年 12 月至次年 3 月为最佳采收期。

4.6.2 铁皮石斛茎封顶 1~3 个月后转化为白条即为成熟。

4.6.3 采收前 3 个月停止使用任何农药和化肥。

4.7 理化指标

4.7.1 水分含量 ≤ 85%

4.7.2 多糖含量 ≥ 25.0%（烘干后测定干品中的含量），铁皮石斛中含有的甘露糖与葡萄糖的峰面积比应为 2.4~8.0；含有的多糖以无水葡萄糖（$C_6H_{12}O_6$）计，不得少于 25%，含甘露糖应为 13% ~ 38%。

4.7.3 总灰分

不得超过干品的 6%。

4.7.4 浸出物含量

照醇溶性浸出物含量测定法中的热浸法测定，用乙醇作溶剂，不得低于 6.5%。

4.8 检测方法

4.8.1 感官标准及外观检测

感官标准及外观检测，采用目测、鼻闻、口嚼的方法进行。长度及直径等检测，用游标卡尺及软尺进行。

4.8.2 粗多糖的检测

粗多糖的检测按照《保健食品化学及其检测技术》及《保健食品有效成分的检测》的苯酚 – 蒽醌法测定。

4.8.3 水分测定

按照《中华人民共和国药典》2010 年版第一部附录Ⅸ H 烘干法进行。

4.9 检验规则

同一市场单位、同一品种、同一包装（或采收日期）的产品作为一个检验单位。

抽样规则按照《中华人民共和国药典》2010 年版 ⅡA 第一部药材取样方法执行。

4.10 判定规则

若检测结果符合 4.4、4.5、4.6、4.7 的各项规定，所检测的产品可判定为合格。

若检测结果不符合 4.4、4.5、4.6、4.7 的各项规定，所检测的产品可判定为不合格。

4.11 包装、运输、储存

4.11.1 本品的包装须将同一批次的产品依据长短、粗细等分别捆成小捆，每捆重量可为 1kg、2kg、5kg 等；然后使用清洁的未受过任何污染的能够透气的新编织袋进行包装。

需要长途运输的，还应使用透气的竹筐（箱）、木条箱、或有空孔透气的无毒无害的聚乙烯等材料制成的箱子做外包装。

4.11.2 本品的运输按照食品运输条件执行，严禁与有毒有害、有腐蚀、有气味、有污染、已变质的物品一起运输，并注意防水。

4.11.3 本品在常温条件下不能够长期储存。一般储存期不应超过 30 天，在有温度和气调的冷藏库里，储存温度在 5~10℃，储存时间不能够超过 6 个月。

4.12 档案资料的记录和管理

本品的各项标准，应该建立检验方面的详细记录，每项记录有技术人员作为记录责任人。检验和记录资料应该进行存档。档案保存期应在 3 年以上。

4.13 实施铁皮石斛生产信息体系建设和管理

实施铁皮石斛生产信息体系建设和管理，栽培单位应保存完整、真实的产地环境质量资料，生产栽培管理和销售记录。生产栽培管理和销售记录包括投入物品的品种、来源、数量、购买时间与地点、用法、使用时间，种植管理操作的时间、方法，收获与初加工的时间、方法、操作人员，产品销售等。档案保存不少于 3 年。

5 鲜铁皮石斛商品等级标准

5.1 来源

本品为兰科植物铁皮石斛 *Dendrobium officinale* Kimura et Migo. 的新鲜茎。除去杂质，剪去须根。

5.2 性状

本品茎多直立，圆柱形，长短不等，直径为 0.2~0.8cm。表面黄绿色，光滑或有纵纹。节明显，节上有膜质叶鞘，有的茎上有叶数枚，二列，短圆形披针形，纸质，先端钝，茎肉质多汁，易折断。断面绿色，气微，味淡，嚼之有浓厚黏滞感。

5.3 规格

项 目	等 级	标 准
正名：鲜铁皮石斛 别名：黑节草	一级	茎呈圆柱形，肉质多汁，无杂质，无腐烂（图 22、23）

5.4 鉴别

（1）本品横切面：表皮细胞 1 列，扁平，外壁及侧壁稍增厚、微木化，外被黄色角质层，有的外层可见无色的薄壁细胞组成的叶鞘层。基本薄壁组织细胞多角形，大小相似，期间散在多数维管束，略排成4~5圈有壁孔，维管束外韧型，外围排列有厚壁的纤维束，有的外侧小型薄壁细胞中含有硅质块。含草酸钙针晶束的黏液细胞多见于近表皮处。

（2）取本品干燥粉末1g，加甲醇50ml，超声处理30分钟，滤过，滤液蒸干，残渣加水15ml使溶解，用石油醚（60~90℃）洗涤2次，每次20ml，弃去石油醚液，水液用乙酸乙酯洗涤2次，每次20ml，弃去洗液，用水饱和的正丁醇振摇提取2次，每次20ml，合并正丁醇液，蒸干，残渣加甲醇1ml使溶解，作为供试品溶液。另取铁皮石斛对照药材1g，同法制成对照药材溶液。照薄层色谱法（附录ⅥB）试验，吸取上述两种溶液各2~5μl，分别点于同一聚酰胺薄膜上，使成条状，以乙醇－丁酮－乙酰丙酮－水（15：15：5：85）为展开剂。展开，取出，烘干，喷以三氯化铝试液，在105℃烘约3分钟，置紫外光灯（365nm）下检视。供试品色谱中，在与对照药材色谱相应的位置上，显相同颜色的荧光斑点。

5.5 性味与归经

甘，微寒。归胃、肾经。

5.6 功能与主治

益胃生津，滋阴清热。用于热病津伤，口干烦渴胃阴不足，食少干呕，病后虚热不退，阴虚火旺，骨蒸劳热，目暗不明，筋骨痿软。

5.7 用法用量

15~30g。

5.8 贮藏

置阴冷潮湿处。防冻。

6 铁皮枫斗商品等级标准

6.1 来源

本品为兰科植物铁皮石斛 *Dendrobium officinale* Kimura et Migo. 的干燥茎加工而成。

6.2 性状

本品呈螺旋形团状，环绕紧密或稍松，有的较饱满，具3~6旋环，长0.8~1.5(~2)cm，直径0.6~1.5cm；茎直径0.2~0.8cm。表面暗黄绿色或金黄绿色，有细纵皱纹，节明显，节上可见残留须根。另一端为茎尖（凤尾），形成"龙头凤尾"，有的两端为根头或茎尖，另一端为斜形或平截形切面，有的两端均为切面。质坚实，略韧，不易折断，断面不平坦，呈角质样。气微，味淡，嚼之初有黏滑感，久之有浓厚黏滞感，无渣或渣少。

6.3 规格

项　目	等级	标　准
正名：铁皮枫斗 别名：铁皮斗 　　　铁皮石斛枫斗	特级	螺旋形团状，环绕紧密，颗粒饱满、均匀整齐，多数可见2~3个旋环，长1.3~1.6cm，直径0.7~9cm，两端多数具龙头凤尾。表面具角质样光泽，质坚实。嚼之有浓厚黏滞感，残渣极少。
	一级	螺旋形团状，环绕紧密，颗粒均匀整齐，多数可见3~4个旋环，长1.3~1.5cm，直径0.8~1.0cm，有的具"龙头凤尾"，有的一端具"龙头"或"凤尾"，另一端为切面，有的两端均为切面。表面具角质样光泽。质坚实。嚼之有浓厚黏滞感，渣少。
	二级	螺旋形团状，环绕稍松，颗粒不甚整齐，多数可见3~6旋环，长1.3~1.9cm，直径0.6~1.0cm，有的具"龙头凤尾"，有的一端具"龙头"或"凤尾"。表面具角质样光泽。嚼之有黏滞感，有少量纤维性残渣。

6.4 鉴别

（1）本品为横切面：表面细胞 1 列，扁平，外壁及侧壁稍增厚、微木化，外被黄色角质层，有的外层可见无色的薄壁细胞组成的叶鞘层。基本薄壁组织细胞多角形，大小相似，其间散在多数维管束，略排成 4~5 圈有壁孔，维管束外韧型，外围排列有厚壁的纤维束，有的外侧小型薄壁细胞中含有硅质块。含草酸钙针晶束的黏液细胞多见于近表皮处。

（2）取本品粉末 1g，加甲醇 50ml，超声处理 30 分钟，滤过，滤液蒸干，残渣加水 15ml 使溶解，用石油醚（60~90℃）洗涤 2 次，每次 20ml，弃去石油醚液，水液用乙酸乙酯洗涤 2 次，每次 20ml，弃去洗液，用水饱和的正丁醇振摇提取 2 次，每次 20ml，合并正丁醇液，蒸干，残渣加甲醇 1ml 使溶解，作为供试品溶液。另取铁皮石斛对照药材 1g，同法制成对照药材溶液。照薄层色谱法（附录Ⅵ B）试验，吸取上述两种溶液 2~5μl，分别点于同一聚酰胺薄膜上，使成条状，以乙醇 - 丁酮 - 乙酰丙酮 - 水（15:15:5:85）为展开剂，展开，取出，烘干，喷以三氯化铝试液，在 105℃烘约 3 分钟，置紫外光灯（365nm）下检视。供试品色谱中，在与对照药材色谱相应的位置上，显相同颜色的荧光斑点。

6.5 检查

甘露糖与葡萄糖峰面积比 取葡萄糖对照品适量，精密称定，加水制成每 1ml 含 50μg 的溶液，作为对照品溶液。精密吸取 0.4ml，按（含量测定）甘露醇项下方法依法测定，供试品色谱中，甘露糖与葡萄糖的峰面积比应为 2.4~8.0。

水　分 不得过 12.0%（附录Ⅸ H 第一法）。

总灰分 不得过 6.0%（附录Ⅸ K）。

6.6 含量测定

6.6.1 多糖

取无水葡萄糖对照品适量，精密称定，加水制成每 1ml 含 90μg 的溶液，即得。

6.6.2 标准曲线的制备

精密量取对照品溶液 0.2ml，0.4ml，0.6ml，0.8ml，1.0ml 分别置 10ml 具塞试管中，各加水补至 1.0ml，精密加入 5% 苯酚溶液 1ml（临用配制），摇匀，再精密加硫酸 5ml，摇匀，置沸水浴中加热 20 分钟，取出，置冰浴中冷却 5 分钟，以相应的试剂为空白。照紫外 - 可见分光光度法（附录ⅤA），在 448nm 的波长处测定吸光度，以吸光度为纵坐标，浓度为横坐标，绘制标准曲线。

6.6.3 供试品溶液的制备

取本品粉末（过三号筛）约 0.3g，精密称定，加水 200ml，加热回流 2 小时，放冷，转移至 250ml 量瓶中，用少量水分次洗涤容器，洗脱并入同一量瓶中，加水至刻度，摇匀，滤过，精密量取续滤液 2ml，置 15ml 离心管中，精密加入无水乙醇 10ml，摇匀，冷藏 1 小时，取出，离心（转速为每分钟 4000 转）20 分钟，弃去上清液（必要时滤过），沉淀加 80% 乙醇洗涤 2 次，每次 8ml，离心，弃去上清液，沉淀加热水溶解，转移至 25ml 量瓶中，放冷，加水至刻度，摇匀，即得。

6.6.4 测定法

精密量取供试品溶液 1ml 置 10ml 具塞试管中，照标准曲线的制备项下的方法，自"精密加入 5% 苯酚溶液 1ml"起，依法测定吸光度，从标准曲线上读出供试品溶液中含葡萄糖的重量，计算，即得。

本品按干燥品计算，含铁皮石斛多糖以无水葡萄糖（$C_6H_{12}O_6$）计，不得少于 25.0%。

6.6.5 甘露糖

照高效液相色谱法（附录ⅥD）测定。

6.6.6 色谱条件与系统适用性试验

以十八烷基硅烷键合硅胶为填充剂；以乙腈 –0.02mol/L 的乙酸铵溶液（20：80）为流动相；检测波长为 250nm。理论板数按甘露糖峰计算应不低于 4000。

6.6.7 校正因子测定

取盐酸氨基葡萄糖适量，精密称定。加水制成每 1ml 含 12mg 的溶液，作为内标溶液。另取甘露糖对照品约 10mg，精密称定，置 100ml 量瓶中，精密加入内标溶液 1ml，加水适量使溶解并稀释至刻度，摇匀吸取 400μl，加 0.05mol/L 的 PMP（1– 苯基 –3– 甲基 –5– 吡唑啉酮）甲醇溶液与 0.03mol/L 的氢氧化钠溶液各 400μl，摇匀，70℃水浴反应 100 分钟。再加 0.03mol/L 的盐酸溶液 500μl，混匀，用三氯甲烷洗涤 3 次，每次 2ml，弃去三氯甲烷液，水层离心后，取上清液 10μl，注入液相色谱仪，测定，计算校正因子。

6.6.8 测定法

取本品粉末（过三号筛）约 0.12g，精密称定，置索氏提取器中，加 80% 乙醇适量，加热回流提取 4 小时，弃去乙醇液，药渣挥干乙醇，滤纸筒拆开置于烧杯中，加水 100ml，再精密加入内标溶液 2ml，煎煮 1 小时并时时搅拌，放冷，加水补至约 100ml，混匀，离心，吸取上清液 1ml，置安瓿瓶或顶空瓶中，加 3.0mol/L 的盐酸溶液 0.5ml。封口，混匀，110℃水解 1 小时，放冷，用 3.0mol/L 的氢氧化钠溶液调节 pH 值至中性，吸取 400μl，照校正因子测定方法，自"0.05mol/L 的 PMP 甲醇溶液"起，依法操作，取上清液 10μl，注入液相色谱仪，测定，即得。

本品按干燥品计算，含甘露糖（$C_6H_{12}O_6$）应为 13.0%~38.0%。

6.7 性味与归经

甘，微寒。归胃、肾经。

6.8 功能与主治

益胃生津，滋阴清热。用于热病津伤，口干烦渴，胃阴不足，食少干呕，病后虚热不退，阴火虚旺，骨蒸劳热，目暗不明，筋骨痿软。

6.9 用法用量

6~12g，先煎。

6.10 贮藏

置通风干燥处，防潮。

第5部分：枫斗的商品规格及等级标准

石斛是重要的中药材，为规范指导中国石斛的生产，促进这一新兴产业的发展，特制订本标准。

石斛系列标准按部分发布，分为六个部分：

——第1部分：铁皮石斛产地环境；

——第2部分：铁皮石斛种子种苗；

——第3部分：铁皮石斛生产技术规程；

——第4部分：铁皮石斛鲜品（鲜茎）商品规格；

——第5部分：枫斗的商品规格及等级标准；

——第6部分：铁皮石斛质量安全要求。

本部分为石斛系列标准的第5部分。

本部分由中国中药协会石斛专业委员会提出并归口。

本部分起草单位：浙江天皇药业有限公司

　　　　　　　　浙江民康天然植物制品有限公司

　　　　　　　　金华寿仙谷药业有限公司

　　　　　　　　浙江鼎晟生物科技有限公司

　　　　　　　　福建省连城冠江铁皮石斛有限公司

　　　　　　　　乐清市雁吹雪铁皮石斛有限公司

　　　　　　　　四川壹原草生物科技有限公司

本部分主要起草人：顺庆生　杨明志　张治国　江仁辉　陈立钻

　　　　　　　　　李振坚　金良标　李明焱　张　征　王杰义

　　　　　　　　　俞鸿翔　叶其斌　刘家保　杨柏云　刘仁林

　　　　　　　　　虞伟康　吴文彪　朱　平　余定康　朱旭升

　　　　　　　　　李立雷　李泽成　刘　楠　徐　靖　郑　宇

　　　　　　　　　李玉和　桌建胜　吴洪磊　陈　淬　杨兵勋

　　　　　　　　　沈春香　高爱群

1 范围

本部分规定了石斛枫斗的术语和定义，加工分级，试验方法，检测规则、包装、储运等要求。

本部分适用内容中涉及九个石斛品种。

2 规范性引用文件

本部分引用《石斛质量安全要求》的条款和引用的标准。

3 术语和定义

3.1 下列术语和定义适用于《中国石斛行业标准》的本部分。

3.2 枫斗，是一种利用兰科石斛属植物中的一些植株形体比较矮小、茎肉质粗壮、质地柔软又富含膏滋（黏液成分为多糖）的石斛茎加工而成，是一种品质优良的天然中药。

3.3 龙头凤尾，特指铁皮石斛、霍山米斛枫斗中的优质品。采摘 5~7cm 的石斛整株成熟鲜条，根部和茎尖部保留完整，烘干后经手工扭曲定型，一般有 2.5~3.5 圈，造型优美，不断柱，经水冲泡后像龙型，头尾分明。

4 商品枫斗等级

4.1 铁皮枫斗商品等级标准

4.1.1 来源

本品为兰科植物铁皮石斛 *Technical regulations Kimura et Migo*. 的干燥茎加工而成。

4.1.2 性状

本品呈螺旋形团状，环绕紧密或稍松，有的较饱满，具 3~6 旋环，长 0.8~1.5（~2）cm，直径 0.6~1.5cm；茎直径 0.2~0.8cm。表面暗黄绿色或金黄绿色，有细纵皱纹，节明显，节上可见残留须根。另一端为茎尖（凤尾），形成"龙头凤尾"，有的两端为根头或茎尖，另一端为斜形或平截形切面，有的两端均为切面。质坚实，略韧，不易折断，断面不平坦，呈角质样。气微，味淡，嚼之初有黏滑感，久之有浓厚黏滞感，无渣或渣少。

4.1.3 规格

项　目	等　级	标　准
正名：铁皮枫斗 别名：铁皮斗 　　　铁皮石斛枫斗	特级	螺旋形团状，环绕紧密，颗粒饱满、均匀整齐，多数可见 3~3 个旋环，长 1.3~1.6cm，直径 0.7~9cm，两端多数具龙头凤尾。表面具角质样光泽，质坚实。嚼之有浓厚黏滞感，残渣极少。（图 1）
	一级	螺旋形团状，环绕紧密，颗粒均匀整齐，多数可见 3~4 个旋环，长 1.3~1.5cm，直径 0.8~1.0cm，有的具"龙头凤尾"，有的一端"龙头"或"凤尾"，另一端为切面，有的两端均为切面。表面具角质样光泽。质坚实。嚼之有浓厚黏滞感，渣少。图 2）
	二级	螺旋形团状，环绕稍松，颗粒不甚整齐，多数可见 3~6 旋环，长 1.3~1.9cm，直径 0.6~1.0cm，有的具"龙头凤尾"，有的一端具"龙头"或"凤尾"。表面具角质样光泽。嚼之有黏滞感，有少量纤维性残渣。（图 3）

4.1.4 鉴别

（1）本品为横切面：表面细胞 1 列，扁平，外壁及侧壁稍增厚、微木化，外被黄色角质层，有的外层可见无色的薄壁细胞组成的叶鞘层。基本薄壁组织细胞多角形，大小相似，其间散在多数维管束，略排成 4~5 圈有壁孔，维管束外韧型，外围排列有厚壁的纤维束，有的外侧小型薄壁细胞中含有硅质块。含草酸钙针晶束的黏液细胞多见于近表皮处。

（2）取本品粉末 1g，加甲醇 50ml，超声处理 30 分钟，滤过，滤液蒸干，残渣加水 15ml 使溶解，用石油醚（60~90℃）洗涤 2 次，每次 20ml，弃去石油醚液，水液用乙酸乙酯洗涤 2 次，每次 20ml，弃去洗液，用水饱和的正丁醇振摇提取 2 次，每次 20ml，合并正丁醇液，蒸干，残渣加甲醇 1ml 使溶解，作为供试品溶液。另取铁皮石斛对照药材 1g，同法制成对照药材溶液。照薄层色谱法（附录Ⅵ B）试验，吸取上述两种溶液 2~5μl，分别点于同一聚酰胺薄膜上，使成条状，以乙醇 – 丁酮 – 乙酰丙酮 – 水（15：15：5：85）为展开剂，展开，取出，烘干，喷以三氯化铝试液，在 105℃烘约 3 分钟，置紫外光灯（365nm）下检视。供试品色谱中，在与对照药材色谱相应的位置上，显相同颜色的荧光斑点。

4.1.5 检查

甘露糖与葡萄糖峰面积比　取葡萄糖对照品适量，精密称定，加水制成每 1ml 含 50μg 的溶液，作为对照品溶液。精密吸取 0.4ml，按（含量测定）甘露醇项下方法依法测定，供试品色谱中，甘露糖与葡萄糖的峰面积比应为 2.4~8.0。

水　分　不得过 12.0%（附录Ⅸ H 第一法）。

总灰分　不得过 6.0%（附录Ⅸ K）。

4.1.6 含量测定

4.1.6.1 多　糖

取无水葡萄糖对照品适量，精密称定，加水制成每 1ml 含 90μg 的溶液，即得。

4.1.6.2 标准曲线的制备

精密量取对照品溶液 0.2ml，0.4ml，0.6ml，0.8ml，1.0ml 分别置 10ml 具塞试管中，各加水补至 1.0ml，精密加入 5% 苯酚溶液 1ml（临用配制），摇匀，再精密加硫酸 5ml，摇匀，置沸水浴中加热 20 分钟，取出，置冰浴中冷却 5 分钟，以相应的试剂为空白。照紫外 – 可见分光光度法（附录Ⅴ A），在 448nm 的波长处测定吸光度，以吸光度为纵坐标，浓度为横坐标，绘制标准曲线。

4.1.6.3 供试品溶液的制备

取本品粉末(过三号筛)约 0.3g，精密称定，加水 200ml，加热回流 2 小时，放冷，转移至 250ml 量瓶中，用少量水分次洗涤容器，洗脱并入同一量瓶中，加水至刻度，摇匀，滤过，精密量取续滤液 2ml，置 15ml 离心管中，精密加入无水乙醇 10ml，摇匀，冷藏 1 小时，取出，离心（转速为每分钟 4000 转）20 分钟，弃去上清液（必要时滤过），沉淀加 80% 乙醇洗涤 2 次，每次 8ml，离心，弃去上清液，沉淀加热水溶解，转移至 25ml 量瓶中，放冷，加水至刻度，摇匀，即得。

4.1.6.4 测定法

精密量取供试品溶液 1ml 置 10ml 具塞试管中，照标准曲线的制备项下的方法，自"精密加入 5% 苯酚溶液 1ml"起，依法测定吸光度，从标准曲线上读出供试品溶液中含葡萄糖的重量，计算，即得。

本品按干燥品计算，含铁皮石斛多糖以无水葡萄糖（$C_6H_{12}O_6$）计，不得少于 25.0%

4.1.6.5 甘露糖

照高效液相色谱法（附录Ⅵ D）测定。

4.1.6.6 色谱条件与系统适用性试验

以十八烷基硅烷键合硅胶为填充剂；以乙腈 –0.02mol/L 的乙酸铵溶液（20∶80）为流动相；检测波长为 250nm。理论板数按甘露糖峰计算应不低于 4000。

4.1.6.7 校正因子测定

取盐酸氨基葡萄糖适量，精密称定。加水制成每 1ml 含 12mg 的溶液，作为内标溶液。另取甘露糖对照品约 10mg，精密称定，置 100ml 量瓶中，精密加入内标溶液 1ml，加水适量使溶解并稀释至刻度，摇匀吸取 400μl，加 0.05mol/L 的 PMP（1– 苯基 –3– 甲基 –5– 吡唑啉酮）甲醇溶液与 0.03mol/L 的氢氧化钠溶液各 400μl，摇匀，70℃水浴反应 100 分钟。再加 0.03mol/L 的盐酸溶液 500μl，混匀，用三氯甲烷洗涤 3 次，每次 2ml，弃去三氯甲烷液，水层离心后，取上清液 10μl，注入液相色谱仪，测定，计算校正因子。

4.1.6.8 测定法

取本品粉末(过三号筛)约 0.12g，精密称定，置索氏提取器中，加 80% 乙醇适量，加热回流提取 4 小时，弃去乙醇液，药渣挥干乙醇，滤纸筒拆开置于烧杯中，加水 100ml，再精密加入内标溶液 2ml，煎煮 1 小时并时时搅拌，放冷，加水补至约 100ml，混匀，离心，吸取上清液 1ml，置安瓿瓶或顶空瓶中，加 3.0mol/L 的盐酸溶液 0.5ml。封口，混匀，110℃水解 1 小时，放冷，用 3.0mol/L 的氢氧化钠溶液调节 pH 值至中性，吸取 400μl，照校正因子测定方法，自 "0.05mol/L 的 PMP 甲醇溶液" 起，依法操作，取上清液 10μl，注入液相色谱仪，测定，即得。

本品按干燥品计算，含甘露糖（$C_6H_{12}O_6$）应为 13.0%~38.0%。

4.1.7 性味与归经

甘，微寒。归胃、肾经。

4.1.8 功能与主治

益胃生津，滋阴清热。用于热病津伤，口干烦渴，胃阴不足，食少干呕，病后虚热不退，阴火虚旺，骨蒸劳热，目暗不明，筋骨痿软。

4.1.9 用法用量

6~12g，先煎。

4.1.10 贮藏

置通风干燥处，防潮。

4.2 霍斗商品等级标准

4.2.1 来源

本品为兰科植物霍山石斛 *Dendrobium huoshanense* C.Z.Teng et S.J.Cheng 干燥茎加工而成。

4.2.2 性状

本品呈螺旋形团状或圆筒形弹簧状，螺旋形团状者具 3~5 旋环，长 0.4~0.8cm，直径 0.4~0.6cm；弹簧状圆筒形者具 2~6 环，长 0.4~1cm，直径 0.3~0.5cm；茎直径 0.1~0.2cm。表面黄绿色或棕绿色，有细皱纹和膜质叶鞘，一端为根头，较粗，具须根数条（习称 "龙头"），另一端为茎尖，细尖（习称 "凤尾"）。质硬而脆，易折断，断面平坦，灰绿色至灰白色。气微，味淡，嚼之有黏滞感，无渣。

4.2.3 规格

项 目	等 级	标 准
正名：霍斗 别名：霍山枫斗、霍山石斛、金斛、米斛。	特级	螺旋形团状，环绕紧密，颗粒整齐均匀，多数可见 3~5 环，长 0.4~0.8cm，直径 0.3~0.6cm，表面黄绿色或棕绿色，一端为根头（习称"龙头"），另一端为茎尖（习称"凤尾"），嚼之有浓厚黏滞感。无渣。（图 4） 圆筒形弹簧状，环绕不紧密，具 2~6 环，长 0.5~1cm，直径 0.3~0.5cm，表面黄绿色，弹簧状大小不一。龙头凤尾在弹簧二头，嚼之有浓厚黏滞感。无渣。（图 5）

4.2.4 检查

水 分 不得过 12.0%（附录Ⅸ H 第一法）。

总灰分 不得过 5.0%（附录Ⅸ K）。

4.2.5 性味与归经

甘，微寒。归胃、肾经。

4.2.6 功能与主治

益胃生津，滋阴清热。用于热病津伤，口干烦渴，胃阴不足，食少干呕，病后虚热不退，阴火虚旺，骨蒸劳热，目暗不明，筋骨痿软。

4.2.7 用法用量

6~12g，先煎。

4.2.8 贮藏

置通风干燥处，防潮。

4.3 紫皮枫斗商品等级标准

4.3.1 来源

本品为兰科植物紫皮枫斗 *Dendrobium devonianum* Paxt. 干燥茎加工而成。

4.3.2 性状

本品呈螺旋形团状，环绕紧密或稍松，具 2~5 旋环，长 0.5~1.3cm，直径 0.5~0.9cm；茎直径 0.2~0.4cm。表面黄绿色或灰绿色，有的带有紫色，有细纵皱纹，节明显，节上可见残留的膜质叶鞘，多破碎成纤维状；有的一端为根头（"龙头"），残留须根，另一端为茎尖（"凤尾"），形成"龙头凤尾"，有的一端为根头或茎尖，另一端为切面，有的两端均为切面。质坚实，略韧，断面不平坦，略显纤维性。气微，味淡，嚼之有浓厚黏滞感。渣少。用热水浸泡后水溶液常呈淡紫红色。

4.3.3 规格

项 目	等 级	标 准
正名：紫皮枫斗 别名：紫皮斗 紫皮石斛枫斗	特级	呈螺旋团状，环绕紧密，颗粒均匀整齐，多数可见 2~3 个旋环，长 0.8~1.2cm，直径 0.5~0.9cm。质坚硬，多数一端具"龙头"，另一端为切面，少数两端均为切面，表面略具角质样光泽，质坚实。嚼之有浓厚黏滞感，渣少。（图 6）
	一级	呈螺旋团状，环绕紧密，颗粒稍不整齐，多数可见 2~4 个旋环，长 0.8~1.3cm，直径 0.4~0.9cm，多数两端均为切面，极少数一端具"龙头"，表面略具角质样光泽，质坚实。嚼之有浓厚黏滞感，渣少。（图 7）
	二级	呈螺旋团状，环绕较松，颗粒不整齐，多数可见 2~5 旋环，长 0.5~1.0cm，直径 0.4~1.0cm，多数两端均为切面。表面略具角质样光泽，质坚实。嚼之有浓厚黏滞感，渣较多。（图 8）

4.3.4 检查

水　分　不得过 12.0%（附录Ⅸ H 第一法）。

总灰分　不得过 5.0%（附录Ⅸ K）。

4.3.5 性味与归经

甘，微寒。归胃、肾经。

4.3.6 功能与主治

益胃生津，滋阴清热。用于热病津伤，口干烦渴，胃阴不足，食少干呕，病后虚热不退，阴火虚旺，骨蒸劳热，目暗不明，筋骨痿软。

4.3.7 用法用量

6~12g，先煎。

4.3.8 贮藏

置通风干燥处，防潮。

4.4 铜皮枫斗商品等级标准

4.4.1 来源

本品为兰科植物细茎石斛 *Dendrobium moniliforme*（L.）Sw. 干燥茎加工而成。

4.4.2 性状

本品呈螺旋状或圆筒形弹簧状，螺旋团状者具 3~7 旋环，长 0.7~1.5cm，直径 0.7~0.9cm；弹簧状具 2~4 环，长 0.3~0.6cm。表面黄绿色或棕绿色，一端为根头，较粗，具须根数条（习称"龙头"），另一端为茎尖，细尖（习称"凤尾"）。质硬而脆，易折断，断面平坦，灰白色。气微，味微苦，嚼之少黏滞感，有渣。

4.4.3 规格

项　目	等　级	标　准
正名：铜皮斗 别名：铜皮、细茎石斛枫斗、乌铜皮、黄铜皮	甲上级	螺旋形团状，环绕紧密，颗粒较整齐，多数具 3~6 个环，长 0.9~1.5cm，直径 0.7~1.1cm，具"龙头凤尾"，易折断，断面白色。嚼之有少数黏滑感。（图 9） 弹簧状，颗粒整齐，具 2~4 环，长 0.3~0.6cm，直径 0.4~0.5cm，表面黄绿色，两端均为切面白色，嚼之有微黏滑感，味微苦，有残渣。（图 10）
	甲级	螺旋形团状，颗粒多数具 5~7 环，长 0.7~1.5cm，直径 0.7~0.9cm，具"龙头凤尾"；嚼之少量黏滑感，味微苦，渣较多。（图 11）

4.4.4 检查

水　分　不得过 12.0%（附录Ⅸ H 第一法）。

总灰分　不得过 5.0%（附录Ⅸ K）。

4.4.5 性味与归经

甘，微寒。归胃、肾经。

4.4.6 功能与主治

益胃生津，滋阴清热。用于热病津伤，口干烦渴，胃阴不足，食少干呕，病后虚热不退，阴火虚旺，骨蒸劳热，目暗不明，筋骨痿软。

4.4.7 用法用量

6~12g，先煎。

4.4.8 贮藏

置通风干燥处，防潮。

4.5 刚节枫斗商品等级规格

4.5.1 来源

本品为兰科植物杯鞘石斛 *Dendrobium gratiosissimum* Rchb.f.、晶帽石斛 *Dendrobium crystallinum* Rchb.f.、疏花石斛 *Dendrobium henryi* Schltr.、报春石斛 *Dendrobium primulinum* Lindl.、叠鞘石斛 *Dendrobium aurantiacum* Rchb.f.var.*denneanum*（Kerr.）Z.H.Tsi. 等的干燥茎加工而成。

4.5.2 性状

本品呈螺旋状或弹簧状团粒，环绕紧密或稍松，具2~5旋环，长0.5~3cm，直径0.5~2.5cm；茎直径0.2~0.7cm。表面黄绿色或黄色，有粗纵皱纹，节明显，节上残留破碎成纤维状的叶鞘；有的一端为根头（"龙头"），残留须根，另一端为茎尖（"凤尾"）。形成"龙头凤尾"，有的一端为根头或茎尖，另一端为切面，有的两端均为切面。硬而脆，质坚实，常不易折断，断面纤维性。气微，味淡。嚼之有黏滑感，渣较多。

4.5.3 规格

项 目	等 级	标 准
正名：刚节枫斗 别名：光节	甲上级	螺旋形团状，环绕紧密，颗粒均匀整齐，多数可见2~4个旋环，长0.5~1cm，直径0.5~0.8cm。多数一端具"龙头"或"凤尾"，另一端为切面，少数两端均为切面，较易折断，断面略显纤维性，嚼之有黏滑感，渣较多。（图12）
	甲一级	弹簧状团粒，环绕稍松，颗粒较均匀，多数可见3~4个旋环，长0.8~1.5cm，直径0.7~1.0cm。多数两端均为切面，极少数一端具"龙头"或"凤尾"，嚼之有黏滑感，渣多。（图13）
	甲二级	弹簧状团粒，颗粒较均匀，色黄，多数可见3~4个旋环，长0.7~1.3cm，直径0.6~1.0cm。两端均为切面。嚼之有黏滑感，渣多。（图14）
	刚节大枫斗	螺旋形团状，环绕紧密，颗粒较整齐均匀，多数可见3~5个旋环，长2~3cm，直径1.5~2.5cm。多数具"龙头凤尾"，少数一端"龙头"或"凤尾"，另一端为切面，不易折断，断面纤维性，有时略有苦味，嚼之有黏滑感，渣多。（图15）

4.5.4 检查

水　分 不得过12.0%（附录Ⅸ H 第一法）。

总灰分 不得过5.0%（附录Ⅸ K）。

4.5.5 性味与归经

甘，微寒。归胃、肾经。

4.5.6 功能与主治

益胃生津，滋阴清热。用于热病津伤，口干烦渴，胃阴不足，食少干呕，病后虚热不退，阴火虚旺，骨蒸劳热，目暗不明，筋骨痿软。

4.5.7 用法用量

6~12g，先煎。

4.5.8 贮藏

置通风干燥处，防潮。

4.6 虫草枫斗商品等级标准

4.6.1 来源

本品为兰科植物翅萼石斛 *Dendrobium cariniferum* Rchb.f.、梳唇石斛 *Dendrobium strongylanthum* Rchb.f.、藏南石斛 *Dendrobium monticola* P.F.Hunt et Summerh 等的干燥茎加工而成。

4.6.2 性状

本品有的为螺旋形球团状，单条成形。有的呈类球形或鸡蛋形多条螺旋缠绕而成，内部中空，表面暗黄绿色或绿棕色，有细纵皱纹，节明显。单条虫草或多条成形，均有"龙头凤尾"，质轻而韧，茎断面不平坦。气微，味淡，嚼之有浓厚黏滞感，渣少。

4.6.3 规格

项　目	等　级	标　准
正名：虫草枫斗 别名：虫草、假虫草。	甲上级	螺旋形球团状，环绕紧密，颗粒不整齐，多数具 2~3 环，长 1.3~2.2cm，直径 1~1.2cm，多数具"龙头凤尾"嚼之有浓厚黏滞感，渣少。（图 16）
	甲级	螺旋形球团状，环绕紧密，颗粒尚整齐，多数具 2~3 环，长 0.8~1.2cm，直径 0.5~0.8cm，具"龙头凤尾"嚼之有黏滞感，渣少。（图 17）
	大虫草	类球形或鸡蛋形，为多条石斛茎螺旋缠绕而成，内部中空，长 3.5~4.5cm，直径 3.5~4.0cm。表面暗黄绿色或绿棕色，有细纵皱纹，节明显，节上残留少量膜质叶鞘；两端均可见数个根头（"龙头"）或茎尖（"凤尾"），拆开后每条茎均有"龙头凤尾"。嚼之有黏滞感，渣少。（图 18）

4.6.4 检查

水　分　不得过 12.0%（附录Ⅸ H 第一法）。

总灰分　不得过 5.0%（附录Ⅸ K）。

4.6.5 性味与归经

甘，微寒。归胃、肾经。

4.6.6 功能与主治

益胃生津，滋阴清热。用于热病津伤，口干烦渴，胃阴不足，食少干呕，病后虚热不退，阴火虚旺，骨蒸劳热，目暗不明，筋骨痿软。

4.6.7 用法用量

6~12g，先煎。

4.6.8 贮藏

置通风干燥处，防潮。

4.7 水草枫斗商品等级标准

4.7.1 来源

本品为兰科植物兜唇石斛 *Dendrobium aphyllum*（Roxb.）C.E.Fisch.、束花石斛 *Dendrobium chrysanthum* Wall.ex Lindl.、玫瑰石斛 *Dendrobium crepidatum* Lindl.et Paxt. 等的干燥茎加工而成。

4.7.2 性状

本品呈螺旋形团状或弹簧状团粒,环绕较疏松,不甚整齐,具3~5旋环,长0.8~1.5cm,直径0.5~1.0cm;茎直径0.2~0.6cm。表面黄绿色、棕绿色或黄色,有粗纵皱纹,节明显,节上残留破碎成纤维状的叶鞘,有的可见不定根痕;有的一端为根头("龙头")或茎尖("凤尾"),另一端为切面,有的两端均为切面。质坚实而韧,不易折断,断面纤维性。气微,味淡,嚼之有黏滑感,渣较多。

4.7.3 规格

项　目	等　级	标　准
正名:水草枫斗 别名:光节、青皮	甲上级	螺旋形团状,环绕稍紧密,颗粒较均匀,多数可见2~5环,表面多棕绿色,少数一端具"龙头",多数两端均为切面,断面略显纤维性,嚼之黏滑感较强,渣较多。(图19)
	甲一级	弹簧状,环绕疏松,颗粒不整齐,多数可见2~3环,表面黄绿色或黄色,多数两端均为切面,有的节上可见不定根痕,断面强纤维性,嚼之黏滑感弱,渣多。(图20)
	甲二级	弹簧状团粒,环绕疏松,颗粒不整齐,多数可见2~3环,表面黄绿色,两端均为切面,断面白色,纤维性,嚼之黏滑感弱,渣极多。(图21)

4.7.4 检查

水　分 不得过12.0%(附录ⅨH第一法)。

总灰分 不得过5.0%(附录ⅨK)。

4.7.5 性味与归经

甘,微寒。归胃、肾经。

4.7.6 功能与主治

益胃生津,滋阴清热。用于热病津伤,口干烦渴,胃阴不足,食少干呕,病后虚热不退,阴火虚旺,骨蒸劳热,目暗不明,筋骨痿软。

4.7.7 用法用量

6~12g,先煎。

4.7.8 贮藏

置通风干燥处,防潮。

4.8 鲜铁皮石斛商品等级标准

4.8.1 来源

本品为兰科植物铁皮石斛 *Dendrobium officinale* Kimura et Migo. 的新鲜茎。除去杂质,剪去须根。

4.8.2 形状

本品茎多直立,圆柱形,长短不等,直径为0.2~0.8cm。表面黄绿色,光滑或有纵纹。节明显,节上有膜质叶鞘,有的茎上有叶数枚,二列,短圆形披针形,纸质,先端钝,茎肉质多汁,易折断。断面绿色,气微,味淡,嚼之有浓厚黏滞感。

4.8.3 规格

项　目	等　级	标　准
正名:鲜铁皮石斛 别名:黑节草	一级	茎呈圆柱形,肉质多汁,无杂质,无腐烂(图22、23)

4.8.4 鉴别

（1）本品横切面：表皮细胞 1 列，扁平，外壁及侧壁稍增厚、微木化，外被黄色角质层，有的外层可见无色的薄壁细胞组成的叶鞘层。基本薄壁组织细胞多角形，大小相似，其间散在多数维管束，略排成 4~5 圈有壁孔，维管束外韧型，外围排列有厚壁的纤维束，有的外侧小型薄壁细胞中含有硅质块。含草酸钙针晶束的黏液细胞多见于近表皮处。

（2）取本品干燥粉末 1g，加甲醇 50ml，超声处理 30 分钟，滤过，滤液蒸干，残渣加水 15ml 使溶解，用石油醚（60~90℃）洗涤 2 次，每次 20ml，弃去石油醚液，水液用乙酸乙酯洗涤 2 次，每次 20ml，弃去洗液，用水饱和的正丁醇振摇提取 2 次，每次 20ml，合并正丁醇液，蒸干，残渣加甲醇 1ml 使溶解，作为供试品溶液。另取平铁皮石斛对照药材 1g，同法制成对照药材溶液。照薄层色谱法（附录ⅥB）试验，吸取上述两种溶液各 2~5μl，分别点于同一聚酰胺薄膜上，使成条状，以乙醇 – 丁酮 – 乙酰丙酮 – 水（15：15：5：85）为展开剂。展开，取出，烘干，喷以三氯化铝试液，在 105℃烘约 3 分钟，置紫外光灯（365nm）下检视。供试品色谱中，在与对照药材色谱相应的位置上，显相同颜色的荧光斑点。

4.8.5 性味与归经

甘，微寒。归胃、肾经。

4.8.6 功能与主治

益胃生津，滋阴清热。用于热病伤津，口干烦渴，病后虚热不退。

4.8.7 用法用量

15~30g。

4.8.8 贮藏

置阴冷潮湿处。防冻。

第6部分：铁皮石斛质量安全要求

铁皮石斛是重要的中药材，为规范指导中国铁皮石斛的生产，促进这一新兴产业的发展，特制订本标准。

铁皮石斛系列标准按部分发布，分为六个部分：

——第1部分：铁皮石斛产地环境；

——第2部分：铁皮石斛种子种苗；

——第3部分：铁皮石斛生产技术规程；

——第4部分：铁皮石斛鲜品（鲜茎）商品规格；

——第5部分：枫斗的商品规格及等级标准；

——第6部分：铁皮石斛质量安全要求。

本部分为铁皮石斛系列标准的第6部分。

本部分由中国中药协会石斛专业委员会提出并归口。

本部分起草单位：福建本草春石斛股份有限公司

四川壹原草生物科技有限公司

福建省连城冠江铁皮石斛有限公司

浙江天皇药业有限公司

本部分主要起草人：杨明志　冯德强　蔡水泳　李振坚　江佳辉

陈立钻

1 范围

本部分规定了铁皮石斛的质量安全要求、检测方法、检验规则和标志、包装、贮运等。

本部分适用于斛的鲜品和干品。

2 规范性引用文件

下列文件中的条款通过本部分的引用而成为本标准的条款。凡是注日期的引用文件，其随后所有的修改单（不包括勘误的内容）或修订版均不适用于本标准，然而，鼓励根据本部分达成协议的各方研究是否可使用这些文件的最新版本。凡是不注日期的引用文件，其最新版本适用于本部分。

GB/T 5009.11 食品中总砷及无机砷的测定

GB/T 5009.12 食品中铅的测定

GB/T 5009.13 食品中铜的测定

GB/T 5009.15 食品中镉的测定

GB/T 5009.17 食品中总汞及有机汞的测定

GB/T 5009.20 食品中有机磷农药残留量的测定

GB/T 5009.102 植物性食品中辛硫磷农药残留量的测定

SN 0339—1995 出口茶叶中黄曲霉毒素 B1 检验方法

《中华人民共和国药典》2005 年版一部

3 术语和定义

下列术语和定义适用于《中国药用铁皮石斛标准》。

3.1 铁皮石斛特性

应符合《中国植物志》收载的兰科植物相关铁皮石斛的植物特征。

3.2 铁皮石斛枫斗

铁皮石斛采收后，除去部分须根、杂质，用炭火烘焙，经软化、反复搓揉，呈螺旋状的加工品。

4 质量安全要求

4.1 感官指标

感官指标应符合表 1 的要求。

表 1 铁皮石斛感官指标

项 目	鲜品铁皮石斛	铁皮枫斗
色泽	表面黄绿色，纵纹色浅。花黄绿色。	黄绿色。
气味	略具青草香气，味淡或微甜，嚼之初有粘滑感，继有浓厚粘滞感。	略具青草香气，味淡，后微甜，嚼之初有粘滑感，继有浓厚粘滞感。
性状	园柱形，横断面圆形，节间微胖；节明显，节间 1.3 cm~1.7cm，不分枝，茎粗 2mm~6mm，叶二列，互生，矩园状披针形，基部下延为抱茎的鞘，边缘和中肋常带淡紫色，叶鞘常具紫斑，老时其上缘与茎松离而张开，并且留下 1 个环状铁青的间隙。总状花序常从叶的老茎上部发出，具花 2 朵 ~3 朵；萼片和花瓣黄绿色，长园状披针形，长约 1.8cm，宽 4mm~5mm。	呈螺旋形或弹簧状，一般为 2~4 个旋纹，茎拉直后长 3.5cm~8cm，直径 0.2cm~0.3cm，表面有细纵皱纹，质坚实，易折断，断面平坦。有的一端可见茎基部留下的短须根（习称龙头，茎末梢较细习称凤尾）。

4.2 理化指标

理化指标应符合表2的要求。

表2 铁皮石斛理化指标

项 目	鲜品铁皮石斛	铁皮枫斗
水份，% ≤	85	12
粗多糖（以葡萄糖计）≥	25%（烘干后）	25%

4.3 重金属和其他有害物质指标

重金属及其他有害物质指标应符合表3的要求。

表3 重金属及其他有害物质指标

项 目	铁皮石斛鲜品	铁皮石斛枫斗
汞（以 Hg 计），mg/kg ≤	0.05	0.2
砷（以 As 计），mg/kg ≤	0.5	2.0
铅（以 Pb 计），mg/kg ≤	0.2	3.0
镉（以 Cd 计），mg/kg ≤	0.2	–
铜（以 Cu 计），mg/kg ≤	5.0	20
黄曲霉毒素 B1 μg/kg ≤	2.0	5.0
大肠菌群，个 /100g ≤	400	400

4.4 农药残留指标

农药残留指标应符合表4的要求。

表4 农残指标

项 目	指 标
六六六，mg/kg ≤	0.05
DDT，mg/kg ≤	0.05
五氯硝基苯（PCNB），mg/kg ≤	0.1
毒死蜱，mg/kg ≤	0.05
百菌清，mg/kg ≤	5
辛硫磷，mg/kg ≤	0.05
氯氰菊酯，mg/kg ≤	1
氯氟氰菊酯，mg/kg ≤	0.5
啶虫脒，mg/kg ≤	1
苯醚甲环唑，mg/kg ≤	1
吡虫啉，mg/kg ≤	0.2
多菌灵，mg/kg ≤	3
嘧菌酯	1
注：根据《中华人民共和国农药管理条例》和农业部有关公告，剧毒和高毒、高残留农药不得在中药材生产中使用	

5 净含量

净含量允许偏差符合国家质量监督检验检疫总局 75 号令《定量包装商品计量监督管理办法》的规定。

6 检测方法

6.1 感官指标测定

采用目测、鼻嗅、口嚼方法进行。

6.2 长度、直径

长度用分度值 1mm 的直尺测量，直径用游标卡尺测量。

6.3 粗多糖测定

多糖按照本部分附录 A 中规定的方法测定。

6.4 水分测定

按照《中华人民共和国药典》2005 年版一部附录 IX H 第一法（烘干法）。

6.5 重金属及其他有害物质指标测定

6.5.1 总汞的测定

按 GB/T 5009.17 规定执行。

6.5.2 总砷的测定

按 GB/T 5009.11 规定执行。

6.5.3 铅的测定

按 GB/T 5009.12 规定执行。

6.5.4 镉的测定

按 GB/T 5009.15 规定执行。

6.5.5 铜的测定

按 GB/T 5009.13 规定执行。

6.5.6 黄曲霉毒素 B1 的测定

按 SN 0339 出口茶叶中黄曲霉毒素 B1 检验方法。

6.5.7 大肠菌群的测定

按照《中华人民共和国药典》2005 年版一部：附录 X III C 微生物限度检查法规定执行。

6.6 农药残留测定

6.6.1 六六六、DDT、五氯硝基苯（PCNB）的测定：按《中华人民共和国药典》2010 年版第二增补本附录 IX Q 有机氯类农药残留量测定法规定执行。

6.6.2 辛硫磷的测定：按 GB/T 5009.102 规定执行。

6.6.3 敌百虫的测定：按 GB/T 5009.20 规定执行。

6.6.4 毒死蜱的测定：按 GB/T 20769、GB/T 19648、NY/T 761、SN/T 2158 规定执行。

6.6.5 百菌清的测定：按 NY/T 761、SN/T 0499、GB/T 5009.105 规定执行。

6.6.6 氯氰菊酯的测定：按 NY/T 761 规定执行。

6.6.7 氯氟氰菊酯的测定：按 GB/T 5009.146、NY/T 761 规定执行。

6.6.8 啶虫脒的测定：按 GB/T 23584、GB/T 20769 规定执行。

6.6.9 苯醚甲环唑的测定：按 SN/T 1975、GB/T 5009.218、GB/T 19648 规定执行。

6.6.10 吡虫啉的测定：按 GB/T 23379、GB/T 20769、NY/T 1275 规定执行。

6.6.11 辛硫磷的测定：按 GB14875 规定执行。

6.6.12 多菌灵的测定：按 GB/T 23380 规定执行。

6.6.13 嘧菌酯的测定：按 NY/T 1453 规定执行。

7 检验规则

7.1 检验分类

7.1.1 交收检验

每批产品交收前，加工生产单位都要进行交收检验。交收检验内容包括感官、标志和包装。检验合格并附合格证后方可验收。

7.1.2 型式检验

型式检验是对产品进行全面考核，即对本部分规定的全部要求进行检验。有下列情形之一者应进行型式检验：

——国家质量监督机构或行业主管部门提出型式检验要求；

——因人为或自然因素使生产环境发生较大变化。

7.2 组批规则

同一生产单位、同一品种、同一包装（或采收）日期的产品作为一个检验批次。

7.3 抽样方法

根据《中华人民共和国药典》2005 年版一部附录ⅡA 药材取样法执行。

7.4 判定规则

若各检测项目的结果均符合本标准表 1、表 2、表 3、表 4 的指标要求，则判该批产品为合格品；若检测结果不符合本标准各项指标要求的，允许对不合格项目重新取样复检，复测后仍有不合格项，则判该批产品为不合格品。

8 标志、包装、贮运

8.1 标志

产品包装的标签标识应标明产品名称、规格、产地、净含量、采摘日期（或包装日期）、生产日期、保质期、生产单位、生产地址、产品标准号，并附有质量合格的标志。

8.2 包装

采用的包装材料应符合食品卫生包装材料要求。

8.3 贮运

产品的运输、贮藏应选择清洁、卫生、无污染的运输工具和场所，运输过程应防止雨淋、曝晒。严禁与其他有毒有害物混存混运。

8.4 保质期

符合本部分 8.3 条的规定时，铁皮石斛枫斗适宜长期保存，铁皮石斛鲜品的保质期为 6 个月。

后　记

铁皮石斛产业涉及南方 10 余省（市、区），因品种多，产地环境差异大，同一个品种因产地不同，其生态变异也比较明显。一些人为因素培育的高产杂交铁皮石斛品种，让产业规范难度加大。为确保产业健康可持续发展，共同维护和传承这一传统名贵珍稀濒危药材，及早制定行业标准，对产业进行规范，成为业界共识。

2011 年中国中药协会石斛专委会启动标准制定工作，在浙江天皇药业有限公司、福建省连城冠江铁皮石斛有限公司、四川壹原草生物科技有限公司、浙江民康天然植物制品有限公司、浙江省乐清市雁吹雪铁皮石斛有限公司、浙江鼎晟生物科技有限公司、云南英茂农业公司等企业支持下，先后在云南昆明，浙江天台县、杭州召开四次标准研讨会。邀请行业专家、代表企业负责人和技术员参与标准的讨论。经反复修改，于 2012 年 11 月在龙陵县召开的"第六届中国石斛产业发展论坛"上，由中国中药协会予以发布试行。

标准的发布对行业起到很大促进和规范作用，原本人们对石斛品种没有一个准确定义，片面追求产量，导致杂交铁皮石斛应运而生，部分铁皮石斛长度达 1.5m 左右，而实际野生铁皮石斛很少超过 20cm，与原生铁皮石斛特征相差甚远，人们普遍表示了对铁皮石斛成分被改变、铁皮石斛质量稳定性的担忧。标准规定铁皮石斛长度不超过 35cm，有了标准的指引，种植户在购买种苗时不再片面追求产量，更加看重品种是否纯正，并陆续对一些品种进行淘汰。

标准在质量安全方面，参照有机农产品标准，对环境、水质、基质都做了明确规定。除了国家规定必须检测的 5 个重金属和 5 个农残指标以外，根据铁皮石斛种植的实际用肥用药情况，把铁皮石斛种植过程中常用的农药全部列为检测指标。标准还将国家禁止使用农药名单作为附件，并大力倡导使用自制农家肥，使用生物防治方法进行病虫害防治。

标准发布试行两年多，铁皮石斛种植户质量观念发生根本改变，更加注重品种选育，注重安全质量措施，全国铁皮石斛质量一直处于稳定状态，未发现任何一例关于铁皮石斛质量安全报道。

2014 年 5 月，在福建本草春公司的大力支持下，石斛专委会在南靖县再次召开标准修改研讨会，有 120 人参与对试行两年的标准进行大规模的研讨。试行标准中以铁皮石斛为主，仅有部分紫皮石斛内容，为了标准的严谨性，加上云南省已有紫皮石斛地方标准，本次修改剔除了紫皮石斛内容，将《中国药用石斛标准》调整为《中国药用铁皮石斛标准》。针对目前仿野生栽培铁皮石斛发展较快，标准又特意增加了生态铁皮石斛内容。

2016 年 3 月，在石斛专委会常务副主任陈立钻，秘书长虞伟康，专职副秘书长罗太进等参与下，对标准中的个别用语表述、序号、格式进行再次修正，这是标准发布会后的第三次修订，让本标准更加完善，表述更加准确。

本标准的制定得到业界人士的大力支持，陈立钻、顺庆生、冉懋雄、张明、张川等许多人参与了部分内容的起草，许多专家和企业负责人参与了讨论，卢绍基还用几个月时间将标准翻译成了英文。孟智斌、段俊、杨旺利、蔡水泳、王沛然、赵菊润等人对标准的最后修改提出了很多建议。在业界共同努力下，石斛专委会办公室反复征求意见，历经数十次修改，终于将《中国药用铁皮石斛标准》修改完成。

在此，一并对所有为标准制定提供支持的企业、参与本标准起草、讨论和提出修改建议的人士表示诚挚的谢意！希望此标准在一定时期内，能对我国乃至世界铁皮石斛产业起到指导和规范作用。当前，仅制定了铁皮石斛种植标准，只是产业规范迈出的第一步。还有铁皮石斛加工、产品标准，10 余个常用石斛品种的规范还需要投入更多人力、物力、资源来完成，石斛产业全面规范还任重道远。

杨明志

2016 年 12 月